Léopoldine
l'enfant-muse de Victor Hugo

Du même auteur

Adèle, l'autre fille de Victor Hugo (1830-1915), Ramsay, 2003 ; coll. « Poche-biographie », 2005.

Jean-Jacques Audubon (1785-1851), Actes Sud, 2002.

Olivier de Serres, gentilhomme champestre, Actes Sud, 2001.

Genséric, soleil barbare, Paris-Méditerranée, coll. « Mare Nostrum », 1999.

Alexandre Sergueïevitch Pouchkine, Éditions de Paris, coll. « Essais et documents », 1999.

Eugène Delacroix, Éditions de Paris, 1998.

Jean-Jacques Audubon, un Buffon de génie, Domens, 1998.

Walt Disney, bâtisseur de rêves, Domens, 1995

HENRI GOURDIN

Léopoldine

l'enfant-muse de Victor Hugo

Biographie

PRESSES
DE LA
RENAISSANCE

Ouvrage réalisé
sous la direction éditoriale de Victor LOUPAN

Si vous souhaitez être tenu(e)
au courant de nos publications,
envoyez vos nom et adresse, en citant ce livre,
aux Éditions des Presses de la Renaissance,
12, avenue d'Italie, 75013 Paris.
Et, pour le Canada,
à Interforum Canada inc.,
1055, bd René-Lévesque Est,
11e étage, bureau 1100,
H2L 4S5 Montréal, Québec.

Consultez notre site Internet :
www.presses-renaissance.com
ISBN 978.2.7509.0281.0

À toi, Geneviève.
À M. Huchet, ton instituteur à Bourg-de-Bigorre.
À tous ceux, instituteurs et autres,
qui nous ont déclamé aux beaux jours de notre enfance :

Demain, dès l'aube, à l'heure où blanchit la campagne,
Je partirai. Vois-tu, je sais que tu m'attends.
J'irai par la forêt, j'irai par la montagne.
Je ne puis demeurer loin de toi plus longtemps.

Voilà qui est horrible !

Prologue. Le 4 septembre 1843

Le temps est beau, à Villequier, au matin du 4 septembre 1843. Le soleil dissipe lentement le brouillard, la Seine est calme. Si calme que Charles Vacquerie, chargé par sa mère d'aller prendre à Caudebec, à quelque cinq kilomètres vers l'amont, le notaire Bazire qu'elle reçoit à déjeuner, décide d'y aller à la voile, sur un canot de compétition qu'il a déjà barré aux régates du Havre. Une simple course. Un aller-retour. Le constructeur de la barque, Pierre Vacquerie, sera de la partie avec son fils Arthus. On appareille, on tire quelques bords, et l'oncle Pierre, trouvant l'embarcation trop légère, convainc Charles de revenir à terre, de charger des pierres qui feront lest. Léopoldine, la toute jeune femme de Charles, observe la manœuvre de la rive et mesure la folie de l'entreprise. Elle hésite un moment, puis elle se décide : le temps de se changer et elle monte à bord.

On vogue ainsi jusqu'à Caudebec où le notaire, en voyant le canot, opte pour sa voiture et offre à Léopoldine de l'accompagner. Elle décline. Mises en garde, discussions sur le quai. Maître Bazire finit par embarquer, avec des blocs de grès et de vieux boulets qui vont rejoindre les pierres de Villequier en fond de coque. Le bateau n'en tangue pas moins. Il tangue si bien que le notaire exige d'être ramené à terre. Il se tourne vers Léopoldine, lui propose à nouveau une place dans sa voiture. Elle refuse, il insiste, elle refuse encore.

À midi trois quarts, le voilier, louvoyant sous faible brise de nord-ouest, croise *la Petite Emma*, un bateau à vapeur sous commandement du capitaine Durosan. À quatorze heures, un bruit court à Villequier : un canot a chaviré sur le bord opposé de la rivière par le travers du Dos-d'âne, un banc de sable bien connu des pilotes. En le redressant, quelques minutes plus tard, on trouva qu'il était renversé, ses voiles bordées, les écoutes imprudemment tournées à demeure. Il n'y avait pas de survivant.

Elle avait son berceau dans la voiture

1824-1827

L'HISTOIRE AVAIT COMMENCÉ DIX-NEUF ANS PLUS TÔT, au foyer d'un poète de vingt-deux ans et de sa jeune épouse, Adèle Foucher. Le poète était encore à peu près inconnu, mais il savait déjà qu'il serait « Chateaubriand ou rien », et tout indiquait que ce serait plutôt Chateaubriand. Il aimait sa femme, sa femme l'aimait. Ils avaient attendu trois ans l'autorisation de se marier et maintenant ils roucoulaient dans leur pigeonnier du quartier du Luxembourg, au numéro 90 de la rue de Vaugirard.

Dans les premiers jours de 1824, Adèle annonça qu'elle était enceinte et Victor s'empressa d'en informer son père, le général Hugo. Le 27 mars : « Ma femme avance dans sa grossesse sans se porter aussi bien que je le voudrais. Nous ne sommes cependant pas inquiets[1]. » Le 7 juin : « Ma femme continue à grossir tout doucement[2]. » Le 28 août enfin : « Mon cher papa. Tu as une petite-fille, une *Léopoldine* ! Mon Adèle, après cinq heures de souffrances héroïquement soutenues, vient de mettre au monde une grosse fille qui est aussi vivace que notre pauvre cher Léopold était débile[3]. »

Grossesse difficile, accouchement douloureux, mais ces souffrances physiques ne sont rien en regard des blessures à la fois plus vives et plus secrètes évoquées à demi-mot par « notre pauvre cher Léopold ». Les biographes de Victor Hugo (plus de trente à ce jour à ma connaissance) passent généralement sous silence ou glissent rapidement sur un événement dont l'importance n'apparaît pas immédiatement, et qui va pourtant marquer la vie de cette famille, de Léopoldine en particulier : la naissance, neuf mois après le mariage d'Adèle et de Victor, d'un petit Léopold, ainsi nommé en l'honneur de son grand-père et parrain, le général Hugo. Une histoire étrange, dont nous aurons à reparler : Léopold Hugo habitait Blois avec Catherine Thomas, la femme qu'il avait prise jadis (Victor avait à peine deux ans) pour remplacer la mère de ses enfants et dont l'arrivée avait précipité l'éclatement de la famille. Réconcilié depuis peu avec son père, Victor lui avait confié le bébé et celui-ci était mort un peu plus tard, sans que ses parents le revoient.

Adèle Foucher avait pris la leçon de l'expérience. Plus de nourrice, plus de séparation. Elle gardait elle-même son bébé, ne le quittait pas des yeux, le nourrissait de son propre lait. À l'époque, cela n'allait pas de soi. Jean-Jacques Rousseau (1712-1778) avait préconisé le retour à l'allaitement maternel et l'idée faisait son chemin dans les familles, mais à la manière des chevaliers de Reichshoffen : deux pas en avant, trois pas en arrière. En 1820 et pour encore un bon siècle, la bourgeoise se faisait remplacer à l'allaitement (et plus généralement aux soins des enfants) comme le bourgeois à la conscription. C'était un élément du confort domestique, comme l'eau courante et l'éclairage au gaz. Les médecins déconseillaient l'alimentation au biberon (à juste titre, car on n'avait pas encore imaginé d'aseptiser les bouteilles et les tétines, le lait encore moins) et il y avait sur le marché des nourrices pour toutes les bourses ou presque. Léopold Hugo, le grand-père, penchait pour Jean-Jacques Rousseau. Il avait insisté pour que sa propre femme allaitât ses enfants et il s'en glorifiait : « Vous ne vous doutez pas, mon cher frère, que Sophie veut être tout à fait mère de son enfant, qu'elle ne veut pas l'abandonner à un sein étranger, avant d'avoir essayé de lui donner le sien ; qu'elle veut, en nourrissant elle-même son poupon, ne faire couler dans ses veines qu'un sang de famille, source des habitudes et trop souvent source de la vie. Né d'honnêtes gens, il doit avoir leurs principes et il ne sucera dans le sein de sa mère aucun des vices qui dégradent tant d'êtres dans la société. Sophie, en se chargeant de nourrir son enfant, obéit à la nature ; elle aura des peines ; mais, aussi, que de jouissances ne se procurera-t-elle pas ? Elle jouira du premier sourire de l'innocence et verra prospérer sous ses yeux ce qu'elle aura de plus cher[4]. » À la naissance de Léopoldine, vingt-six ans plus tard, il n'a pas changé d'avis : « Nous sommes enchantés de l'état dans lequel se trouve notre cher petit enfant. Il vous donne de la peine, mais déjà ses caresses vous en indemnisent et nous sommes bien assurés que vous ne voudriez pas pour tout au monde n'avoir pas pris le parti de le nourrir sous vos yeux, et de l'aliment préparé pour lui par la sagesse éternelle. [...] La bonne santé d'Adèle est encore la conséquence du sage parti qu'elle a pris d'être tout à fait mère ; nous l'en félicitons de tout cœur[5]. »

On ne sait si Adèle choisit d'allaiter par penchant naturel, par conviction ou pour suivre les conseils de son beau-père ; on sait seulement que l'enfant s'en portait bien. Il s'éveillait de grand matin, ramageait, babillait. Il faisait tant que ses parents finissaient par ouvrir l'œil et le prenaient entre eux dans le grand lit. S'ils venaient à sortir plus tard dans la journée, ils laissaient la bonne passer devant, le bébé tourné vers eux sur son épaule, et c'étaient des ramages, des compliments, des sourires interminables entre eux et leur poupon.

La mère était heureuse, cela va de soi. Le père l'était d'autant plus que ce bonheur tranquille le consolait des tourments, pour ne pas dire des drames, de sa propre enfance. « Ce que [les enfants du général Hugo] voyaient, entendaient, était une contradiction continuelle. Leur père, soldat de 92, leur parlait révolution ; leur mère vendéenne, droit divin [...] jusqu'à l'idée de famille qui était contrariée [...]. Quand ils avaient le père, ils n'avaient pas la mère, jamais les deux ! Jamais qu'un tronçon de famille – une idée était à peine formée qu'elle s'évanouissait, l'une chassait l'autre [...]. Ils allaient de l'affirmation à la négation, le roulis était continuel[6]. »

Victor avait survécu à ces difficultés, mais à quel prix ! Le conflit entre l'amour passionné qu'il portait à chacun de ses parents ne s'était résolu qu'à la mort de sa mère (il avait dix-neuf ans) ; la rivalité littéraire qui l'opposait à son frère Eugène (ils briguaient l'un et l'autre les prix de l'Académie française et des Jeux floraux) s'était compliquée d'une rivalité amoureuse (ils étaient tombés amoureux d'Adèle à peu près au même moment), et il pensait que sa victoire sur les deux fronts était la cause, du moins une cause essentielle, de la folie d'Eugène, enfermé à l'asile de Charenton en 1822, l'année du mariage.

Heureux en ménage, Victor Hugo connaissait comme poète un début de notoriété. Il avait fondé *Le Conservateur littéraire* en 1819, l'année de sa déclaration à Adèle Foucher et de son couronnement aux Jeux floraux de Toulouse, un prix de poésie qu'on pourrait comparer au Goncourt actuel, et cette distinction l'avait introduit dans l'estime et l'amitié de quelques personnages de la vie littéraire : le duc de Rohan, Lamennais, Chateaubriand, Lamartine… Il avait publié une première version de *Burg Jargal* en 1820, des *Odes et poésies diverses* en 1823, *Han d'Islande* l'année suivante et s'imposait au Cénacle, le cercle encore très restreint d'un courant qui ne s'appelait pas encore le romantisme. Ce n'étaient que de petits succès, mais ils le portaient sur le devant de la scène et ils mettaient un peu de beurre dans ses épinards. De sept cents francs par an avant son mariage, son budget annuel était passé à quelque cinq mille francs à la naissance de Léopoldine[7] – cinq mille francs à une époque où un repas à l'auberge vous coûtait cinquante centimes et un meublé dans Paris trois ou quatre francs par semaine. Cette opulence autorisa l'engagement d'une bonne (deux cents francs de gages, mais six cents de dépenses en comptant l'entretien) et la location d'un appartement à six cent vingt-cinq francs.

Au printemps 1825, Victor Hugo céda aux instances de son père : il prit des places dans la diligence de Bordeaux, descendit à Blois avec sa petite famille et alla frapper au numéro 73 de la rue de Foix (désormais 65), à la porte d'une maison…

> Qu'on voit, bâtie en pierre et d'ardoise couverte,
> Blanche et carrée au bas de la colline verte,
> Et qui, fermée à peine aux regards étrangers,

S'épanouit charmante entre ses deux vergers,
C'est là. – Regardez bien. C'est le toit de mon père[8].

Léopoldine était au cœur de ce bonheur, le témoignage de sa maman ne laisse pas de doute sur ce point : « J'étais mariée et du voyage ; notre Léopoldine n'avait pas un an encore ; elle était avec nous. Mon mari et moi nous étions tout jeunes. On était au printemps. Les fleurs du jardin germaient ; elles levaient avec nos illusions. Nous avions bien déjà eu nos larmes, mais rien de trop amer ne s'y était mêlé. Nous n'avions aucun de ces vides profonds du cœur qui empêchent toute vraie joie, et tout le soleil qui était dans cette maison, nous l'avions au cœur. Nos lèvres ne quittaient pas les joues roses, nos mains la main vénérée[9]. »

Cette enfant semblait née décidément sous une bonne étoile. Son père avait vingt-trois ans, sa mère vingt et un. Ils étaient jeunes, beaux, sensibles, éveillés, enthousiastes, intelligents, assez aisés pour ne pas s'encombrer de soucis matériels, assez pauvres pour chercher et trouver leur bonheur dans les petits plaisirs de l'existence. Ils avaient un pied-à-terre permanent chez les parents d'Adèle et si les parents de Victor les invitaient chez eux, eh bien, c'était très simple : ils mettaient leur bébé dans un couffin, montaient dans la malle-poste le soir en finissant leur repas et se retrouvaient à Blois le lendemain matin. Entre-temps, c'est-à-dire au cours de la nuit, Victor avait composé quelques odes inspirées par les incidents du trajet : « Voyageur, qui, la nuit, sur le pavé sonore / De ton chien inquiet passe accompagné, / Après le jour brûlant, pourquoi marcher encore ? / Où mènes-tu si tard ton cheval résigné[10] ? » pour un cavalier et son chien en route vers Paris, quelque part entre Longjumeau et Arpajon ; « Enfants, voici les bœufs qui passent, /

Cachez vos rouges tabliers[11] ! » pour une file de bœufs remontant l'accotement à la pointe du jour.

De Blois, Victor Hugo alla visiter Chambord – « J'ai visité hier Chambord. Vous ne pouvez vous figurer comme c'est singulièrement beau. Toutes les magies, toutes les poésies, toutes les *folies* même sont représentées dans l'admirable bizarrerie de ce palais de fées et de chevaliers[12] » – et La Miltière, la propriété que son père avait fini par acheter dans les landes de Sologne, à quelques kilomètres de Romorantin : « Je suis pour le moment dans une salle de verdure attenante à La Miltière ; le lierre qui en garnit les parois jette sur mon papier des ombres découpées dont je t'envoie le dessin, puisque tu désires que ma lettre contienne quelque chose de pittoresque[13]. » Puis il embrassa son petit monde et s'envola vers Reims et les festivités du sacre de Charles X, successeur de Louis XVI et de Louis XVIII sur le trône de France. Laisser une jeune femme et un bébé aux mains du couple qui avait si mal traité son premier-né, c'était osé. Le sacre d'un roi de France après 1789, c'était énorme. Mais Victor Hugo ne donnait pas dans la nuance. Il voulait être le premier en tout et il allait son chemin, sans s'arrêter aux détails du paysage. Certes, il écrivait à sa femme, l'assurait de son amour, se plaignait amèrement de son absence, décomptait les jours qui le séparaient d'elle, mais il ne pensait pas à s'informer de ce qui se passait à Blois. Or à Blois, les choses allaient de mal en pis. Adèle faisait de son mieux pour supporter les malveillances de Catherine Thomas, mais celle-ci avait des attitudes étranges, des exigences extravagantes, et Victor était loin, trop loin pour revenir à temps s'il arrivait quoi que ce fût. Un matin, elle n'y tint plus. Elle prit son bagage dans une main, le berceau de sa fille dans l'autre et elle monta dans la première voiture en partance pour Paris. Léopoldine ne devait pas revoir cette marraine Carabosse, et son grand-père peut-être deux ou trois fois, en coup de vent.

À peine revenue des bords de Loire, elle repartit pour une nouvelle aventure, sans comparaison avec la précédente, fort heureusement. Tout avait commencé par une conversation entre Victor Hugo et Charles Nodier. Poète, chroniqueur, romancier, Charles Nodier était un personnage en vue, le chef de file des iconoclastes de l'école moderne. Pourquoi, dit-il à son jeune ami dans la voiture qui les ramenait de Reims, pourquoi n'irions-nous pas dans les Alpes cet été ? Les voyages étaient une spécialité de Nodier, du moins une de ses spécialités. Il avait lancé la série des *Voyages pittoresques et romantiques dans l'ancienne France*, qui était un franc succès. Deux semaines plus tard, il signait avec l'éditeur Urbain Cauel un contrat collectif pour la publication d'un *Voyage poétique et pittoresque au mont Blanc et à la vallée de Chamouny*. Nodier recevrait deux mille deux cent cinquante francs pour le récit de l'expédition, Hugo autant pour quatre odes montagnardes, Lamartine deux mille francs pour quatre méditations, le peintre Gué deux mille francs également pour huit croquis de paysages. Lamartine, qu'on avait enrôlé sans même le consulter, se désista poliment, invitant encore les compères à faire halte chez lui. Et le 2 août, la caravane s'ébranla : Léopoldine, ses parents, sa bonne dans une berline, Nodier, sa femme, sa fille Marie en calèche[14]. Destination : Mâcon, le pays de Lamartine, puis le Jura, la Suisse, le lac Léman et enfin la vallée de « Chamouny ».

Cette escapade restera dans les mémoires et les annales comme une quintessence des temps heureux.

Charles Nodier, qui venait de prendre ses fonctions de bibliothécaire à l'Arsenal[15], était un guide de première force, un pionnier et déjà un maître ès voyages à une époque où les Français ne sortaient pas de leur canton. Lamartine, qui accueillit la petite troupe dans son château de Saint-Point, était le plus connu de la bande. Né douze ans avant Hugo, de parents aristocrates, il avait eu une jeunesse romanesque, pleine de voyages et d'amours illicites. En 1820, cinq ans à peine avant cette visite de ses confrères de plume, il avait tourné cette page de son existence et réalisé, coup sur coup, deux opérations fructueuses : publiées en mars, ses *Méditations* avaient connu, de son propre avis, « un succès inouï et universel », et le 20 juin, il avait épousé une héritière anglaise, Mary-Ann-Elisa Birch, Marianne pour les amis. Ils avaient une fille, Julia, à peine plus âgée que Léopoldine, et ils s'employaient à rénover leur château avec les fonds de l'héritage et des *Méditations*.

Lamartine avait un sens particulier de la simplicité rustique. Son mot d'invitation à Victor Hugo était une *Épître fantastique* en deux cent quarante-cinq octosyllabes. Après un préambule naturaliste :

Déjà la première hirondelle,
Seul être aux ruines fidèle,
Revient effleurer nos créneaux,
Et des coups légers de son aile
Battre les gothiques vitraux
Où l'habitude la rappelle…

… il campait le décor de sa retraite :

Au sommet d'un léger coteau,
Qui seul interrompt ces vallées,
S'élèvent deux tours accouplées

Par la teinte des ans voilées,
Seul vestige d'un vieux château
Dont les ruines mutilées
Jettent de loin sur le hameau
Quelques ombres démantelées...

... et en venait enfin, après deux cent dix-huit vers de noire volée, de sombres créneaux et de soupirs de vent du soir, au sujet véritable de l'épître :

C'est là que l'amitié t'appelle[16].

L'accueil était dans le même ton. Le poète attendait ses amis dans la cour flanquée des « deux tours accouplées », entouré de ses chiens et coiffé d'un chapeau de paille crevé. Le soir, il leur lut quelques passages de ses dernières compositions et garda son vieil habit usé au moment de passer à table, comme pour souligner par contraste les raffinements de la toilette de Mary-Ann, dont la fortune avait permis d'abattre les créneaux, d'arracher le lierre et d'appliquer partout le badigeon jaunâtre qui tenait lieu de « teinte des ans ». Tout cela était charmant, désinvolte. C'était Rousseau aux Charmettes, Voltaire à Ferney, Bernardin de Saint-Pierre dans les *Études de la Nature*. Julia et Marie câlinaient la petite Léopoldine sous les yeux attendris de leurs parents et celle-ci souriait, babillait, jacassait. Elle n'avait pas un an, mais elle marchait, courait, balbutiait quelques mots[17]. Elle rendait sourire pour sourire et semblait apprécier, déjà, la qualité de la compagnie. Elle tendait l'oreille, dressait parfois son petit cou. Le sens des mots lui échappait encore, mais elle entendait leur musique et semblait s'en délecter.

Le lendemain, les voyageurs reprirent leur odyssée, ponctuée de visites d'églises et de monuments[18], de haltes le soir aux auberges de pays. Les hommes refaisaient le monde dans leurs poèmes, un peu aussi dans la réalité de leurs existences. Les femmes écoutaient, commentaient, dirigeaient leurs gens. Léopoldine ouvrait ses grands yeux et observait les visages, le mouvement des lèvres. Elle « se réveillait en riant », ne se plaignait jamais. Nodier, conteur infatigable, lui racontait des histoires invraisemblables, qu'elle écoutait gravement. Il lui montrait les étoiles, lui épelait leurs noms. Résumé sous la plume de la mère : « La chère petite fut un des enchantements du voyage que M. et Mme Hugo firent, en Suisse, avec M. Nodier. Elle avait son berceau dans la voiture, se réveillait en riant et ne pleurait jamais. Elle semblait déjà comprendre qu'elle ne devait pas troubler le plaisir commun[19]. »

Un matin, aux approches de la frontière suisse, la troupe se mit en route au petit jour, dans un brouillard si dense que les cochers peinaient à diriger les chevaux. Tout à coup, le soleil troua la chape de nuages et éclaira le lac de Genève, la ville, la ligne enneigée des Alpes en arrière-plan. Une splendeur. Tout le monde mit pied à terre et Léopoldine, descendue elle aussi, se mit à battre des mains – comme tout marmot de son âge devant un spectacle inattendu, sans doute ; mais sa mère notait ces petits détails, son père les enregistrait dans un coin de sa mémoire, et cela, cette attention à l'enfant, était une première, dans l'histoire de la littérature et dans l'histoire tout court. Le romantisme ne portait pas encore son nom, il n'était qu'une liberté de style chez deux ou trois « modernes » et un opuscule de *Méditations* sous la plume d'un certain Lamartine. Il n'était pas, il se faisait. Un poète, un romancier tournaient le dos aux conventions ; ils mettaient leurs femmes et leurs enfants dans deux voitures, partaient à l'aventure sur les routes des Alpes et observaient, écoutaient, humaient. Ils sortaient un bébé de son berceau et se laissaient toucher par ses sourires, ses battements de main. Ils ne tentaient pas d'étouffer les émotions que ces saynètes faisaient monter en eux, ils les notaient au contraire, ils en parlaient, s'en inspiraient dans leurs écrits. Ils laissaient parler leur cœur, voilà. Cela paraît très ordinaire, deux siècles plus tard ; à l'époque, c'était du jamais vu. La fille d'un poète battait des mains dans le brouillard sur une route du Jura, le poète décrivait un peu au hasard, sans guide et sans modèle[20], l'espèce de frisson qu'il ressentait à ce spectacle. Le public se reconnaissait dans cette innovation et faisait fête au poète. L'Histoire était en marche.

Notes

Avertissement

Les notes qui suivent ont deux objets : référencer les citations et éclairer des points de détail dont l'exposition aurait alourdi le récit. Pour les références, je donne dans l'ordre : l'auteur, le titre de l'ouvrage, l'éditeur, la date de la première édition ou de l'édition que j'ai utilisée. Les numéros de volume et de page sont ceux de l'édition figurant dans la bibliographie. Quand les textes cités apparaissent dans plusieurs ouvrages courants, j'ai donné la préférence, dans l'ordre, à : l'*Édition chronologique* (notée *Éd. chrono.*) en seize volumes des œuvres et écrits divers de Victor Hugo et de ses proches, publiée sous la direction de Jean Massin au Club français du Livre ; le recueil (encore incomplet) de Jean Gaudon, *Victor Hugo, correspondance familiale et écrits intimes* (noté *JG*), publié dans la collection « Bouquins » des éditions Robert Laffont en 1988 et 1991 ; la correspondance de Léopoldine Hugo publiée par Pierre Georgel chez Klincksieck en 1976 (notée *PG)*.

Abréviations

A1H	Adèle Hugo, épouse de Victor Hugo, mère de Léopoldine
PF	Pierre Foucher, grand-père maternel de Léopoldine
A2H	Adèle Hugo, dite Dédé, sœur cadette de Léopoldine
VH	Victor Hugo, père de Léopoldine
L1H	Léopold-Sigisbert Hugo, père de Victor Hugo, grand-père paternel de Léopoldine
LH	Léopoldine Hugo, fille de Victor Hugo et d'Adèle Foucher
CH	Charles Hugo, dit Charlot, frère puîné de Léopoldine
FVH	Victor 2 Hugo, dit François-Victor, dit François, dit Toto, second frère de Léopoldine
AV	Auguste Vacquerie, poète, disciple de Victor Hugo
CV	Charles Vacquerie, frère d'Auguste, époux de Léopoldine
SB	Sainte-Beuve, écrivain et surtout critique littéraire
JD	Juliette Drouet, dite Juju, maîtresse « officielle » de Victor Hugo
JG	Jean Gaudon, *Victor Hugo, correspondance familiale et écrits intimes*
PG	Pierre Georgel, *Correspondance de Léopoldine Hugo*
Éd. chrono.	Édition dite chronologique des œuvres de Victor Hugo
MVH	Maison de Victor Hugo (6, place Royale, actuellement place des Vosges à Paris)

Correspondance

Dans certaines lettres citées, je rectifie la ponctuation pour faciliter la compréhension. En revanche, je maintiens l'orthographe originale des lettres de Léopoldine.

NOTES

1. VH à L1H, 27.3.1824. *JG* 1-587.

2. VH à L1H, 7.6.1824. *JG* 1-597.

3. VH à L1H, 28.8.1824. *JG* 1-607.

4. L1H à son beau-frère Marie-Joseph Trébuchet, 15.11.1798. In E. Benoit-Lévy, *La Jeunesse de Victor Hugo*, Albin Michel, Paris, 1928, p. 31. Sophie Hugo, mère de Victor, grand-mère de Léopoldine, est enceinte d'Abel au moment de ce courrier. Marie-Joseph Trébuchet est un frère de Sophie que le sinistre Carrier avait pris à son service à Nantes pendant la Terreur.

5. L1H à VH, 15.11.1824. *JG* 1-614.

6. A1H, *VHR*, brouillon non publié. Voir *infra* la note 17 sur *VHR*.

7. Outre une pension paternelle de 1 200 francs, VH touchait deux pensions ministérielles de 1 000 et 2 000 francs et déjà quelques droits d'auteur : l'éditeur Lavocat avait acheté 2 000 francs l'exploitation pour deux ans des *Nouvelles Odes*, et ses dernières publications stimulaient les ventes des premières.

8. VH, *Les Feuilles d'automne*, 2. « À M. Louis B. »

9. A1H, *Souvenirs de Mme Victor Hugo sur sa fille Léopoldine*. *Éd. chrono.*, 6-1345 à 1348. Les joues roses et la main vénérée sont celles de Léopoldine.

10. VH, *Odes et ballades*, 6-10.

11. VH, *Odes et ballades*, 6-13.

12. VH à Saint-Valry, 7.5.1825. *Éd. chrono.* 2-1468.

13. VH à Paul Foucher, son beau-frère, 10.05.1825. *JG*, 1-646.

14. La calèche est une voiture hippomobile munie à l'avant d'un siège à dossier, à l'arrière d'une capote à soufflet, propice donc à la promenade et à l'observation. Mme Hugo, soucieuse de la santé de son bébé, préférait une voiture fermée.

15. Nommé le 3 janvier 1824, il s'est installé le 14 avril dans l'appartement de fonction de l'Arsenal où il recevra le Cénacle, cercle des artistes et écrivains romantiques.

16. Lamartine, *Épître familière à M. Victor H…* in *Œuvres poétiques complètes*, La Pléiade, 1963, p. 275.

17. *Victor Hugo raconté.* Ces comportements sont attestés en particulier par le témoignage de la maman. Adèle Foucher

publiera en 1865, pendant l'exil, sous le titre *Victor Hugo raconté par un témoin de sa vie* (*VHR* dans les notes qui suivent), une biographie de son mari dictée ou du moins inspirée par lui. Une source essentielle d'informations sur la famille ? Oui, même si les recoupements avec d'autres sources montrent, quand ils sont possibles, une liberté étonnante sur la réalité des faits. J'en donne cependant quelques extraits, en précisant les titres du tome et du chapitre.

Attention ! Le témoignage est rédigé à la troisième personne : M. Victor Hugo fait ceci, Mme Hugo fait cela, la famille se rend ici ou là. Pour plus de renseignements sur *VHR*, voir « Sources historiques » p. 271.

18. VH n'était pas encore membre de la Commission des monuments, mais s'indignait déjà de l'indifférence du gouvernement face à la destruction du patrimoine. Sauf quelques initiatives privées, rien n'était fait pour réparer les destructions de 1789. Les acquéreurs des biens confisqués les laissaient à l'abandon ou les démantelaient pour les revendre pierre par pierre. Les édifices religieux étaient particulièrement touchés.

19. A1H, *Souvenirs de Mme Victor Hugo sur sa fille Léopoldine, Éd. chrono.*, 6-1346. Le texte est daté du 4 septembre 1865, les événements sont de 1825, Léopoldine avait tout juste un an.

20. **Le regard sur l'enfant.**

Tout porte à croire que le sentiment n'intervient pas, ou si peu, dans les relations entre parents et enfants jusqu'à l'approche du XIXe siècle. Sauf quelques expressions de regret dans les écrits ou sur les stèles funéraires (en particulier en Gaule), ni l'Antiquité ni le Moyen Âge n'ont laissé beaucoup de traces d'amour paternel ou maternel au sens où nous l'entendons, et dans ce domaine la Renaissance n'apporte rien de nouveau. Cicéron, Ronsard, Descartes pleurent la mort d'un enfant, mais s'en consolent assez vite. Jusqu'à Voltaire et à Jean-Jacques Rousseau, les enfants sont livrés à eux-mêmes ou éduqués par des tiers. Les châtiments corporels, l'indifférence devant l'effroyable (à nos yeux) mortalité infantile, l'absence presque totale de l'enfant dans les arts et la littérature laissent au contraire une impression de désintérêt général.

Les premiers textes sur l'enfance sont physiologiques : le médecin Jean Héroard décrit jour par jour et parfois heure par heure les comportements de son protégé, le dauphin Louis, fils de Henri IV, futur Louis XIII (Jean Héroard, *Journal*, Paris, Fayard, 1989, première publication 1609) ; le

Tableau de l'amour conjugal conseille les parents sur l'art et la manière de soigner et déjà de tenir leurs enfants en vie (Nicolas Venette, *Tableau de l'amour conjugal,* première publication vers 1690) ; Charles Darwin publiera encore dans les années 1850 un compte rendu naturaliste de l'observation de son fils William-Erasmus jusqu'à deux ans et demi. On en est là à la naissance de Léopoldine Hugo. *La Petite Vendeuse d'allumettes* viendra un peu plus tard (Anderson publie ses premiers contes en 1835), les autres encore plus tard : *David Copperfield* (de Charles Dickens) en 1849, *Les Petites Filles modèles* et *Les Malheurs de Sophie* (de la comtesse de Ségur) en 1858 et 1864, *Alice* (de Lewis Carroll) en 1865.

Notre Léopold est revenu. – Chut !

1772-1824

L'ENFANT S'APPELAIT HUGO, mais cela ne voulait encore rien dire en 1824. Il s'appelait Hugo comme d'autres s'appellent Durand ou Larivière. Son grand-père paternel était général, et alors ? Bonaparte avait nommé des généraux par dizaines au fil de sa carrière. Son grand-père maternel était haut fonctionnaire ? Sans doute, mais Pierre Foucher était un homme très ordinaire. Il occupait avec sa femme, une dame comme beaucoup d'autres elle aussi, un logement de fonction à l'hôtel de Toulouse, où était également son bureau[1]. Sa grand-mère paternelle ? Ah ! oui, Sophie Trébuchet, la mère de Victor Hugo, était une de ces femmes qui marquent leur entourage de leur vivant et ensuite leur descendance sur plusieurs générations. Née à Nantes en 1772, troisième fille d'une famille de huit enfants, elle avait perdu sa mère à huit ans, son père, capitaine au long cours, à onze, et avait été placée chez une cousine paternelle, Françoise Robin, née Trébuchet. Une personnalité très affirmée. Elle avait plus de soixante ans à la mort du capitaine, mais elle avait pris l'éducation de Sophie très au sérieux. En 1794, pour mettre un peu de distance avec les guillotines de la Terreur, elle s'était installée avec elle dans une maison qu'elle avait à Châteaubriant, en Vendée. C'est là que Sophie rencontra Léopold-Sigisbert Hugo, officier des troupes d'occupation, chargé de ramener les Vendéens révoltés dans le giron de la Révolution. Ils se marièrent en 1797 et ce fut un mariage de l'eau et du feu, de la pondération et de l'excès, de la grâce et de la fougue.

Sophie Hugo accoucha d'un premier fils à Paris l'année suivante, d'un second à Nancy deux ans plus tard. En 1801, elle retrouva à Lunéville (et aima peut-être) Victor Fanneau de Lahorie, un colonel vendéen rencontré à Paris juste après son mariage et qui avait favorisé l'ascension de son mari. Il accepta d'être parrain de son futur bébé, lequel naquit l'année suivante, le 26 février, et fut nommé Victor, bien entendu. En novembre, elle s'en alla à Paris pour régler une petite formalité concernant l'avancement de son mari. Elle revint un an plus tard dans l'île d'Elbe où celui-ci avait été nommé. Entre-temps, il avait refait sa vie avec Catherine Thomas et elle rêvait de s'installer à Paris avec ses trois fils… et Lahorie.

Une surprise l'attendait dans la capitale quand l'armée y rappela son mari : des placards donnaient une liste de royalistes suspectés de tentative d'assassinat sur la personne du Premier consul. Un nom vers le milieu de la liste : Victor Claude Alexandre Fanneau de Lahorie ! La police du Consulat mettait beaucoup de zèle à retrouver le général. Elle avait diffusé son signalement dans toutes les préfectures : « Cinq pieds, deux pouces ; cheveux noirs à la Titus ; sourcils noirs ; yeux noirs, assez grand ouverts quoique enfoncés ; le tour des yeux jaune ; le teint marqué de petite vérole, le rire sardonique ; les jambes arquées…[2] » Elle perquisitionna en Mayenne, à Saint-Just, chez des amis du prévenu, 19, rue de Clichy. En vain. Il était en face, au 24, rue de Clichy, dans un appartement loué par une dame Hugo.

Ensuite, le colonel Hugo suivit les armées en Italie, avec femme, enfants… et maîtresse. Une situation délicate, dont ses enfants souffraient beaucoup. Sa femme aussi. En février 1809, elle le quitta définitivement et loua à Paris un grand appartement dont on entendrait parler, au numéro 12, impasse des Feuillantines. Un vaste salon, des échappées sur le Val-de-Grâce, un grand jardin que son fils cadet décrirait un jour dans ses poèmes :

> J'eus dans ma blonde enfance, hélas ! trop éphé-
> [mère,
> Trois maîtres : un jardin, un vieux prêtre et ma
> [mère.
> Le jardin était grand, profond, mystérieux,
> Fermé par de hauts murs aux regards curieux,
> Semé de fleurs s'ouvrant ainsi que des paupières,
> Et d'insectes vermeils qui couraient sur les pierres ;
> Plein de bourdonnements et de confuses voix ;
> Au milieu presque un champ ; dans le fond, presque
> [un bois.
> Le prêtre tout nourri de Tacite et d'Homère,
> Était un doux vieillard. Ma mère – était ma mère[3] !

Le logement faisait partie d'un couvent fondé jadis par Anne d'Autriche, la mère de Louis XIV. Dans le jardin, les enfants trouvaient pêle-mêle des restes de croix, des niches de statues, des inscriptions révolutionnaires vaguement inquiétantes : « Propriété nationale ! » « Mort aux ennemis du peuple ! » Au fond de cette jungle, dans une vieille chapelle en ruine, Sophie cachait un proscrit de haut vol, dont la police cherchait partout les cheveux à la Titus et le rire sardonique. Il n'était pas prêtre, il n'était pas vieux, mais c'est ce que Victor Hugo trouvera de mieux pour déguiser l'amant de sa mère. Il fallait bien qu'il présentât à ses lecteurs (et déjà à ses admirateurs) ce personnage essentiel de son existence, mais « l'amant de ma mère », non, ce n'était pas pensable. Sa mère, son épouse, ses filles... il voulait que toutes les femmes autour de lui fussent des anges du ciel, des modèles de pureté. Allait-il dire « mon parrain » ? Non : les gens se seraient demandé d'où sortait ce parrain et il aurait fallu inventer d'autres histoires pour camoufler l'inavouable réalité. Du reste, une soutane élimée dans une chapelle en ruine, cela faisait un bel effet. Ce sera « le vieux prêtre ».

Quand les garçons rentraient de l'école, celui-ci sortait de sa chapelle et surveillait leurs travaux. « J'aurai toujours présent à la mémoire le jour où il me prit sur ses genoux, ouvrit ce Tacite qu'il avait, un in-octavo relié en parchemin, édition Herhan, et me lut cette ligne : “*Urbem Romam a principio reges habuere*.” Il s'interrompit et murmura à demi-voix : “Si Rome eût gardé ses rois, elle n'eût pas été Rome.” Et, me regardant tendrement, il redit cette grande parole : “Enfant, avant tout la liberté[4].” »

En 1812, après bien des péripéties, Lahorie participa à un complot hasardeux contre Napoléon et fut arrêté, condamné à mort, exécuté. Sophie perdait son amant, le seul homme qu'elle eût aimé et qu'elle aimerait jamais. Victor perdait son parrain, son maître à penser, la lumière de ses années d'enfance. Il en conçut une haine définitive contre les rustres et les tyrans. Dans son âme d'enfant, entière et impétueuse, un scénario prenait forme : Léopold Hugo, soutien actif de l'Empire, donc de la tyrannie, avait emprisonné puis assassiné Victor Lahorie, apôtre de la liberté. Il se promit, sans jamais se le formuler, sans en avoir seulement conscience, mais enfin il se promit de venger l'apôtre.

L'occasion se présenta onze ans plus tard, à la naissance de son premier enfant. Il le nomma Léopold et le confia à son père, le soutien de la tyrannie. Celui-ci traita son petit-fils à la hussarde. Il arriva tambour battant, emmena l'enfant chez lui, à Blois, congédia une première nourrice, puis une seconde, et finit par nourrir le bébé au lait de chèvre. Une idée désastreuse, le lait de chèvre étant beaucoup trop riche pour les muqueuses délicates d'un bébé. Quant à la technique d'allaitement, eh bien, mais c'est très simple : le général immobilisait l'animal et sa femme, la terrible Catherine Thomas, disposait l'enfant sous le ventre, lui introduisait le pis dans la bouche, et pressait. Ils étaient contents de leur technique, assez contents pour la décrire à Victor, qui approuvait. Curieux stratagème, mais le général Hugo était un homme imprévisible, fougueux, partisan de la manière forte et des solutions radicales. Il avait passé son existence à mener la charge sur les champs de bataille et à mater des rébellions dans les pays vaincus. En Vendée, en Espagne, en Italie, il avait ordonné et parfois dirigé personnellement le massacre de populations civiles, femmes, enfants, vieillards compris. Le plus curieux de l'affaire est encore que son fils, connaissant le personnage, lui ait confié son Léopold et ait fermé les yeux sur la suite des événements. Car que fait Victor Hugo quand il apprend, par les courriers de son père, que la santé de son enfant décline, que les espoirs de le sauver s'amenuisent, que la mort enfin le guette ? Que fait-il, lui, le chantre de l'enfant, le protecteur de l'innocent, tout au long des huit semaines de cette lente agonie ? Pense-t-il seulement à sauter un soir dans le courrier de Blois, quitte à revenir le lendemain ? Non. Prend-il conseil de ses amis médecins ? Non. Que fait-il ? Il attend à Paris l'annonce du décès, sans cesser un instant de vaquer à ses affaires, et ne se donne pas même la peine d'assister à l'enterrement. Car ce qui devait arriver arriva en effet : parti de Paris le 16 août, le petit Léopold mourut à Blois le 9 octobre et fut enseveli à la sauvette, sans que ses parents le revoient, dans une lande de Sologne dont le général Hugo n'était pas même propriétaire, dont il envisageait vaguement l'achat. Évidemment, ce comportement ne répond pas exactement à l'image que l'on se fait de Victor Hugo. Il détonne même singulièrement sur les odes à l'enfant et *L'Art d'être grand-père*. En réalité, et encore une fois sans qu'il en ait conscience, Victor Hugo, dans l'histoire du calvaire et de la mort de son premier enfant, n'est pas maître de ses actes ; il agit, il se comporte sous l'empire d'une pulsion incontrôlable qui exige la mort symbolique de Léopold et qu'il finit par satisfaire. Car en fin de compte, Léopold étant mort, Lahorie était vengé[5].

Le projet de venger Lahorie marque-t-il l'environnement psychique ou affectif de Léopoldine ? Non, la mort de Léopold a enterré la hache de guerre et tourné cette page douloureuse de l'existence de son père. Sa naissance après la mort de Léopold a-t-elle une incidence sur elle ? Oui, absolument, et pour une raison simple : ses parents croyaient à la métempsycose. Ils ne s'en cachaient pas. À un ami affecté par la perte de deux enfants, Adèle écrirait en 1842 (le point à la fin de la phrase est authentique) : « Qui nous dit que les petites âmes ne reviennent pas. » En avril 1868, pour féliciter George Sand de la naissance d'une petite Gabrielle, faisant suite au décès d'un premier petit-enfant chez Sand et chez Hugo d'un petit-fils, le premier-né de son fils Charles, Victor écrit à George (les italiques sont de moi) : « Le vôtre est *revenu*, le mien *reviendra*. Je le crois, je le sais. » Les événements lui donnèrent raison ; dans son agenda, en août de la même année : « Petit Georges est *revenu*. À quatre heures cinq minutes de l'après-midi, Alice l'a *remis* au monde à Bruxelles. » Il va sans dire que le nouveau-né sera baptisé Georges, comme le premier. Hugo raconte encore, vers la fin du volume *Autrefois* des *Contemplations*, une histoire de mère accablée par la perte d'un premier enfant au point de ne pouvoir aimer le suivant : « La mère restait morne, et la pâle accouchée, / Sur l'ancien souvenir tout entière penchée, / Rêvait. » Jusqu'à ce que le nouveau-né, un jour où elle lui donne le sein, s'agite soudain dans l'ombre et lui murmure, avec la voix de l'enfant défunt : « C'est moi. Ne le dis pas[6]. » Et où situe-t-il le récit ? Mais à Blois, dans une maison touchant à celle de son père Léopold Hugo, celle où est mort son fils Léopold. Et quelle date, fictive bien entendu, donne-t-il à son poème ? Août 1843, quelques jours avant la tragédie de la Seine. De toute manière, le retour de l'enfant mort était une croyance répandue, à l'époque. Une croyance désastreuse pour le remplaçant, contraint de renier sa personnalité pour coller à l'image idéale que la famille se faisait du disparu… Mais on ne le savait pas encore.

Et Léopoldine dans tout cela ? Nous y venons. Léopold était mort en octobre 1823. En janvier 1824, quand sa femme l'informa qu'elle était de nouveau enceinte, Hugo prit sa plume et envoya à Blois un faire-part sans équivoque : « Tout nous porte à croire que notre Léopold est revenu. – Chut[7] ! » Deux mois avant l'accouchement, il espérait « qu'avec de grandes précautions l'autre Léopold arrivera[it] à bon port[8] ». Le bébé naquit en août. Il le nomma Léopoldine.

NOTES

1. L'hôtel de Toulouse, ou hôtel des Conseils de guerre, devait cette seconde appellation à son utilisation par le ministère de la Guerre, dont Pierre Foucher était un employé. Il était situé dans le Marais. Le bâtiment n'existe plus, mais on en a gardé quelques photographies avant démolition.

2. Les jambes arquées étaient dues aux cavalcades au service de l'État, le rire sardonique une conséquence de la fréquentation par Lahorie des hautes sphères dudit État.

3. VH, *Ce qui se passait aux Feuillantines*, in *Les Rayons et les Ombres*, Poésie 1, Œuvres complètes, Laffont, p. 970.

4. VH, *Actes et Paroles*, 1-4, Le Droit et la Loi, Politique, Œuvres complètes, Laffont, p. 74.

Traduction du texte latin : « La ville de Rome fut d'abord aux mains de rois » (Tacite, *Annales*, 1-1).

5. **La mort du petit Léopold.**

Je n'ai pas eu trop de mal à reconstituer la brève existence de Léopold-Victor Hugo, premier enfant d'Adèle et de Victor Hugo. Victor avait renoué avec son père un peu avant la naissance, ils s'écrivaient beaucoup, ces lettres sont conservées pour la plupart et permettent de suivre les événements.

Léopold naît à Paris, au domicile conjugal, le 16 juillet 1823. L'accouchement est difficile, l'enfant un peu chétif apparemment. La mère, très affaiblie, ne peut ou ne veut pas le nourrir. La nourrice engagée par Victor ne convenant pas, il décide d'en changer et de s'en remettre au choix de son père, bien placé dans sa campagne pour trouver une candidate *ad hoc*. Après le baptême, célébré le 16 août à Saint-Sulpice, le général Hugo reprend la route de Blois avec sa femme, le bébé et la nourrice qu'il a amenée de Blois. Cette seconde nourrice est congédiée à l'arrivée, pour une raison mal éclaircie, et le bébé nourri au lait de chèvre. Un régime assez commun à l'époque, dont la médecine a révélé les dangers, ce lait étant trop riche pour un nourrisson, *a fortiori* pour un bébé de faible constitution. Le produit était contre-indiqué et la manière de l'administrer ne laisse pas de surprendre : « Nous sommes contents, mes chers enfants, notre belle chèvre vient déjà chercher son nourrisson avec plaisir et celui-ci, que ma femme tient alors et met par terre sous ses jambes, prend parfaitement le pis » (L1H à VH, 26.9.1823. In Louis Barthou, 155-6).

6. VH, *Les Contemplations*, 3-23. « Le Revenant ».

7. VH à L1H. « Le 9 janvier 1824 », selon le texte. Le 9 février, selon le timbre. On notera la précipitation de Hugo. Le 9 février, Adèle n'est enceinte que de deux mois. La falsification des dates est une pratique courante et intentionnelle de Victor Hugo.

8. VH à L1H, 7.6.1824. *JG* 1-597.

Qu'elle est belle, la petite Hugo !

1824-1830

CETTE ENFANT ÉTAIT À PEINE NÉE que déjà les nuages s'accumulaient à l'horizon de sa vie, mais personne ne s'en doutait et les Hugo vivaient au contraire, rue de Vaugirard, dans une sorte de béatitude que tout le monde leur enviait. C'était leur premier logis indépendant[1] et ils étaient fiers de leur autonomie, contents de leur petit ménage. Charles Nodier, installé lui-même à l'Arsenal depuis le 3 janvier, fut un des premiers à leur rendre visite[2], avec sa femme et sa fille Marie, celle du voyage à Chamonix, la future égérie d'une bonne partie des romantiques. Ils furent bien reçus, le bruit s'en répandit, et les « chevelus » du Cénacle ne manquèrent plus, quand ils étaient dans les parages, de faire le détour de la rue de Vaugirard. Ils venaient pour Hugo, leur confrère et déjà leur maître à vingt-trois ans, mais ils venaient aussi pour l'atmosphère de douce intimité qui régnait dans cet appartement. Une jeune mère nourrissant son bébé, allongée sur un divan au coin d'une cheminée[3], le rire d'un enfant, l'émerveillement d'un père... Où donc auraient-ils pu trouver, dans Paris ou en province, un climat aussi candide, aussi nouveau, aussi proche de leurs aspirations[4] ? « Rien de plus intéressant à voir que ce jeune couple, écrivait un visiteur. Ce sont les amours des anges, et beaucoup plus poétiques encore que sous la plume de Thomas Moore[5]. »

Cette période laissera de bons souvenirs dans toutes les mémoires. « L'appartement au premier donnait sur la rue, écrira la mère de Didine. L'escalier de l'étage, étroit et raide comme une échelle, nuisait à l'élégance du logis, mais les jeunes gens livrés à eux-mêmes pour la première fois étaient si heureux que le paradis eût envié leur perchoir[6]. » Le père chantait sur le même ton : « Je reste chez moi, où je suis heureux, où je berce ma fille, où j'ai cet ange qui est ma femme. Toute ma joie est là, rien ne me vient du dehors que quelques marques d'amitié[7]... » Une bohème avant la lettre. Le peintre Achille Devéria, ne sachant où manger, arrivait à l'improviste avec ses deux élèves : son frère Eugène et Louis Béranger. Le repas était pour deux ? Qu'à cela ne tienne ! Adèle envoyait chercher des œufs, les cassait dans une poêle, arrosait de rhum, craquait une allumette et l'assemblée, bébé compris, applaudissait la flamme.

En novembre 1826, deux ans après Léopoldine, Adèle accoucha d'un gros garçon qu'il fallut prénommer au pied levé, contrairement à sa grande sœur[8]. Ce fut Charles. Le pigeonnier étant un peu étroit, Victor Hugo loua un peu plus loin, au 11 de la rue Notre-Dame-des-Champs, un logement perdu dans la verdure. Sur le devant, une porte cochère conduisant au faubourg, c'est-à-dire aux guinguettes et aux bals musettes du village de Vaugirard. À l'arrière, un jardin au goût du jour : une mare plantée de nénuphars, un petit pont, un ou deux bosquets. Une porte tout au fond conduisait au jardin du Luxembourg. Tout cela était on ne peut plus pratique : Adèle promenait ses enfants dans le jardin et

Victor, sa journée faite, partait à pied vers le hameau de Plaisance, entouré de sa petite cour.

Les habitués de la rue de Vaugirard – Charles Nodier et sa femme, Louis Boulanger et les frères Devéria, Vigny et Musset – prirent le chemin de la rue Notre-Dame-des-Champs. Charles-Augustin Sainte-Beuve venait en voisin rue de Vaugirard ; les Hugo étaient au 90, il habitait au 70 avec sa mère ; quand ses amis émigrèrent à la rue Notre-Dame, il les suivit et s'installa au 19, toujours avec sa mère. De nouvelles têtes firent leur apparition : le poète angevin Jules Pavie, le journaliste Gustave Planche, Émile Deschamps, traducteur d'un vieil Anglais à peu près inconnu, un certain William Shakespeare. Le sculpteur David d'Angers, déjà célèbre à moins de trente ans, avait son atelier juste à côté et entrait à tout moment. Lamartine arrivait de Mâcon et lisait ses derniers vers. Un jeune homme nommé Mérimée proposait une recette de macaronis et, mis au défi par l'assemblée, se mettait aux fourneaux. Boulanger entra dans l'intimité de Sainte-Beuve ; ils étaient si proches, si familiers de la maison que Hugo, les voyant venir, s'exclamait : « Mon peintre et mon poète ! » Eugène Delacroix venait parfois, et bien sûr le grand-père Foucher. Le général Hugo avait perdu sa femme, Catherine Thomas ; il s'installa à Paris en juin 1827, mais il était accaparé par ses publications sur l'artillerie et on le voyait peu.

C'était le temps de la jeunesse, de l'amitié, du bonheur de vivre : « On s'était attardé dans Paris, l'heure du dîner était passée, on était triste, on allait chez Nodier où vous attendait un couvert, de doux et gais visages[9]. »

Un soir, Abel Hugo, le frère aîné de Victor, entra par hasard dans un jardin qui semblait ouvert, du côté de Vaugirard, et se vit offrir pour vingt sous des œufs au plat et du poulet sauté. Le vin blanc était à volonté, les musiciens compris dans le prix. Le bruit s'en répandit et la bande prit ses habitudes chez la mère Saguet. Un dimanche, Mme Hugo vint aussi, avec sa fille bien entendu. Quand elle arriva, les convives l'acclamèrent. Jusque-là, les contestataires du Cénacle avaient un lieu de réunion : le bureau de Charles Nodier à l'Arsenal ; ils avaient une aubergiste : la mère Saguet ; désormais ils eurent une enfant : la petite Hugo. « Qu'elle est belle, la petite Hugo ! » s'exclamaient-ils en la voyant venir, et la mère, fière, embrassait la fille[10]. Émile Deschamps envoyait à l'adresse d'Adèle et de Victor des mots d'invitation qu'il terminait ainsi : « Et puis amenez Didine / Sans laquelle très mal on dîne, / Sylphide, ange femelle, ondine… » C'est à se demander si les Hugo étaient encore admis s'ils n'amenaient pas leur fille.

Léopoldine avait trois ans. Quand elle levait les yeux de ses poupées ou du berceau de son petit frère, elle voyait un pont de bois jeté sur une mare, de beaux visages souriants, les lampions d'une guinguette. Si elle dressait l'oreille, elle entendait des rimes et des éclats de rire. Elle avait cette chance, encore exceptionnelle[11]. Ses parents s'aimaient, son père était un homme comblé[12], sûr de son étoile. Quand elle eut quatre ans, il la chaussait les soirs d'été et partait avec elle pour de grandes courses dans les champs. Il lui parlait des oiseaux, des mystères de la nature, lui récitait des poèmes en forme de comptines composés pour elle au bord du petit étang :

> Et la frêle escarpolette
> Se reflète dans le transparent miroir,
> Avec la baigneuse blanche

Qui se penche,
Qui se penche pour se voir[13]...

Elle apprit à lire presque seule, dirigée par une voisine aveugle. Le matin, en se levant, elle allait pousser la porte de l'antre et embrasser le lion :

Elle entrait, et disait : Bonjour, mon petit père,
Prenait ma plume, ouvrait mes livres, s'asseyait
Sur mon lit, dérangeait mes papiers, et riait,
Puis soudain s'en allait comme un oiseau qui passe.
Alors, je reprenais, la tête un peu moins lasse,
Mon œuvre interrompue, et, tout en écrivant,
Parmi mes manuscrits je rencontrais souvent
Quelque arabesque folle et qu'elle avait tracée,
Et mainte page blanche entre ses mains froissée[14]...

Le bonheur n'est jamais uniforme. Le leur avait ses bons et ses mauvais moments. La grand-mère Foucher était morte un peu après la naissance de Léopoldine, laissant aux soins de son mari une fille de deux ans, la petite Julie. Le général Hugo s'en alla à son tour en janvier 1828. En octobre de la même année, Mme Hugo accoucha d'un fils qu'on prénomma Victor, comme son père. Léopoldine fait là sa deuxième entrée dans les registres d'état civil. Une entrée particulière : inscrite comme marraine, elle est dispensée de signer le registre « pour cause d'âge ».

Cela n'a l'air de rien, ces détails sur l'existence d'un enfant, ses premiers mots, ses gribouillis. Dans les années 1820, c'était du jamais vu. Les philosophes donnaient depuis toujours des conseils d'éducation, mais qui avait eu l'idée de décrire les sentiments ou la physionomie d'un enfant particulier ? Qui s'était donné la peine de s'asseoir à côté d'un bambin, de se demander ce qui se passait dans sa petite tête et de communiquer ses impressions ? Personne. Les écrivains avaient des enfants dans leur entourage depuis les premiers temps de l'écriture, les peintres depuis les premiers traits sur les parois des grottes préhistoriques ; sans remonter aussi loin, George Sand et Lamartine, Ingres et David jetaient parfois un regard sur leurs enfants et ceux de leurs amis, mais pour ce qui est de les décrire ou de les figurer, non, ils n'y pensaient pas[15].

Du reste, ne cherchez pas : la littérature française avant 1830 ne donne, sur les rares enfants dont elle fait mention (presque exclusivement des descendants de familles royales ou de grande lignée), que des indications sommaires : un nom, une date de naissance, au plus un trait de caractère. Il y a ce vide dans notre histoire depuis l'aube des temps, et il y a Léopoldine. Oh ! ce n'est pas qu'on sache tout d'elle, son emploi du temps n'est pas connu au jour le jour, mais les vers et les lettres de son père, les récits de ses grands-pères et des amis de ses parents, le témoignage et les croquis de sa mère, les dessins et bientôt les tableaux de Devéria, de Châtillon, de Boulanger… la portent, pour parler comme son père, au premier plan du théâtre de la vie. Elle est, plus simplement, le premier enfant dont l'histoire ait gardé une véritable trace.

Comme si cela ne suffisait pas, elle allait inspirer le personnage de Cosette. Cosette n'est pas la première fillette de la littérature. Elle succède à Cecilia (créée par Fanny Burney, une des premières romancières anglaises, dans *Cecilia* en 1784), à Matilda (mise au monde par Mary Shelley en 1820, mais le public ne la connaîtra qu'à la publication du roman en 1959), à Valentine (imaginée par George Sand dans *Valentine* en 1832), à Clélia Conti (création de

Stendhal dans *La Chartreuse de Parme,* 1839), à Sophie Fichini (l'héroïne des *Petites Filles modèles* publiées par la comtesse de Ségur en 1858, trois ans avant la parution des *Misérables*). Mais Cosette sera la plus connue, la plus célèbre, la plus vénérée. Elle battra tous les records de vente de l'histoire du livre (des millions d'exemplaires depuis la première publication) et de l'histoire des droits d'auteur (trois cent mille francs pour les douze premières années d'exploitation ; l'éditeur belge, Émile Lacroix, en gagnera cinq cent dix-sept mille, bénéfice net, en six ans seulement). Elle ne sera concurrencée dans les faveurs du public que par Alice (Lewis Carroll, *Alice au pays des merveilles,* 1865) et bien sûr par Lolita (Nabokov, *Lolita,* 1958). Il faut dire que Hugo la fera naître sur le champ de bataille de Waterloo[16] : une époque mourait, une fillette venait au monde, c'était Cosette, alias Léopoldine.

NOTES

1. À leur mariage, les Hugo se sont installés provisoirement dans une mansarde de l'hôtel des Conseils de guerre, où le père d'Adèle, fonctionnaire au ministère de la Guerre, occupait un logement de fonction. C'est là que Léopold, puis Léopoldine furent conçus.

2. La maison était à l'angle de la rue de Vaugirard et de la rue du Regard, dans l'emprise actuelle de la rue de Rennes. Les Hugo habitaient un appartement sur rue au second niveau, comprenant six pièces, un grenier, une chambre de bonne. Le rez-de-chaussée était occupé par un atelier de menuiserie.

3. Le peintre Achille Devéria, familier des Hugo au temps de la rue de Vaugirard, a croqué cette scène. Le dessin est conservé à la Maison de Victor Hugo de Paris.

4. **Les mœurs des Français en 1824.**

La France, du moins derrière ses murs, vit en 1825 comme sous l'Ancien Régime, à peu de choses près. La Révolution est passée, les mœurs sont restées ou revenues. Le code civil de 1804 a rétabli les droits supprimés par les chartes de 1790, du moins une bonne partie d'entre eux. Le père de famille est de nouveau chef de famille, sa femme et ses enfants lui doivent obéissance, il est seul autorisé, sauf circonstances exceptionnelles, à demander non pas le divorce, aboli purement et simplement, mais la séparation de corps ou de biens. La femme et l'enfant s'effacent, disparaissent ou se taisent en présence des invités. Les sourires de la petite Hugo, dans ce contexte, ont le prix de la rareté.

5. Saint-Valry à Rességuier, in Louis Gimbaud, *Les Orientales de Victor Hugo*, p. 10. Thomas Moore (1759-1852), poète irlandais, chantre de son pays natal dans une approche très bucolique.

6. A1H, *VHR*, tome 3, « Les deux frères » ; tome 10, « La rue de Vaugirard ». *Éd. chrono.*, 6-1345.

7. VH à Alfred de Vigny, 23.12.1824. *Éd. chrono.*, 2-1459.

8. Ni le père ni la mère ne s'étaient souciés de choisir un prénom au nouveau bébé. Cette attitude accentue par opposition la préméditation des choix de Léopold et de Léopoldine. Tout se passe comme si Victor Hugo avait hâte d'attribuer le

prénom de son père à l'un au moins de ses enfants. Cette mission accomplie, le choix des prénoms perd son importance.

9. A1H, *VHR*, 4-14.

10. A1H, *Souvenirs de Mme Victor Hugo sur sa fille Léopoldine. Éd. chrono.*, 6-1346. Les Hugo et leurs amis fréquentent les guinguettes de Vaugirard, en particulier celle de la mère Saguet, à partir de 1826-1827. Léopoldine a trois ans à ce moment.

11. **La vie de famille au temps de Léopoldine.**

Le XIXe siècle offre-t-il d'autres exemples d'harmonie familiale ? J'ai mené l'enquête dans le milieu des artistes et des écrivains, les seuls qui aient levé le voile (un peu) sur leur vie privée.

Théophile Gautier habitait, avec sa compagne et leurs deux filles, une petite maison à Neuilly, qui était alors une campagne lointaine. Il n'en a guère parlé lui-même, mais sa fille Judith a décrit dans le *Collier de perles* et le *Second Rang du collier* les ambiances familiales entre maison et jardin, les sorties avec papa en cachette de maman, l'événement du départ de Théophile par l'omnibus du dimanche matin, pour les bureaux du journal où il tenait sa chronique hebdomadaire. Gautier n'avait pas d'idées bien arrêtées sur l'éducation, *a fortiori* sur l'éducation des jeunes filles. Le sujet ne l'intéressait pas, voilà tout. Il voyageait, rencontrait ses amis et ses maîtresses, écrivait, courait au Salon, écrivait encore. Il était dans son monde et ses enfants n'y entraient pas. Estelle et Judith étaient élevées au hasard, elles grandirent au hasard, grappillant ici et là ce que la vie leur offrait. Judith, encore enfant, sculptait l'*Angélique* d'Ingres dans un navet volé à la cuisine, apprenait le chinois, se levait la nuit pour aller, sur ses pieds nus, observer les étoiles au télescope de son père. Les filles profitaient de l'inattention de la mère pour ouvrir la porte du jardin et s'en aller explorer les environs. Des sauvageonnes. Un jour, elles allèrent jusqu'à Courbevoie, conduites par leur père pour une fois, boire du ratafia sur le comptoir d'un marchand de vin. Imagine-t-on Victor Hugo prenant sa fille par la main pour l'asseoir sur le comptoir d'un tripot de Vaugirard ?

Robert et Clara Schumann s'absentent parfois pour les besoins de leur métier. Un peu plus de dix voyages en quatorze ans, entre le mariage et l'internement de Schumann, cela fait peu. Et le témoignage de Marie laisse penser que la quiétude du foyer compense ces quelques escapades. « Quand nous étions tout petits, [notre père] nous faisait sauter sur ses genoux, en nous récitant une petite poésie, ou bien il jouait avec nous. Notre grande joie était de gambader derrière ma mère assise sur le sofa : elle nous laissait parfois dénouer ses cheveux et jouer avec. »

George Sand était une mère attentive, même si les résultats de son éducation ne furent pas des plus heureux. Établie à la campagne, préceptrice de ses propres enfants, elle était comme une incarnation des enseignements de Jean-Jacques Rousseau. Du moins jusqu'à sa séparation de son mari, en 1831 (son fils Maurice a huit ans, un an de plus que Léopoldine, sa fille Solange trois ans). Après, quand le juge lui eut confié la garde de Solange, elle la laissait parfois à Nohant, aux soins de la grand-mère, et la gardait le plus souvent avec elle à Paris, dans son petit appartement du quai Malaquais. Solange (et Maurice dans une moindre mesure) a donc connu dans sa tendre enfance la vie de bohème des gens de lettres, elle a vu les hommes se succéder dans la vie et le lit de sa mère. En a-t-elle souffert ? Peut-être pas. Sand était une femme de lettres, mais elle était aussi une femme d'intérieur, une mère aimante, émerveillée par les enfants en général (voir *La Petite Fadette*, *François le Champi*...), et les siens en particulier. Sa correspondance est pleine de leurs progrès, de leurs petits chagrins. Il faut lire son récit du voyage et du séjour à Majorque au cours de l'hiver 1838-1839 pour comprendre que ces enfants-là sont entourés de beaucoup d'affection.

12. Le bonheur de Victor Hugo était fonction de la réussite de son ménage et du succès de ses œuvres. Les années 1820 sont des années fastes dans ces deux domaines. Un témoignage parmi tant d'autres, en 1829 : « On chercherait en vain dans l'Europe entière, un prince, un roi, un capitaine plus digne d'envie ou plus heureux que le poète des *Orientales*. [...] Je ne sais personne ici-bas qui ait jamais ri du rire de M. Victor Hugo, mis en belle humeur par le succès des *Orientales* » (Jules Janin, *Cours de littérature dramatique*, p. 357).

13. VH, *Les Orientales*, « Sara la baigneuse ».

14. VH, *Les Contemplations*, 4-5.

15. **L'enfance des jeunes filles.**

Même silence du côté des journaux intimes.

Camille Desmoulins (1771-1794), la femme du révolutionnaire, ne commence son journal qu'à dix-sept ans (elle le tiendra jusqu'à sa mort sur l'échafaud quatre ans plus tard).

George Sand (1804-1876), née vingt ans avant Didine, publiera en 1854 une *Histoire de ma vie* où il sera fort question de son enfance, mais le récit est déformé par le temps (cinquante ans entre la naissance d'Aurore et la publication de son autobiographie) et la stature que l'auteur a prise entre-temps ; sa correspondance, si l'on exclut trois billets à sa mère (vingt lignes au total), s'ouvre quand elle a seize ans sur des lettres à des amies de pensionnat.

L'enfance d'Eugénie de Montijo (1826-1920), qui deviendra impératrice par son mariage avec Napoléon III, inspirera le personnage de Clélia Conti dans *La Chartreuse de Parme*. Contemporaine de Léopoldine (elle est née à Grenade en 1826), elle est connue par ses lettres, celles de sa sœur, de sa mère, de Mérimée, de Stendhal, et quelques souvenirs rédigés de sa main ; des sources beaucoup moins fournies au total que celles dont nous disposons pour Léopoldine.

Judith Gautier, fille de Théophile et d'Ernesta Grisi (1845-1917), parlera de son enfance dans *Le Collier des jours*, premier tome de son autobiographie, mais l'ouvrage ne paraîtra qu'en 1902, un siècle après la naissance de Victor Hugo, soixante ans après la mort de Léopoldine, et la correspondance familiale n'autorise que quelques recoupements sur les premières années.

Quant aux cahiers de Marie Bonaparte (1882-1962), descendante de Lucien, le frère aîné de Napoléon, retrouvés à la mort de son père, analysés avec Freud, publiés avec un commentaire psychanalytique après la mort de ce dernier, ils concernent bien ses années d'enfance (de sept à dix ans, 1889 à 1892), mais ces années sont très postérieures à celles qui nous occupent et la publication plus tardive encore (1939 à 1950).

Léopoldine n'a pas tenu de journal, mais sa correspondance (près de trois cents lettres en treize ans) forme, avec les témoignages multiples et multiformes de ses parents et de ses proches, un corpus sans équivalent, avant et jusque très longtemps après elle.

16. La bataille de Waterloo, charnière de deux époques, a fait l'objet de deux récits romanesques, celui de Hugo dans *Les Misérables*, celui de Stendhal dans *La Chartreuse de Parme*. Curieusement, la chute de l'Aigle est associée dans les deux livres à une fillette, Cosette chez Hugo, Clélia Conti chez Stendhal.

De beaux cheveux noirs, secs et bouclés

1830-1832

Tout alla pour le mieux jusqu'en 1830. Une année faste pour les modernes : victoire d'*Hernani* le 25 février, entrée de Lamartine à l'Académie le 1er avril, première de la *Symphonie fantastique* de Berlioz en octobre… Mais les triomphes à la scène se payaient par des drames à domicile, en particulier chez les Hugo, dont l'appartement servait de quartier général aux troupes barbues et chevelues que l'auteur engageait dans sa lutte contre les classiques. Une lutte acharnée, à l'issue longtemps indécise. Elle se cristallisa sur *Hernani* parce que Hugo y mettait, un peu par esprit de provocation, tous les ingrédients que les modernes portaient aux nues et que les classiques vilipendaient : des amours impossibles, la mort omniprésente, la violence voisinant le comique, un roi dans un placard… Tout cela sur arrière-plan de revendication politique : le rejet des conventions artistiques faisait écho à la grogne suscitée partout en France par l'autoritarisme anachronique de Charles X. *Hernani* annonçait, en vérité elle allait préparer, la révolution de juillet 1830, un peu comme *La Muette de Portici* d'Auber susciterait la même année le soulèvement de la Belgique contre l'occupant hollandais.

Hugo avait écrit son texte en quelques semaines, en réponse à l'interdiction par le pouvoir, en l'occurrence la Comédie-Française, d'une première pièce, *Marion Delorme*, au motif qu'elle offensait les règles de la tragédie classique. Il avait réglé en conséquence non seulement les reparties de ses personnages, mais encore la distribution des fameux billets rouges que le théâtre mettait traditionnellement à la disposition de l'auteur. Cela s'appelait la claque et cela faisait partie des mœurs théâtrales. Le jour venu, à une heure de l'après-midi, les rapins du Cénacle se réunirent sur le trottoir du Théâtre-Français. Ils furent admis à seize heures et l'auteur les répartit dans la salle comme un général plaçant ses gens pour la bataille. Ils festoyèrent tout l'après-midi et au lever de rideau, ils étaient fin prêts. Il y eut quelques rumeurs, deux ou trois coups de sifflet, mais le terrain resta aux amateurs d'amours impossibles. « Cette soirée décida de notre vie, dirait encore Gautier un demi-siècle plus tard. Là nous reçûmes l'impulsion qui nous pousse encore après tant d'années et qui nous fera marcher jusqu'au bout de la carrière[1]. »

Pour les romantiques, c'était une victoire éclatante et presque définitive. Pour Hugo, c'était autre chose : « Le pauvre auteur était excédé. Il ne dormait plus. Il ne mangeait plus[2]. » Pour sa femme, c'était plus éprouvant encore : « Ces représentations contre lesquelles il fallait toujours lutter, aussi aventurées à la quarantième qu'à la première, avaient fini par mettre la femme de l'auteur dans un état maladif et nerveux. Chaque soir elle allait au-devant de son mari quand il sonnait et disait : "La toile est tombée, n'est-ce pas[3] ?" » Pour Léopoldine, c'était un vrai cauchemar : maman affairée au milieu d'une troupe tapageuse, papa toujours absent ou fatigué, l'un et l'autre se déchargeant sur elle de la correspondance, des billets aux vieux amis, du soin de ses jeunes frères, et ne trouvant pas même le temps de la remercier…

Ensuite, il y eut le déménagement. Effrayée par les allers et venues à toute heure du jour et de la nuit, la propriétaire de la rue Notre-Dame-des-Champs (elle habitait le rez-de-chaussée, juste sous le QG) pria ses locataires d'aller se loger ailleurs. Une scène dont Léopoldine se souviendrait.

– Ma petite dame, dit la propriétaire à sa maman, vous êtes bien gentille et votre mari est un bon garçon, mais vous n'êtes pas assez tranquilles pour moi. Je me suis retirée du commerce pour vivre paisiblement, j'ai acheté exprès cette maison dans une rue sans bruit, et, depuis trois mois, c'est ici, à cause de vous, une procession sans fin jour et nuit, un vacarme dans les escaliers et des tremblements de monde sur ma tête. À des une heure du matin, je suis réveillée en sursaut et je crois que le plafond va tomber sur mon lit. Nous ne pouvons plus rester ensemble.

– C'est-à-dire que vous nous donnez congé ?

– J'en suis vraiment désolée. Je vous regretterai bien. Vous êtes un bon petit ménage et vous aimez bien vos enfants. Mais vous ne dormez donc pas vous-même ? Que je vous plains donc, ma pauvre dame ! Votre mari a pris un état bien dur[4] !

L'état était peut-être dur, mais il offrait la célébrité tant attendue et il rapportait gros : quinze mille francs pour la publication de la pièce s'ajoutant à la part de l'auteur sur les recettes du théâtre. Quinze mille francs, c'était plus de vingt ans de subsistance pour le poète des premiers temps. Celui-ci put donc louer, dans le quartier tout neuf des Champs-Élysées, tout le second étage d'un hôtel flambant neuf construit et habité par le comte de Mortemart et son beau-frère le général Cavaignac, l'oncle du futur ministre. Du beau monde ! Et une belle résidence, dans le triangle délimité aujourd'hui par l'avenue Franklin-Roosevelt, le cours Albert-Ier et l'avenue Montaigne. Une bâtisse en pierre de taille, aussi moderne que son nouveau locataire, mais perdue dans des jardins maraîchers en voie de lotissement.

C'est là que Juste Olivier, jeune admirateur suisse, rencontra le poète et sa famille : « J'ai vu deux petits enfants, à l'un desquels [Victor Hugo] s'est adressé en l'appelant *mon petit chat.* L'un de ses enfants est charmant. C'est une fille qui a de beaux cheveux noirs, secs et bouclés, une figure brûlée et expressive[5]. » C'était Léopoldine. « Victor Hugo a l'air d'un homme heureux », conclut le visiteur. Les apparences étaient donc sauves, du moins ce mercredi 21 juillet 1830 en début d'après-midi, mais l'orage grondait dans le ménage. Hugo voyait sa femme se détacher de lui et il avait des moments terribles. Il s'enfermait des journées entières dans son cabinet, projetait un voyage qui l'éloignerait de Paris pour une et peut-être plusieurs années.

Il avait vécu, enfant, une situation similaire, dont il ne parlait pas, dont en vérité il ne parlerait jamais. Sa mère avait abandonné le domicile conjugal quelques mois après sa naissance et il ne l'avait pas vue pendant près d'une année. Ensuite ses parents s'étaient séparés et c'est son père qu'il avait perdu de vue. Une vieille histoire, mais l'éloignement de sa femme rouvrait cette page douloureuse de son existence et ravivait la plaie. « Ce lit où tu pourrais être, lui écrivait-il, cette chambre où je pourrais voir tes robes, tes bas, tes chiffons traîner sur les fauteuils à côté des miens, cette table même où j'écris et où tu viendrais me déranger pour un baiser, tout cela m'est douloureux et poignant[6]. »

En somme, Hugo était peut-être exaspéré, mais ce n'était pas à cause d'*Hernani*, c'était parce que sa femme ne voulait plus de lui. Elle avait ses raisons, assurément : elle était enceinte pour la cinquième fois en moins de huit ans de mariage et sa « sensibilité dormante[7] » s'accommodait assez mal des ardeurs de son mari. Mais pour lui, c'était la privation suprême. Encore ignorait-il que son Adèle entretenait une relation de plus en plus intime avec un homme qu'il mettait très haut dans son estime et dans son affection, un homme qu'il considérait comme son seul véritable ami : Charles-Augustin Sainte-Beuve.

Poète, chroniqueur, rédacteur au *Globe*, Sainte-Beuve était désormais un personnage en vue. Ses articles faisaient et défaisaient les pièces, les acteurs, les auteurs. Il y avait du calcul dans l'amitié que lui vouait Victor Hugo, mais il y avait également, il y avait surtout un élan d'affection envers un homme d'une rare intelligence et que la vie ne gâtait pas beaucoup. Augustin n'était pas beau, ne brillait pas en société, n'attirait pas les femmes. Il était hypospade, c'est-à-dire que l'urètre, chez lui (comme chez Jean-Jacques Rousseau – ils avaient au moins cela en commun), se terminait sous la verge et non à son extrémité. Une tare irrémédiable à l'époque. Elle n'excluait ni l'érection ni la copulation, mais elle embarrassait son titulaire et freinait ses appétits. C'est précisément ce que cherchait Adèle Hugo, après huit années de vie sexuelle trépidante, menée au pas de charge par son ardent mari. Or Victor était souvent absent au temps d'*Hernani* et Augustin était là, lui. Il venait en voisin, s'asseyait près d'Adèle, lui parlait sans éclat. Il avait toujours une anecdote, un bon mot, une analyse pénétrante d'une situation dont tout le monde jasait et que personne ne comprenait.

… Vers trois heures, souvent, j'aime à vous aller voir :
Et là, vous trouvant seule, ô mère et chaste épouse !
Et vos enfants au loin épars sur la pelouse,
Et votre époux absent et sorti pour rêver,
J'entre pourtant ; et vous, belle, sans vous lever,
Me dites de m'asseoir ; nous causons, je commence
À vous ouvrir mon cœur, ma nuit, mon vide immense,
Ma jeunesse dévorée à moitié
Et vous me répondez par des mots d'amitié[8].

Léopoldine allait sur ses six ans. Six ans seulement, mais elle avait passé ces six années en compagnie de Lamartine, de Vigny, de Dumas, de Balzac… En compagnie d'analystes perspicaces des âmes et des amours humaines. Elle devina, oh ! confusément, mais enfin elle sentit qu'il se passait quelque chose entre son papa et sa maman. Quelque chose de grave, peut-être d'irrémédiable. Elle se demanda quel gros péché elle avait pu commettre, ce qu'elle pouvait bien faire pour réparer ses torts, si elle retrouverait jamais la maman et le papa d'avant ? Les parents se posaient les mêmes questions et ils leur donnaient des réponses inconciliables. Mme Hugo était éprise de Sainte-Beuve, elle avait pour lui des sentiments plus tendres que tous ceux qu'elle avait jamais éprouvés pour son mari, et d'ailleurs pour qui que ce fût[9]. Pour Victor, c'était autre chose. Il aimait sa femme comme au premier jour, son amour s'était affermi au contraire au fil des maternités et des épreuves, et le spectre de la séparation le terrifiait.

L'avènement des idées nouvelles n'ayant pas levé le vieux tabou sur l'intimité conjugale, Victor Hugo était et resterait toute sa vie aussi discret sur ces questions que ses confrères de l'Ancien Régime. Pas un mot donc, ni dans ses lettres ni dans sa conversation, sur ce désespoir qui le ronge à petit feu. Pas de confidence aux amis, pas de conseil de leur part, pas de recommandation. Il n'a pas seulement le recours d'observer le comportement de ses contemporains dans des situations similaires et d'en tirer une leçon pour lui-même. Le clan romantique est formé en effet d'une majorité de célibataires : Balzac, Delacroix, Musset, Sainte-Beuve, Sandeau, Vigny… Il y a bien Lamartine, mais Lamartine et Mary-Ann se vouent une absolue fidélité. Il y aura Gautier, mais il ne se séparera d'Ernesta Grisi, mère de ses enfants, qu'au mariage de leur fille Judith en 1866. Berlioz ? Berlioz, ayant tenté vainement de sauver sa femme de l'alcool et de la dépression, l'installera loin de Paris, mettra son fils Louis en pension et se réfugiera lui-même dans la musique, mais cela viendra beaucoup plus tard, dans les années 1840. Si ! Il y avait un écrivain dont Hugo allait être assez proche et qui se trouvait en 1830 dans une situation étrangement proche de la sienne : George Sand. Elle n'était encore qu'Aurore Dupin, épouse Dudevant, elle vivait dans le Berry et elle était très attachée à sa famille. Lassée des infidélités et surtout de la médiocrité de son mari, elle décide pourtant, après de longues hésitations et précisément dans le courant de l'année 1830, de s'en séparer – avec l'esprit de méthode qui la caractérise : elle engage un précepteur pour les enfants, exige une pension pour elle-même et s'installe à Paris. Dans un temps où la loi confie les enfants au père en cas de séparation, elle réussit l'exploit, assez rare pour être mentionné, de quitter le père en gardant à la fois les enfants et le domicile conjugal – au terme d'une longue procédure, certes[10], et au prix d'une formidable obstination, mais enfin, elle aura le bonheur en 1836, six ans après son départ, de reprendre possession de Nohant et de s'y installer. Avec Maurice et Solange. Et sans Casimir. Un triomphe pour elle, une défaite pour la morale traditionnelle dont Victor Hugo se revendique.

Les enfants Hugo échapperont finalement aux embarras inévitables de la séparation des parents. Adèle Foucher restera inflexible dans sa décision de faire chambre à part, son mari la poursuivra en vain ; mais à défaut de son cœur, il lui conservera son estime et son statut d'épouse. Pour les petits, ce n'était pas plus mal. Maman restait à la maison, ils la retrouvaient en revenant de l'école, de la promenade, des visites à leurs amis, et papa était souvent là lui aussi. On peut donc penser que le drame pour les parents n'en est pas un pour Léopoldine. Du reste, elle a de quoi s'occuper en 1830 : les journées de Juillet[11], la naissance d'une petite sœur le 24 août[12], les leçons de lecture et d'écriture. Celles-ci allaient porter leurs fruits, et plus tôt qu'on n'eût pu le croire : Didine calligraphie quelques mots pour son papa au nouvel an 1831 :

> mon cher papa je te souhaite
> la bonne année et je te
> promets detre bien sage et de
> bien apprendre mes lecons pour
> que tu m'aimes bien.
> didine
> Ce 1er janvier 1831[13]

… et ce billet à sa maman début janvier :

> Maman getaim
> De touit monicoe
> Didine[14]

NOTES

1. Théophile Gautier, *Première Représentation d'*Hernani, in *Le Bien public*, 12.5.1872. *Éd. chrono.*, 3-1436.

2. A1H, *VHR. Éd. chrono.*, 4-1185.

3. A1H, *VHR. Éd. chrono.*, 4-1186.

4. A1H, *VHR. Éd. chrono.*, 4-1187. Je donne la conversation dans les termes rapportés par Mme Hugo.

5. Juste Olivier, *Journal*, 21.7.1830. *Éd. chrono.*, 3-2, 1456-1461. Juste Olivier, jeune écrivain suisse admirateur des romantiques français, relate une visite à l'appartement des Hugo, sur recommandation de Sainte-Beuve. Mme Hugo est enceinte. Elle accouchera un mois plus tard, le 24 août exactement, de sa seconde fille, Adèle.

6. VH à A1H, 17.7.1831. *Éd. chrono.*, 4-1040 à 1041.

7. Appréciation donnée par l'amant dans son *Livre d'amour*, inspiré de ses amours avec Adèle Foucher, et confirmée par le mari : « Ève qu'aucun fruit ne tente » (VH, *Les Chants du crépuscule*).

8. SB, *Les Consolations*. 1. « À Mme VH »

9. **La relation entre Mme Hugo et Sainte-Beuve.**

L'amour longtemps partagé d'Adèle Hugo pour Sainte-Beuve était d'autant plus fort qu'il s'était construit lentement, au fil des visites que le critique rendait à ses amis Hugo. Il était apparu rue de Vaugirard en 1827, il se déclara en 1829, après deux ans de rencontres dans la douce intimité du salon d'Adèle, le plus souvent en l'absence du mari. La relation est connue par les traces qu'elle a laissées dans les œuvres de Sainte-Beuve et de Victor Hugo (en particulier par l'extrême violence des personnages de *Notre-Dame de Paris*), par la correspondance entre les deux hommes et les témoignages des amis sur le désarroi de Victor Hugo, enfin par ce qu'on connaît de la correspondance, extraordinairement abondante, entre les amants. Adèle et Charles-Augustin ont échangé en effet, entre le début de leur liaison en 1829 et le départ d'Adèle pour Jersey en 1851, de très nombreuses lettres (plusieurs centaines et probablement plus de un millier). Elle brûlait celles qu'elle recevait. Il promettait d'en faire autant, mais il conservait tout. À la mort de Hugo, la famille, privilégiant l'image à la vérité, obtint que ce tout fût détruit. Six cent trente-quatre lettres et billets furent donc brûlés en présence des héritiers. Une concession, une seule : le professeur Henry Havard fut autorisé à consulter les lettres, à prendre quelques notes et à les publier. Si laconiques soient-elles, elles ne laissent pas de doute sur la vivacité, la sincérité, la profondeur du sentiment qui portait l'un vers l'autre cet homme et cette femme.

10. **La procédure en séparation de George Sand et de son mari.**

Aux termes du contrat de démariage signé en février 1835, exécutoire en novembre de la même année, Casimir Dudevant garde son fils Maurice et l'usufruit de l'hôtel de Narbonne à Paris, Aurore Dupin conservant Solange et Nohant. Casimir avait accepté ces conditions sans trop de difficulté. Il avait eu, au domicile conjugal, des aventures avec les bonnes qu'Aurore exploita judiciairement et judicieusement. Ces incartades le desservirent aux yeux des juges. Mais ensuite il se ravisa et l'affaire fut portée devant les tribunaux de La Châtre en janvier 1836, puis de Bourges, où Michel de Bourges, avocat et amant de Sand, emporta un jugement définitif en faveur de sa cliente. Un peu plus tard, elle récupéra également son fils.

11. **Léopoldine, témoin de la révolution.**

Le 25 juillet, Charles X signe les ordonnances sur les libertés. Le 26, les quartiers populaires de Paris se soulèvent et dressent les premières barricades. Dans l'après-midi du 27, Gustave Planche, ami des Hugo, parvient à se faufiler jusqu'à leur domicile et cède au caprice de Léopoldine : il la prend dans sa voiture et l'emmène vers le Palais-Royal, dans l'intention de lui offrir une glace ; mais l'encombrement est tel, la tension si vive, qu'il prend peur et rebrousse chemin. Le 28, par une chaleur caniculaire (le thermomètre marque 32 degrés à l'ombre), les troupes prennent position sur les Champs-Élysées, qui ne sont encore que des champs maraîchers, à quelques mètres de la rue Jean-Goujon et de son unique maison, celle des Hugo. Là encore, Didine assiste à la canonnade.

12. Adèle (A2H dans ces notes), dernier enfant de Victor et d'Adèle Hugo, est née le 24 août, journée tout à fait ordinaire, et non le 28 juillet 1830, jour de fusillades et de coups de canon, comme Victor Hugo l'a indiqué. La plupart des biographes de Hugo s'y sont trompés.

13. LH à VH, 1.1.1831. *PG* 28. Archives MVH, 9735. Je reprends la pagination originale.

14. LH à A1H, probablement début janvier 1831. *PG* 27. Transcription : « Maman je t'aime de tout mon cœur, Didine. »

Tu aies bien bonne pour nous

1831-1832

En juin 1831, Victor Hugo accepte une invitation de son ami Bertin à passer quelques jours aux Roches, sa propriété dans la vallée de la Bièvre[1], à deux ou trois heures de voiture de Paris. Il avait connu Louis-François Bertin, dit Bertin l'aîné, fondateur et directeur du célèbre et très influent *Journal des débats*, en 1827, en allant le remercier pour un article favorable sur ses *Odes et ballades*, et celui-ci lui avait présenté ses enfants : Édouard le peintre, Armand le journaliste, Louise surtout, pianiste et compositrice à ses heures, « homme par la pensée et femme par le cœur ».

Sauf les voyages à Blois et Chamonix, dont elle n'avait évidemment aucun souvenir (elle n'avait pas un an à l'époque), Léopoldine ne s'était pas aventurée au-delà des guinguettes de Vaugirard. Pour elle, la Bièvre, c'était l'autre bout du monde. Pour les parents, c'était juste à côté, mais c'était un changement d'air et de décor. Ils troquaient la poussière et les embarras de Paris pour l'air frais (mis à part les effluves d'un cloaque nommé « la Bièvre »), les bosquets, les allées ombragées des Roches et de leurs environs. Hugo laissait ses soucis à la grille de la propriété et retrouvait sa joie de vivre :

Oui, c'est un des lieux où notre cœur sent vivre
Quelque chose des cieux qui flotte et qui l'enivre ;
Un de ces lieux qu'enfant j'aimais et je rêvais,
Dont la beauté sereine, inépuisable, intime,
Verse à l'âme un oubli sérieux et sublime
De tout ce que la terre et l'homme ont de mauvais[2].

Mme Hugo, toujours très susceptible sur les fréquentations féminines de son mari, s'accommodait de son amitié pour Louise Bertin, « rare intelligence, poète et musicienne tour à tour, et qui, frappée par la vie, s'en est noblement vengée en la vouant à l'Art[3] ». Frappée par la vie ? Rien, ni sur son portrait par Ingres ni dans son abondante correspondance, ne permet de cerner la nature exacte de l'infirmité de Louise. Était-ce l'obésité ? Une malformation des jambes ? On sait seulement qu'elle utilisait des béquilles pour se déplacer et que les hommes la tenaient à distance. Elle composait des musiques d'une banalité déconcertante, mais elle jouait tout ce qu'on voulait au piano et ses confitures étaient inoubliables. Elle écrivait aussi. Les lettres de Louise tiendront longtemps la première place dans la correspondance de Didine et ses poèmes ont franchi les siècles pour nous décrire les bons moments de vacances aux Roches avec les petits Hugo :

Vous vous rappelez le solitaire asile
Où, loin de tout sentier, loin de tout bruit de ville,
À nos toits s'abattaient vos enfants gracieux,
Hirondelles d'automne, aux mille cris joyeux[4] !

On allait voir les poules et les lapins à la ferme du château, ramasser au potager les carottes et les laitues que l'on mangeait à table, et puis le soir, on se rassemblait dans le salon avec les frères et le père de Louise, parfois quelque voisin de passage, pour chanter en chœur, jouer une petite saynète répétée dans la journée. Papa se faisait un peu prier, mais il finissait par réciter des vers tout frais, composés le matin même :

Si les petits enfants qui vous cherchent sans cesse
Mêlent leurs joyeux rires au chant qui vous oppresse ;
Si votre noble père à leurs jeux turbulents
Sourit en écoutant votre hymne commencée,
Lui, le sage et l'heureux, dont la jeune pensée
Se couronne de cheveux blancs ;

Alors, à cette voix qui remue et pénètre
Sous ce ciel étoilé qui luit à la fenêtre,
On croit à la famille, au repos, au bonheur ;
Le cœur se fond en joie, en amour, en prière ;
On sent venir des pleurs au bord de sa paupière ;
On lève au ciel les mains en s'écriant : Seigneur[5] !

Victor Hugo avait de l'amitié pour Louise, beaucoup d'amitié, presque autant que la veille encore pour Sainte-Beuve. Il lui avait dédicacé un exemplaire de *Notre-Dame de Paris* et avait accepté ce qu'il refusait, ce qu'il refuserait toujours à tous les compositeurs : de rédiger un livret qu'elle mettrait en musique. C'était même plus compliqué que cela : elle proposerait la musique de l'opéra et il écrirait les scènes à mesure. *La Esmeralda* allait connaître une gestation difficile, étirée sur plusieurs années, et ne vivrait que quelques soirs, mais elle laissa de bons souvenirs à ses créateurs, surtout les souvenirs d'été dans la vallée de la Bièvre : « Nous avons reçu ce matin votre bonne et charmante lettre. Didine m'a prié de la lire à haute voix, ce que j'ai fait à la satisfaction générale de ma populace de marmots. Ma femme a été attendrie jusqu'aux larmes de tout ce que vous écrivez de tendre et de gracieux à ces pauvres enfants. Je vous assure que toutes nos journées se passent à regretter les Roches[6]. » À partir de l'été 1831, Hugo partagea avec sa grande fille l'amitié qu'il avait pour Louise. « Ma cher louise, lui écrit Didine à son retour à Paris, je suis bien facher de ne pas pute voir plutot, a cause du vilin temps. Je te remercie beaucoup. Tu aies bien bonne pour nous[7]. »

Elle jouait encore à la poupée, mais elle avait des « charges » qu'elle prenait très au sérieux : ranger les jouets le soir avant d'aller au lit, surveiller les prières de ses frères et leurs premiers devoirs. Elle consolait maman les soirs de mélancolie, sautait au cou de papa quand il rentrait de ses répétitions. Elle était la petite fée de ce logis. Le logis était célèbre, elle le devint. Elle causait poésie avec Vigny, voyages avec Gautier, musique avec Marmontel[8], son professeur de piano. Le 20 juillet 1831, pour la sacro-sainte Saint-Victor, elle se met au piano avec un nouvel ami de la famille, un jeune musicien répondant au nom de Franz Liszt, et interprète avec lui un air à quatre mains. Sur le portrait au fusain croqué à cette époque par sa maman, on ne reconnaît plus, au-dessus de la grande robe plissée et des manches bouffantes, la frimousse tout en rondeurs des premiers dessins. La grande natte noire tombant sur l'épaule droite dégage une oreille délicate, ornée d'une jolie boucle, déjà. Une petite bouche volontaire, un visage grave, un regard appliqué sous deux sourcils noirs de jais : cette enfant est consciente de ce qu'on attend d'elle ; elle fera tout pour se montrer à la hauteur.

On attendait pourtant beaucoup. Sa mère comptait sur elle pour la soulager dans ses tâches domestiques, ses frères pour les aider dans leurs travaux d'école, sa petite sœur pour tenir son ménage de poupées, Louise Bertin pour l'informer de tout ce qui se passait au foyer de ses amis Hugo. Et tout cela n'était rien en comparaison des exigences de papa. Justement ! Au printemps 1832, il composa une pièce où il était question de cela, de ce qu'un père attend de sa fille quand tout le reste s'écroule. *Le roi s'amuse* est une histoire de bouffon dont la femme a disparu, dont le roi son maître viole la fille unique, qui tente de se venger en assassinant ce roi, et qui en définitive tue sa propre fille. Involontairement, bien entendu, mais enfin il la tue et la scène est l'une des plus pathétiques que Hugo ait créée et créera jamais. L'histoire se passe au XVIe siècle, le roi, c'est François Ier, et le couple Triboulet-Blanche évoque à s'y méprendre le duo de l'auteur et de sa fille aînée.

> Moi, je n'ai que toi seule ! Un autre est riche. Eh bien,
> Toi seule es mon trésor et toi seule es mon bien !
> Un autre croit en Dieu. Je ne crois qu'en ton âme !
> D'autres ont la jeunesse et l'amour d'une femme,
> Ils ont l'orgueil, l'éclat, la grâce et la santé,
> Ils sont beaux ; moi, vois-tu, je n'ai que ta beauté[9] !

Il fallait que l'auteur puisât son inspiration dans sa chair et dans son cœur pour donner à son texte les élans de sincérité et la justesse de ton qui font sa grandeur à travers les siècles et qui firent d'ailleurs son succès immédiat. C'était si poignant qu'aux répétitions du cinquième acte, celui du dialogue entre Triboulet et le cadavre de sa fille, Ligier, l'acteur incarnant Triboulet, pleurait à ne pouvoir jouer[10]. Et tout cela, les cinq actes, les mille six cents et quelques vers, en dix-sept jours ! Cent vers par jour ! Évidemment, Léopoldine était trop jeune (elle allait sur ses huit ans) pour comprendre vraiment une histoire de viol, de roi volage, de substitution de victime dans un assassinat, mais elle voyait les regards que son père posait sur elle en sortant de son cabinet ou de ses répétitions, et elle devinait ce qu'elle représentait pour lui. Il avait perdu sa femme, comme Triboulet, et comme lui, il reportait sur sa fille tout son amour inemployé. Bon ! ce n'était pas nouveau, *Les Feuilles d'automne* avaient donné le ton, mais les années passaient et l'attachement de Hugo à sa Didine, loin de se dissiper, se renforçait au contraire :

> Blanche ! ô mon seul asile en l'état où je suis !
> Jour qui me réveillais au sortir de mes nuits !
> Âme par qui mon âme à la vertu remonte !
> Voile de dignité déployé sur ma honte !
> Seul abri du maudit à qui tout dit adieu !
> Ange oublié chez moi par la pitié de Dieu[11] !

NOTES

1. Le domaine des Roches existe toujours. Il est propriété aujourd'hui de la Soka Gakkai, une fondation japonaise qui y cultive la mémoire du poète et des siens. Le parc et les agencements intérieurs n'ont plus grand-chose à voir avec ce qu'ils étaient en 1831, mais le bâtiment lui-même n'a pas trop changé, semble-t-il, et le domaine, aussi incroyable que cela puisse paraître, est toujours entouré d'un écrin de verdure. Les eaux de la Bièvre sont probablement plus claires aujourd'hui qu'elles ne l'étaient à l'époque, quand les teintureries de toile de Jouy y déversaient leurs effluents.

2. VH, *Les Feuilles d'automne*, 34. « Bièvre ».

3. A1H, *VHR*, p. 434.

4. Louise Bertin, *Les Glanes*, « À M. Victor Hugo », 1842.

5. VH, *Les Feuilles d'automne*, 34. « Bièvre ». Le 16 juillet, Victor Hugo lut aux Bertin et à sa famille ce poème composé le 8.

6. VH à LB, 22.10.1832. *Éd. chrono.*, 4-1076 à 1077.

7. LH à LB, 21.11.1831. *PG* 29.

8. Antoine-François Marmontel (Clermont-Ferrand 1816-Paris 1898). Pianiste, professeur de piano, compositeur. Premier prix de piano en 1832. Très renommé comme pédagogue. Brillant élève de Zimmermann auquel il succéda au Conservatoire comme professeur de piano de 1848 à 1887. Il forma Bizet, Vincent d'Indy, Albéniz et bien d'autres.

9. VH, *Le roi s'amuse*, acte 2, scène 3.

10. SB à Victor Pavie, 23.8.1832. *Éd. chrono.*, 4-1071.

11. VH, *Le roi s'amuse*, acte 2, scène 3.

Il faut que j'aille à une ecole

1832-1833

À LA TRISTESSE DE QUITTER SA VILLÉGIATURE ANNUELLE DES ROCHES s'ajoute pour Léopoldine, en octobre 1832, celle de ne pas retrouver son chez-soi. Car son père a renoncé au logement de la rue Jean-Goujon et loué place Royale un appartement plus vaste et plus cossu, dont l'adresse proclame son attachement à l'histoire et sa foi dans la royauté[1]. La rue Jean-Goujon était à deux pas des Champs-Élysées, au cœur d'un quartier neuf, expression et presque symbole de la nouvelle société ; la place Royale, îlot de luxe et de verdure dans la masse grouillante, vaguement menaçante du vieux Paris, évoque et prolonge l'Ancien Régime. Le chef de file des modernes logé place Royale ? Oui, et personne ne s'en étonna. Il y avait des paradoxes chez Victor Hugo dont son entourage devait s'accommoder : il défendait l'ouvrier et vivait en grand bourgeois, acclamait le progrès et soutenait les rois, prônait la libération de la femme et séquestrait les siennes.

Sur le plan moral, il suivait (et parfois précédait) le courant de retour aux grandes valeurs familiales qui avait succédé en France aux regrettables laisser-aller de la Révolution ; sa femme également : sur ce point, ils étaient à l'unisson. Victor et Adèle Hugo donnant à leur fille l'exemple de la vertu à l'ancienne, cela paraît étrange. C'était pourtant le cas. Fidèles avant le mariage, ils le restèrent après, du moins jusqu'en 1830 (jusqu'en 1833, si l'on oublie les quelques semaines d'intimité toute relative entre Sainte-Beuve et Adèle Hugo). Amour et fidélité, voilà le tableau exclusif que Léopoldine eut sous les yeux jusqu'à sa sixième année. Exclusif, car ses parents n'admettent pas tous les « chevelus » du Cénacle dans leur intimité. Sand, Vigny, Musset, Marie Dorval ne mettent pas les pieds dans leur séjour, rarement dans leur salon. Fontaney, Gautier, Liszt sont admis, mais sans leurs concubines et sans doute avec interdiction d'évoquer leurs amours, du moins en présence des enfants. Mme Hugo a vent assez rapidement (en 1833) du rapprochement de son mari avec une actrice de second rang, une dénommée Juliette Drouet, mais elle n'en fait pas état et lui-même restera sur ce point d'une discrétion absolue. Pas un mot dans sa volumineuse correspondance, pas une allusion dans les billets qu'il envoie chaque jour aux quatre coins de Paris. Juliette est assignée à domicile, dans un lieu connu de lui seul, avec interdiction d'en sortir. En somme, les seules amours illégitimes dont Léopoldine pourrait avoir connaissance sont celles, éthérées et platoniques (du moins au domicile conjugal), de sa maman et de M. Sainte-Beuve.

Les silences de Hugo avaient un corollaire : faute d'exprimer ses frustrations, du moins dans l'intimité du cercle familial, et ainsi de se donner une chance de les dépasser, il reportait sur sa fille les attentes auxquelles sa femme ne pouvait ou ne voulait répondre. Ce n'était pas nouveau. Didine est investie dès sa naissance d'un rôle symbolique essentiel dans la cosmologie de son père : pour lui, elle est l'enfant dans son innocence et sa perfection, garante de la pureté du lien conjugal, témoignage vivant de l'abstinence héroïque de ses parents pendant les trois longues années de leurs fiançailles. En 1830, elle est promue à des fonctions supplémentaires ; dorénavant elle sera aussi, symboliquement bien sûr, la sœur que Hugo n'a pas eue, la mère qu'il a perdue, l'épouse dont il est privé par la trahison impardonnable d'Adèle Foucher. Elle sera l'ange consolateur. Elle sera la rédemptrice chargée d'intercéder pour lui, pécheur impénitent, d'implorer en son nom la clémence du Ciel, de réparer par sa pureté virginale les faiblesses de ses parents.

Pendant trois ans, de 1830 à 1833, entre le moment où sa femme lui tourne le dos et celui où Juliette Drouet lui ouvre les bras, Léopoldine joue tous les rôles dans la vie affective de Hugo, elle est l'objet de tous les amours. Une situation qui inspirera le romancier, quelque trente ans plus tard. « Le pauvre vieux Jean Valjean n'aimait, certes, pas Cosette autrement que comme un père ; mais [...] dans cette paternité la viduité même de la vie avait introduit tous les amours ; il aimait Cosette comme sa fille, et il l'aimait comme sa mère, et il l'aimait comme sa sœur. » Il faut créditer Hugo de cet aveu, même s'il savait que ses contemporains ne feraient pas le parallèle entre le roman et le vécu de l'auteur[2]. Et la suite de la confession n'est pas moins courageuse : « Et, comme il n'avait jamais eu ni amante ni épouse, comme la nature est un créancier qui n'accepte aucun protêt, ce sentiment-là aussi, le plus imperdable de tous, était mêlé aux autres, vague, ignorant, pur de la pureté de l'aveuglement, inconscient, céleste, angélique, divin ; moins comme un sentiment que comme un instinct, moins comme un instinct que comme un attrait, imperceptible et invisible, mais réel ; et l'amour proprement dit était dans sa tendresse énorme pour Cosette comme le filon d'or est dans la montagne, ténébreux et vierge[3]. »

L'hôtel Guéménée, aujourd'hui siège de la Maison et du musée Victor-Hugo de Paris, est la plus importante, sinon la plus luxueuse des brillantes demeures qui bordent l'illustre place Royale. Un palais ! Le palais du prince Guéménée et de ses descendants. Divisé à la Révolution, il sera racheté progressivement par la Ville de Paris après la mort de Hugo et recevra petit à petit le mobilier actuel, évocation des conditions d'existence du poète et de sa famille, dans un agencement qui n'est pas celui de l'époque. Au temps de Léopoldine, l'appartement comprenait, après l'antichambre, une salle à manger et un salon sur le devant, une cuisine sur la cour, des « lieux d'aisance », commodité encore exceptionnelle, et plusieurs pièces en aile desservies par un corridor, avec sortie par un petit escalier[4].

Victor Hugo se réserva les pièces au bout du corridor et l'usage du petit escalier donnant sur l'impasse Guéménée[5], une facilité dont il allait faire un grand usage. Quant à Léopoldine, aucun des milliers de billets, de courriers, de relevés de comptes conservés dans les cartons d'archives du musée, sur les lieux mêmes où elle vécut, ne donne d'indication sur son installation. On croit comprendre qu'elle dort d'abord avec sa mère et sa sœur dans la première chambre de l'enfilade, peut-être dans le grand lit conjugal dont l'époux est exclu depuis deux ans, par décision unilatérale et inflexible de l'épouse. Une belle pièce, avec cheminée de marbre et fenêtre donnant sur les jardins, à l'arrière de l'hôtel.

L'aînée n'a donc pas de lieu qui lui soit propre dans le grand appartement, mais qu'importe ! De leur chambre, la plus proche des pièces de séjour et de réception, Mme Hugo et ses filles étendent leur règne sur les cuisines et surtout la salle à manger. C'est là que les enfants prennent leur goûter en revenant de l'école, qu'ils ouvrent leurs cahiers et découpent leurs cocottes. Là que Léopoldine dispose son écritoire pour répondre aux lettres de Louise Bertin, de son grand-père, de Julie, la petite sœur de sa maman ; là qu'elle parle chiffons, toilettes, tenues de bal avec ses amies, petites et grandes. La salle à manger de l'hôtel Guéménée, plus que la chambre à coucher, sera son univers de 1832 à son mariage en 1843, entre ses huit et ses dix-neuf ans. Une position stratégique, tenue de main ferme par les trois femmes de la maison.

Le vicomte et la vicomtesse Hugo (ils ont hérité du titre à la mort du général Hugo), à compter de leur installation place Royale, « reçoivent » une fois par semaine dans le salon d'apparat éclairé par les trois portes-fenêtres donnant sur la place. Tous les autres jours, à toute heure du jour et parfois bien avant dans la nuit, amis et parents sont introduits dans la salle à manger. Ils s'asseyent au piano ou à la grande table, observent les enfants, partagent le repas à la fortune du pot. Certains en ont parlé. Fontaney par exemple. Le 18 novembre 1831, un vendredi : « Je vais chez Victor par un clair de lune superbe. Il était seul avec sa femme et les petits enfants. Nous cancanons poésie et littérature. » Le 19 janvier 1832 : « Joué avec les enfants. Victor allume une lampe qu'il a faite avec un sac de bonbons découpé. » Le 13 mars 1834 : « Après avoir corrigé les épreuves d'une feuille de son nouvel ouvrage, Victor s'en va dans la salle à manger préparer une surprise à ses enfants. Il leur met sur la table à chacun un joujou, un gâteau, des bonbons et puis, au milieu, sous un mouchoir, le joli joujou du Chinois qui rit. Joie universelle[6]. » Victor Hugo aussi, bien entendu :

> Oh ! que de soirs d'hiver radieux et charmants
> Passés à raisonner langue, histoire et grammaire,
> Mes quatre enfants groupés sur mes genoux, leur [mère
> Tout près, quelques amis causant au coin du feu[7] !

Le déménagement arrachait Léopoldine à ses habitudes et l'éloignait de ses petites amies du quartier des Champs-Élysées : « ... je m'ennuis beaucoup ici je n'ai plus de petite amie J'ai été trop loin et je ne peut les voir souvant comme à la rue jeangougon[8] ». Elle trépigna de désespoir, pleura toutes les larmes de son corps... et se consola très vite. Car le nouveau logis, tout bien considéré, n'était pas sans avantage : il était vaste, lumineux, et en descendant un escalier, en traversant une rue, elle se retrouvait dans un des plus beaux squares de Paris. Et puis, il y avait le balcon. Ah ! le balcon ! De toutes les commodités qu'offrait l'appartement, c'était assurément la plus impressionnante : « Ma chère Louise Je te demende pardon si je ne t'ai pas repondu plutot parce que nous somme demenager a la place Royale n° 6 nous sommes très bien loger ou nous somme. Nous avons un tres beau balcon qui donne sur la place Royale[9]. » Elle parlait du balcon, mais n'est-ce pas la place qui la fascinait ? Les alignements de tilleuls, les grilles de fer forgé, la statue équestre de Louis XIII au centre de la composition avaient tout de même une autre allure que les chantiers de construction et les jardins en friche de la rue

Jean-Goujon. Quand l'automne aurait dépouillé les arbres de leurs feuillages, elle apercevrait, en se penchant un peu, la mairie du quatrième arrondissement au 14, l'appartement de Théophile Gautier et de ses parents tout de suite à droite au même niveau, l'entrée de son école (l'externat de Mlle Briant) au 16, sur le même alignement. Car il y avait encore cet avantage pour Didine : elle sortait de l'hôtel Guéménée le matin en finissant son bol de lait, faisait quelques pas sous les arcades, entrait au numéro 16... et se retrouvait en classe.

Se retrouver en classe, à l'époque, ce n'était pas donné à tout le monde. Les précepteurs, répudiés en 1789, se faisaient rares en effet, les écoles l'étaient encore et une fillette devait montrer patte blanche pour être admise dans un « externat de jeunes demoiselles », comme celui de Léopoldine. La Révolution avait aboli l'enseignement privé, interdit les congrégations, confisqué leurs locaux, prôné l'école laïque ouverte à tous et gratuitement. Mais la Révolution n'avait pas les moyens de sa politique. Les congrégations étaient donc revenues et avaient repris leur enseignement comme au bon vieux temps de l'Ancien Régime. Les choses changeaient certes, une évolution se dessinait : le Consulat avait confié aux communes la charge des écoles primaires, l'Empire encouragé l'intervention privée et subventionné les Frères des écoles chrétiennes. Mais le mouvement était encore très lent – il ne s'accélérerait qu'avec Guizot et sa loi du 28 juin 1833. Léopoldine a-t-elle conscience, quand elle quitte sa maman le matin pour rejoindre quelques condisciples dans une école organisée, que bien peu de petites filles ont cette chance, en France et dans le monde ? Peut-être pas. « Ma cher Louise, écrit-elle à cette époque. Je voudrais bien te voir car quand je te vois je ne m'ennuis pas je n'ai personne pour m'amuser il faut que j'aille [lundi] à une [autre] ecole si tu savais comme c'est ennuyeux[10]. »

L'enseignement était encore sommaire en 1832, la pédagogie inexistante. La méthode mutuelle (l'instituteur siège sur une estrade et s'adresse à l'ensemble de la classe) n'étant pas inventée, Léopoldine, en arrivant en classe, prend une place au hasard à la table commune, sort un livre de son sac et s'occupe comme elle peut en attendant que la maîtresse l'appelle. L'histoire, la géographie ne lui posent pas de problème insurmontable, mais le calcul ! Les soustractions seront longtemps sa bête noire. Elle est parvenue, à force d'application, à mémoriser la comptine de l'opération modèle : 450 – 263 = 187. « Qui a zéro et veut payer 3 ne peut pas, récite-t-elle en chœur avec la classe. J'emprunte une dizaine ou 10 au chiffre 5 et je dis alors : qui de 10 en paie 3, reste 7, j'écris 7. Comme j'ai emprunté une dizaine à 5, ce 5 ne vaut plus que 4 ; par conséquent : qui de 4 en paie 6, ne peut ; j'emprunte une centaine ou dix dizaines au chiffre 4, et je dis : 10 et 4 valent 14 ; qui de 14 en paie 6, reste 8, j'écris 8. Les 4 centaines n'en valent plus que 3, à cause de l'emprunt de une centaine. Donc : qui de 3 paie 2, reste 1, j'écris 1[11]. » Mais s'il s'agit d'appliquer la méthode à d'autres chiffres, elle se perd en route, comme la grande majorité de ses condisciples. Peu importe, du reste. La maîtresse elle-même n'y attache pas grande importance. Les mathématiques ne sont-elles pas une affaire de garçons ? Une fille de la bonne société se doit de connaître un peu de calcul, assez pour ne pas paraître idiote au moment de payer un fournisseur, mais elle sera jugée sur ses notes en français, en cacographie (la science des ouvrages en perles et en cheveux), en tapisserie, broderie, ouvrages à l'aiguille... Autant de disciplines où la petite Hugo montre de belles dispositions.

Les bulletins de l'externat laissent penser que, sans être une élève modèle, celle-ci surmonte sa répulsion pour tout ce qui l'éloigne de chez elle. Le 12 avril 1834, elle est cotée « ass. bien » en verbes, « bien » en écriture, en mythologie, en grammaire appliquée, « très bien » en calcul, en langue française, en géographie, en histoire, « t. bien, parfaite » en analyse. Son travail aux répétitions est « parfait », sa conduite et sa tenue « bonnes », son ordre et sa propreté satisfaisants, sa maîtresse « contente » de son élève. Deux ans plus tard, le 6 mars 1836, elle est toujours « très bonne » en répétitions, mais la voilà parfaite en calcul et en lecture (deux fois première), très bonne en application, en langue française, en géographie, « meilleure » en conduite, ce qui laisse supposer un fléchissement au trimestre précédent[12].

L'idée d'étendre l'enseignement à toutes les couches de la population était encore très neuve. Celle d'adjoindre des institutrices aux instituteurs et de leur confier les classes de filles, plus récente encore. Les maisons de la Légion d'honneur, où était Julie Foucher, s'inscrivaient dans ce mouvement. En formant au métier les filles des membres de l'ordre, on faisait d'une pierre deux coups : on donnait une occupation à des jeunes femmes en panne de mari (le plus souvent faute de dot) et l'on constituait un corps d'enseignantes. Cela étant, les maisons de la Légion d'honneur étaient organisées comme des couvents. Des horaires militaires, des sorties au compte-goutte, une promiscuité d'Ancien Régime. Et que dire de l'hygiène ! En 1856, les premières inspectrices relèveraient, dans cent dix-huit pensionnats parisiens sur deux cent vingt, une interdiction formelle de toute ablution intime.

Victor Hugo était opposé au principe de l'internat pour jeunes filles, et ce n'était pas pour une question d'hygiène. « Le couvent tourne la pensée du côté de l'inconnu, disait-il. Le cœur se replie sur lui-même, se creuse, ne pouvant s'épancher et s'approfondir, ne pouvant s'épanouir. De là, des visions, des suppositions, des conjectures, des romans ébauchés, des aventures souhaitées, des constructions fantastiques, des édifices tout entiers bâtis dans l'obscurité intérieure de l'esprit, sombres et discrètes demeures où les passions trouvent tout de suite à se loger. Le couvent est une compression qui, pour triompher du cœur humain, doit durer toute la vie. »

Léopoldine adorait sa petite tante, elle n'avait pas de plus grand plaisir que de l'accueillir pour quelques jours place Royale (à Pâques et pour la Noël, seuls moments de sortie autorisés) ou de lui rendre visite dans sa pension (une ou deux fois par an). Mais pour rien au monde elle n'eût voulu partager son existence. Elle voulait rester chez elle, près de son papa, de sa maman, de ses frères et sœur, dans le nid douillet de l'hôtel Guéménée. Or l'exemple de Julie allait donner à Mme Hugo le projet d'inscrire sa fille à Saint-Denis. L'accès était réservé aux enfants des grands dignitaires, mais si son père, Pierre Foucher, avait obtenu cette faveur, il n'y avait pas de raison qu'on ne l'accordât pas également à Victor Hugo, fils de général et familier du palais royal.

Saint-Denis appartenait au réseau des maisons d'éducation de la Légion d'honneur, créé par Napoléon pour l'éducation des filles de ses officiers. Il avait pris cette initiative en 1805, au lendemain d'Austerlitz, et avait dicté lui-même les statuts : « La nourriture ne saurait être trop simple : de la soupe, du bouilli, et une petite entrée ; il ne faut rien de plus. » La maison était logée dans une ancienne abbaye bénédictine, un édifice austère, quadrillé de longs couloirs glacés, où aucun homme n'était jamais admis. Les élèves, exclusivement des filles, étaient encadrées par un corps de vingt postulantes au noviciat, vingt novices, trente-six demoiselles ou dames de deuxième classe, dix dames de première classe, toutes issues des maisons de la Légion, bien entendu, et dirigées par une surintendante sous le contrôle (à distance évidemment) d'un grand chancelier nommé par l'Empereur (par le roi à partir de 1815). Et où ces dames étaient-elles recrutées ? Mais parmi les grandes élèves, cela va de soi. La surintendante repérait les plus dociles en classe terminale (douzième section, ceinture blanche unie) et proposait au conseil des dames dignitaires, puis au grand chancelier, une liste de candidates au noviciat, sorte de treizième section formée exclusivement d'éléments d'élite. Les novices signaient un engagement de deux ans qu'elles renouvelaient ensuite (sous réserve d'avoir donné entière satisfaction) pour entrer dans la catégorie des dames de deuxième classe, puis, après cinq ans de parfaits services, dans celle des dames de première classe (six ans au maximum) et parfois, en fin de carrière, dans celle des dames dignitaires. À condition de renoncer à la vie civile : une demande en mariage entraînait une exclusion automatique et immédiate de l'établissement.

Les demoiselles étaient tout de noir vêtues : toque noire, souliers en peau de chèvre noire, robe et tablier noirs serrés par une ceinture qui faisait office également de signe distinctif de la classe d'âge :

nacarat uni, blanc liseré, blanc uni par exemple pour les trois classes terminales. Le règlement de 1821 introduisait quelques assouplissements dans la discipline toute militaire conçue par l'empereur. Il instituait deux périodes de congé, à Pâques et dans le courant de l'été. Un congé de santé pouvait être consenti, par exception bien entendu, et sur avis motivé du médecin chef de l'établissement. Enfin, les pensionnaires étaient autorisées à recevoir des visites. Ah ! les visites ! « Les élèves auxquelles la surintendante permettra de se rendre au parloir y seront accompagnées par une dame faisant les fonctions de surveillante. Elles pourront, avec la permission de la surintendante, être conduites dans les parties extérieures du parloir, lorsque leur père ou leur mère viendra les voir. Cette permission ne sera jamais accordée lorsque les élèves recevront les visites de leurs autres parents. » Elles ne voient ces derniers qu'à travers la grille qui sépare les parties intérieure et extérieure du parloir.

Tel était l'univers où Mme Hugo avait décidé d'interner la douce, la pétillante, l'aimable Léopoldine. Le père était contre, l'intéressée pleurait amèrement chaque fois que le sujet était abordé, mais il en fallait plus pour décourager Adèle Hugo. Elle écrivit au surintendant, le rencontra, sollicita tous les appuis possibles. Pourquoi ? Pour se venger des récentes infidélités[13] de son mari ? Peut-être, mais elle s'inquiétait surtout de l'emprise que celui-ci conservait sur sa grande fille et cherchait un moyen de la contrer. L'oiseau était en âge d'ouvrir ses ailes, et le père, loin de le chasser du nid, le retenait au contraire. Fit-il jouer ses relations ? C'est probable. Le fait est qu'une enveloppe frappée au sceau de la chancellerie arriva un jour place Royale. Hugo l'ouvrit en tremblant et poussa un soupir de soulagement : c'était non ; les maisons de la Légion d'honneur ne voulaient pas de Mlle Hugo.

Celle-ci retrouva ses habitudes, son train-train, son « petit père » surtout. Car le temps ne relâchait pas leur attachement mutuel, au contraire. Ils étaient inséparables, et plus que jamais depuis que Mme Hugo préférait Sainte-Beuve à son mari. Une enfant de six ou sept ans pouvait-elle démêler un tant soit peu ces histoires de grandes personnes ? Non. Pouvait-elle deviner la détresse de son papa ? Oui, certainement. En vérité, rien n'indique qu'elle ait pris parti dans le différend entre ses parents. Le conflit étant tacite, les apparences d'unité du couple soigneusement préservées au contraire, elle n'avait pas à choisir son camp. On ne lui demandait somme toute que de mener sa vie comme si de rien n'était, en fermant les yeux sur les orages. Elle comprenait et elle obéissait. Elle était trop docile, trop soucieuse de ses petites responsabilités pour s'écarter du chemin qu'on lui traçait.

NOTES

1. 6, place Royale.

L'hôtel Guéménée était en effet l'un des plus beaux immeubles d'une des plus belles places d'une des plus belles villes du monde. Le loyer des Hugo était élevé, mille cinq cents francs par an (soit cent vingt-cinq francs par mois) contre six cent vingt-cinq rue de Vaugirard, neuf cents rue Notre-Dame-des-Champs, mille deux cents rue Jean-Goujon, mais c'était le prix à payer pour gagner la considération des banquiers et des industriels que le chef de file des romantiques préférait désormais aux rapins du Cénacle. Mille cinq cents francs, après tout, c'était dix fois moins que les revenus d'*Hernani*. C'était aussi deux fois plus que le budget annuel de l'étudiant Hugo, cinq cents fois le montant de la pension que le général Hugo avait payée en 1825 dans un hôtel de la rue des Saints-Pères (trois francs par jour pour un appartement meublé avec séjour, chambre et chambre de bonne), mais le prestige de l'adresse était inclus dans le prix.

Les Hugo avaient habité deux ans à l'hôtel de Toulouse, trois ans rue de Vaugirard, trois ans rue Notre-Dame-des-Champs, deux ans rue Jean-Goujon. Ils allaient rester seize ans place Royale, de leur installation en 1832 aux troubles de 1848.

2. Une relation incestueuse ?

Physiologiquement, la relation entre Victor et Léopoldine est restée chaste de bout en bout. Pas l'ombre d'une ambiguïté sur ce point, ni dans leur correspondance ni dans aucun des témoignages de leurs proches. Cette relation est pure, limpide, cristalline. Hugo n'en a pas moins éprouvé pour sa fille, au moins dans les années 1830, l'attirance ardente de Jean Valjean pour Cosette, de Gilliatt pour Déruchette (*Les Travailleurs de la mer*), de Déa pour Gwynplaine (*L'homme qui rit*). Il a pour elle la tendresse passionnée d'un homme pour sa maîtresse. Les lettres le laissent deviner, l'œuvre et en particulier *Les Misérables* le prouvent.

Saluons au passage, dans le texte des *Misérables*, l'étonnante perspicacité de Hugo. L'amour de Jean Valjean pour Cosette est ignorant, pur, aveugle, inconscient, nous dit-il. Il est moins un sentiment qu'un instinct, moins un instinct qu'un attrait, imperceptible et invisible, mais réel. Qui a fouillé et exprimé plus justement, un demi-siècle avant Freud, les ressorts de l'âme humaine ?

Tiens ! En parlant d'inceste, sait-on ce qu'en pensait l'éditeur de la *Correspondance*, cheville ouvrière de l'exposition de 1967 sur Léopoldine Hugo et qui, dans ces fonctions, a beaucoup fréquenté l'enfant-muse – je veux parler de Pierre Georgel ? Mais oui, c'est dans l'introduction de la *Correspondance*, tout en haut de la page 18 : « S'il en avait pris conscience, Hugo aurait-il supporté l'évidence d'un sentiment que la psychanalyse qualifierait probablement d'incestueux ? »

3. VH, *Les Misérables*, IV-15-1. Première publication en 1861, trente et un ou trente-deux ans après la « trahison » de Mme Hugo.

4. Description figurant dans le bail accordé le 12 juillet 1832 à M. Victor Hugo par la veuve et les deux filles du notaire qui s'est porté acquéreur de l'hôtel en 1793. Ce document est conservé sur place, à la bibliothèque du musée.

5. Jusqu'en 2005, il débouchera sur la cour, bruissante de jeux et de conversations, de l'école communale qui occupait une partie du rez-de-chaussée.

6. Antoine Fontaney, *Journal*, jeudi 13.3.34. *Éd. chrono.*, 5-1437.

7. VH, *Les Contemplations*, 4-5. « Elle avait pris ce pli ». *Éd. chrono.*, 9-225.

8. LH, CH, VH à L. Bertin, 30.10.1832. *JG* 2-80, *PG* 38.

9. LH, CH, VH à L. Bertin, 30.10.1832. *PG* 38. Le balcon, bâti dans la même pierre que la façade, régnait sur toute la largeur de l'hôtel Guéménée et le distinguait visuellement des constructions voisines, bâties dans les mêmes matériaux et suivant une même ordonnance. Il réunissait les quatre grandes fenêtres sur la place, offrant aux grandes personnes un point d'arrêt pour une conversation sous les ombrages de la place, aux enfants un espace de jeux, de poursuites, un point d'envol pour bulles de savon. La gravure de Clergé le figure très bien et les écrits en attestent. Accolé à l'édifice dans les années 1780, il tomba en ruine après le départ des Hugo et ne fut pas reconstruit.

10. LH à LB, vers le 10.11.1832. *PG* 45.

11. P. Danthuile, *L'École primaire dans les Basses-Alpes depuis la Révolution jusqu'à nos jours*, Digne, 1900, p. 255.

12. **Les Bulletins de l'élève Hugo.**

Les musées Victor-Hugo de Paris et de Villequier conservent plusieurs bulletins scolaires de Léopoldine. Les résultats donnés dans le texte sont ceux de l'externat de jeunes demoiselles au 12 avril 1834 et au 6 mars 1836. Sont conservés également des cahiers de dictée où les textes (l'orthographe est excellente) côtoient des caricatures et autres gribouillis d'enfant, des cahiers de calligraphie, de composition française (intitulée « style »), d'histoire romaine, d'histoire de France et d'Angleterre, ainsi que le programme des devoirs de vacances du cours d'émulation Boblet et Charrier.

Le bulletin de mars 1836 peut être comparé à celui de la petite Adèle à la même date. Léopoldine est dans la grande classe, sa sœur dans la petite, mais depuis l'automne 1835 elles descendent ensemble, chaque matin, les marches de l'hôtel Guéménée pour aller grimper quelques portes plus loin, sans quitter le couvert des arcades de la place Royale, celles de leur externat. L'aînée travaille un peu mieux que la cadette cette année-là, mais dans l'ensemble Adèle sera aussi bonne élève que sa sœur.

13. Première manifestation d'une animosité qui trouve sans doute son origine dans le début de la relation entre Victor Hugo et Juliette Drouet. Victor Hugo n'en fait pas état, bien au contraire, mais sa femme et son beau-père en sont informés et se concertent dans leur correspondance sur les stratégies possibles.

N'oublie pas ta petite fille

1833-1835

L'ÉTÉ SUIVANT, quelques jours avant son neuvième anniversaire, Léopoldine reprit le chemin des Roches, comme les années précédentes. Son orthographe laissait encore à désirer, elle était toujours en guerre ouverte contre les accents et la ponctuation, mais sa pensée se structurait. Elle observait le monde et tentait de le comprendre. Un exercice difficile pour une enfant de neuf ans, plus difficile que la grammaire française ou la calligraphie. Un exemple ? Elle avait cru que les vacances sont le temps des promenades en famille, des soirées tranquilles sur les genoux des grandes personnes, et en fait maman restait introuvable des après-midi entières, papa s'attardait à Paris... Il finit par montrer le bout de son nez, mais le lendemain de son arrivée, Didine fut réveillée au petit jour par un bruit sous sa fenêtre. Que se passait-il ? Elle sauta de son lit, s'avança sur la pointe des pieds, poussa le volet aussi silencieusement que possible. C'était lui, papa. Il avait ses habits de ville et il semblait surpris, comme un voleur pris sur le fait. Il tourna la tête, aperçut sa fille et parut embarrassé. Mais il se reprit aussitôt, joignit les mains paume à paume contre sa joue, inclina la tête contre cet oreiller imaginaire et pointa un doigt vers la fenêtre. « Couche-toi, ma Didine », signifiait-il. Et il s'éloigna sans se retourner. Didine obéit. Elle tira doucement le volet, se glissa sous les draps à côté de sa petite sœur, mais le sommeil ne vint pas. Où papa s'en allait-il de si bonne heure ? Quand le reverrait-on ?

Il faisait grand jour quand elle s'éveilla de nouveau. Elle était seule dans la chambre, la pluie martelait le toit et les carreaux. Le temps d'enfiler un peignoir et elle dévala le grand escalier, poussa la porte des cuisines. Ses frères, sa sœur étaient là, attablés autour de maman devant leurs bols de lait et leurs tartines de confiture. « Et papa ? » demanda-t-elle. Papa était parti pour Paris... un travail qui ne pouvait attendre... il serait là dans quelques jours... Elle attrapa la miche, se coupa une grande tranche de pain, mais son esprit était ailleurs. Elle avait attendu tout l'hiver le moment de passer un peignoir en se levant, de venir s'asseoir sur le banc contre son petit père, dans la cuisine de Louise, et de le regarder couper ce pain pour elle, sa Didine.

En réalité, ce n'était pas tant le travail qui retenait Victor Hugo à Paris que cette jeune actrice du théâtre de la Porte-Saint-Martin. Elle jouait un petit rôle dans une de ses pièces (la princesse Negroni dans *Lucrèce Borgia*), à peine deux ou trois répliques en traversant le plateau, mais cela avait suffi : il était venu la voir chaque soir, sur scène et dans sa loge. Quand la pièce était sortie de l'affiche, il l'avait retrouvée en ville, puis chez elle, dans un appartement dont le loyer était payé par un prince russe, enfin dans la petite chambre qu'il avait louée pour elle dans une rue obscure du vieux Paris. Léopoldine a-t-elle eu vent de cette intrusion dans l'univers de son père ? Certainement pas. Rien, ni dans son éducation ni dans les exemples qu'elle avait sous les yeux, ne lui laissait deviner que les papas quittent parfois les mamans pour aller retrouver d'autres dames dans leurs chambres ou leurs appartements. Elle ne vit pas davantage de malice dans les absences de sa maman. Car Mme Hugo disparaissait des Roches, elle aussi. Elle prenait la route de Bièvres et montait un peu plus loin dans une voiture qui attendait.

Didine reverrait encore Louise, ses poules et ses pigeons, mais en l'absence de son papa. Car en 1834, Victor Hugo inaugure une tradition de voyages d'études pour les besoins de sa documentation. Une corvée professionnelle en quelque sorte[1], et il fallait encore qu'il se fît accompagner d'une assistante, toujours la même, cette ancienne actrice dont il payait les dettes et le loyer. Il l'emmena en Bretagne et dans les pays de Loire en 1834, en Normandie les deux années suivantes, en Belgique en 1837[2]. Il se souvenait parfois qu'il avait des enfants et leur envoyait de petits mots mielleux :

> Bonjour ma poupée, bonjour mon cher petit ange. Je t'ai promis de t'écrire, tu vois que je suis de parole.
> [...] Ma poupée, j'ai donné bien des fois, en pensant à vous, mes petits, des sous à de pauvres enfants qui allaient pieds nus au bord des routes. Je vous aime bien.
> Encore quelques heures, et je t'embrasserai sur tes deux bonnes petites joues, et mon gros Charlot, et ma petite Dédé qui me sourira, j'espère, et mon pauvre Toto l'exilé.
> À bientôt, ma Didine. Garde toujours cette lettre. Quand tu seras grande, je serai vieux, tu me la montreras, et nous nous aimerons bien ; quand tu seras vieille, je n'y serai plus, tu la montreras à tes

enfants et ils t'aimeront comme je t'aime. – À bientôt.
Ton petit papa[3].

Les enfants iront encore aux Roches en 1834 et en 1835, toujours avec maman, de moins en moins avec papa. En juillet 1835, un peu après le départ de son père pour la Normandie, Léopoldine prend la diligence d'Angers avec sa mère et son grand-père pour assister aux noces d'un cousin, Victor Pavie. Un beau voyage. Et sur qui tombe-t-on à l'arrivée ? Mais sur l'ancien ami de la famille, l'ex-confident de papa, le parrain (plutôt distant il est vrai[4]) de la petite Adèle, sur M. Sainte-Beuve ! Un heureux hasard ? Non, Léopoldine ne s'y trompait pas. Elle observait les sourires de sa maman, son entrain, sa jovialité, et elle comprenait qu'on l'avait prise comme chaperon, pour pouvoir dire, si quelqu'un se mettait à poser des questions embarrassantes, qu'entre son père et sa fille, Mme Hugo n'était jamais tout à fait seule à Angers. Elle s'accommodait de ces bizarreries, mais elle ne manquait pas de rappeler à son papa combien ils souffraient, tous, de cette situation. Tu nous abandonnes, nous qui te réclamons, qui avons besoin de toi, pour des « pierres taillées » qui ne te demandent rien, lui disait-elle en son langage[5] :

Vendredi 7 Août 1835
Bon petit père
[…] Je voudrais bien te voir et maman pleure quelquefois en pensant qu'elle n'est pas avec toi. Nous espérons bien que tu seras à Paris avant la fin de ce mois. N'oublie pas ta petite fille petit [père] et laisse la tes pierres taillées et vient avec nous qui t'aimons tant et les vilaines je voudrais bien qu'elles s'en

aillent afin que tu viennes avec nous. Adieu bon petit père. je t'aime et je t'embrasse bien fort.
ta petite fille
Didine[6]

Les parents, dans les années 1830, ne pensaient pas encore à emmener leurs rejetons dans leurs voyages. L'attention à l'enfant était trop récente, Jean-Jacques Rousseau trop proche dans le temps. Les mœurs changeaient sur ce point également, et de nouveau sous l'impulsion des romantiques. Charles Nodier et Victor Hugo entraînent leurs maisonnées sur les routes de Suisse en 1825, on l'a vu ; Lamartine embarque sa femme et sa fille en Orient en 1832 ; Robert et Clara Schumann s'accompagnent de leurs filles aînées au cours d'une tournée à Vienne et à Prague en 1846 ; Théophile Gautier emmène ses filles et leur mère à la Grande Exposition de Londres en 1862. Les événements dans la vie de Léopoldine sont d'une autre nature : il y a le bal des élèves d'une Mlle de Vaugrigneuse le 27 novembre 1834, la première d'*Angelo* le 28 avril 1835 ; quelques jours plus tard, le 2 mai, elle complote avec Liszt pour donner à son père une leçon de musique ; le 20 juillet, elle joue du piano et récite quelques vers pour la Saint-Victor. Pas de fantaisie dans cet emploi du temps. Pas de folie, pas d'imprévu. Les histoires extraordinaires dans l'enfance de Léopoldine, ce sont les séjours de Julie à la place Royale et les vacances chez les Bertin, moins palpitantes que celles des (futures) *Petites Filles modèles*.

Les aventures que connaissent Camille, Madeleine et Sophie sous la plume de la comtesse de Ségur[7] ne sont pas très différentes, somme toute, de celles que Didine vit aux Roches : jouer à cache-cache, se construire des abris, explorer la campagne environnante... Mais les enfants de la comtesse sont entourés, encouragés, parfois aidés très concrètement par leurs papas. Le père de Jacques, M. de Traypi, relève ses manches pour lui planter les piquets de sa cabane, M. de Rugès délivre sa fille de l'arbre creux où elle tombe par mégarde, l'un et l'autre s'informent des occupations de la journée et visitent le chantier des fameuses cabanes. Rien de tel pour Léopoldine. Son modèle à elle, c'est la Sophie des *Malheurs*, l'orpheline de la bande. Elle en a conscience et pousse l'audace jusqu'à s'en plaindre, entre deux compliments :

> Mon bon petit papa,
> Je croyais bien que tu m'écrirais en même temps qu'à maman tu n'es pas gentil du tout de ne pas écrire à ta petite fille.
> [...]
> Adieu cher petit papa. Ecrit-moi quelques fois et tu seras bien gentil.
> Ta petite fille
> Didine[8]

Ce n'est pas la première fois dans l'histoire de l'humanité qu'un mari trompe sa femme en lui jurant fidélité ou qu'une femme pleure l'absence de son mari en présence de ses enfants. C'est la première fois que la réaction d'un enfant apparaît dans une correspondance et ainsi sous les yeux des historiens. Les lettres des Hugo, c'est aussi cela : une relation précise, circonstanciée, polyphonique de l'intimité d'une famille dans un moment difficile de son existence. Polyphonique car toutes les voix s'y font entendre : le père s'exprime dans son œuvre et sa correspondance, la mère par ses lettres et le *Victor Hugo raconté*, le grand-père Foucher dans sa correspondance et son livre de souvenirs, l'enfant surtout par ses lettres depuis le billet du nouvel an 1831. Pourquoi est-ce à Léopoldine qu'il revenait d'ouvrir cette voie ? Mais parce que Voltaire, Rousseau, Lamartine étaient passés par là, et la Révolution, et la Déclaration des droits... et Victor Hugo ! Elle était au bout de cette chaîne de la reconnaissance de l'enfant et son père conservait tous les écrits qui lui tombaient sous la main, qu'ils soient de lui, de sa femme, de ses enfants, de ses correspondants... Il ne jetait rien et il sera assez célèbre à son décès pour que ses disciples s'emparent de tout ce papier et le classent, le publient, l'entreposent dans les bibliothèques et les musées qu'ils ouvriront à cet effet.

Léopoldine n'était pas la seule à envoyer et recevoir des lettres. Mais qui, parmi les enfants de Berlioz, de Liszt ou de Théophile Gautier, de Sand ou de Wagner, a pensé à observer les comportements dans son entourage et à les décrire ? Qui a eu le cran, à onze ans à peine, d'interpeller son père et de lui reprocher les larmes de sa mère ? Personne. Alors, elle suit le sillon ouvert par la Révolution et la Déclaration des droits, soit ; elle naît dans une famille où tout le monde écrit, certes ; mais encore fallait-il remarquer le désarroi dans son entourage, vouloir y remédier, prendre sur soi de rappeler à l'ordre un personnage nommé Victor Hugo. Car il y a ceci que nous avons perdu de vue au fil du récit : il y a que le papa à peu près inconnu de la tendre enfance de Didine est devenu Victor Hugo. Il a reçu la Légion d'honneur et le privilège de relater le sacre de Charles X, pris la tête des modernes, remporté la bataille d'*Hernani*, fait jouer *Marion Delorme*, *Le roi s'amuse*, *Lucrèce Borgia*, *Marie Tudor*, *Angelo*. Il a publié *Notre-Dame de Paris* et *Les Chants du crépuscule*. Il n'est encore ni académicien ni pair de France, mais il est proche du roi et des grands de ce monde, membre du Comité pour les monuments inédits. Le cercle naguère très restreint de ses admirateurs s'étend désormais jusqu'aux frontières du royaume et au-delà. La jeunesse l'admire. Les poètes en herbe sollicitent en tremblant l'honneur de lui présenter leurs vers[9]. À la première de *Lucrèce Borgia*, l'attroupement sous le balcon de la place Royale ne se dispersa qu'à quatre heures du matin, et après cette nuit de liesse, Didine fut éveillée par un coup de sonnette à la porte de l'appartement. C'était Harel, le directeur du théâtre. « Votre mari, dit-il à sa maman, est la seule tête que j'aie rencontrée semblable à celle de Napoléon. » Didine était là, dans sa robe de chambre et ses petites pantoufles. Elle avait huit ans. Elle découvrait en se levant un beau matin qu'elle était la fille du nouveau Napoléon.

Les jours suivants, elle prêta une oreille plus attentive aux compliments des visiteurs, parcourut les titres des journaux que papa laissait traîner, et elle comprit que cette pièce, c'était vraiment quelque chose. La presse parlait de délire. Des gens, connus et inconnus, se succédaient dans le grand salon et décrivaient d'une voix troublée par l'émotion la scène du premier acte où les comploteurs se démasquent l'un après l'autre pour accabler le tyran, celle de l'orgie et de l'assassinat. Ils parlaient des décors, des costumes, du chœur des pénitents. De vrais chantres, recrutés dans les chorales paroissiales par l'auteur en personne. De vrais acteurs, et les meilleurs du temps : Mlle George et Frédéric Lemaître.

Léopoldine est mêlée à tout cela. Elle voit le nom de son père en grandes lettres aux portes des théâtres, les messieurs porter la main à leur chapeau s'ils le rencontrent en ville, les dames s'incliner avec respect, un ouvrier parfois soulever sa casquette. Elle voit le personnage derrière le père et cela ne l'empêche pas de prendre sa plume pour lui dire ses quatre vérités. Un sacré culot pour une gamine de dix ans, au temps où les enfants n'ont le droit que de se taire et de se faire oublier[10]. Et une fameuse habileté dans le tour qu'elle donne à ses reproches. Pas de sommation en effet, pas d'éclat, pas de mise en demeure. Elle trouve, pour parler à son petit père, les mots et les tournures qui l'ont toujours touché.

Ces lettres sont conservées pour la plupart et nous avons encore, pour suivre l'évolution de Léopoldine, le témoignage d'un homme qui la voyait quelquefois, tout de même, un homme dont les écrits, pieusement conservés par ses descendants et ses disciples, finiront par occuper plusieurs centaines de mètres sur les rayons de la Bibliothèque nationale de France. On sait donc que dans les années 1830 : « Elle était pâle, et pourtant rose / Petite avec de grands cheveux. / Elle disait souvent : Je n'ose, / Et ne disait jamais : Je veux.[11] » Ce n'était pas tout à fait vrai, sa sœur Adèle se souviendra d'une scène que Didine fit un jour à leur institutrice, mais c'était pour la bonne cause : Mlle Briant s'opposait à ce qu'elle assistât à un spectacle de son père ! En 1837, le même observateur parlera de ses deux aînés : « Qui s'avancent déjà de plus de flots baignés, / Laissant pencher parfois leur tête encore naïve, / L'un déjà curieux, l'autre déjà pensive[12] ! » En 1840, à Saint-Prix, il décrira la grande et la petite sœur, assises côte à côte au seuil du jardin.

Son aînée était à la fois « pensive » et organisée. En 1836, en apprenant que sa maman aurait un peu de retard, elle se retira dans un coin et pleura amèrement, mais tout bas, « afin sans doute de n'être pas remarquée de sa petite sœur qui aurait pleuré tout haut[13] ». Le temps passait et elle restait la fillette un peu grave dont son père avait toujours rêvé. Dans les années 1840, à Saint-Prix, elle courra encore dans la rosée, « Sans bruit de peur de m'éveiller [14] ».

Au fait, à qui pensait-il au juste quand il parlait de sa fille ? À la fillette qu'il serrait dans ses bras soir et matin ou à l'enfant disparu qu'elle remplaçait dans l'affection de ses parents ? À Léopold ou à Léopoldine ? Il ne savait plus au juste. Elle était cet enfant que sa femme avait conçu juste après la mort de l'autre. Le premier était parti à Blois dans les bras de Léopold Hugo, un jour de l'été 1823, le second en était revenu avec Adèle Foucher, au printemps de l'année suivante. Pour lui, pour sa femme, c'était le même enfant. Ils étaient nés avec un an d'écart, l'un à l'hôtel de Toulouse, l'autre rue de Vaugirard, mais ils s'efforçaient de gommer cette année dans leurs consciences. Ils y parvenaient. Pour eux, désormais, le décès et l'inhumation de leur premier bébé n'étaient que des mots parmi des milliers d'autres sur le papier à en-tête du général Hugo. Pour eux, Léopold n'était pas mort, il était parti et revenu de Blois, et l'enfant qui grandissait sous leurs yeux émerveillés était à la fois l'un et l'autre. Il était Léopoldine et il était Léopold. Il était l'aîné et l'aînée.

Du reste, on ne parlait pas de Léopold chez les Hugo. À quoi bon ? Parler, c'était se demander ce qui s'était passé exactement, à Blois, en 1823. Se demander ce qu'il était advenu de ce bébé, où il était, pourquoi il n'avait pas de sépulture. C'était remuer des souvenirs désagréables, remonter dans le passé douloureux que la figure du général Hugo évoquait inévitablement. C'était toucher une plaie encore à vif. Alors ils n'en parlaient pas, ni entre eux, ni avec leur fille. Ils exigeaient seulement de Léopoldine qu'elle fût à la hauteur de Léopold. De Léopold ? Que savaient-ils de lui ? Rien, c'est à peine s'ils l'avaient vu quelques semaines, entre sa naissance et son départ pour la Sologne et justement : à défaut de savoir ce qu'il était, de connaître sa personnalité, ils imaginaient l'être parfait qu'il serait devenu si seulement il avait vécu, et ils coulaient leur Didine dans ce moule de perfection. Elle s'accommodait de cet arrangement avec la mort. On lui demandait d'être une fille parfaite, une sœur parfaite, une élève et plus tard une ménagère parfaites ? Eh bien, elle l'était. Elle était fille et garçon, Léopold et Léopoldine, et elle était irréprochable. Si elle sentait monter en elle un désir, une impulsion, une pensée incompatible un tant soit peu avec l'idéal d'excellence que son entourage lui imposait, elle appelait son bon ange à la rescousse et refoulait la tentation. Et ainsi, de tentation en tentation, de refoulement en refoulement, elle limait, une à une, les aspérités qui auraient fait son caractère.

NOTES

1. Ces voyages annuels étaient surtout une occasion de se retrouver en tête à tête avec Juliette, mais ce motif que tout le monde devinait n'était évoqué par personne. Sans le journal et les lettres de Juliette, nous n'en aurions pas connaissance.

2. **Les voyages annuels de Victor Hugo.**

Victor Hugo évitait soigneusement de s'afficher avec une femme qui n'était pas la sienne. Juliette et lui voyageaient comme mari et femme, mais sous des noms d'emprunt dont les registres d'hôtel gardent encore la trace. Les visages des célébrités n'étaient pas connus en ces temps d'avant la photographie, et les quelques personnes qui le reconnaissaient respectaient son intimité. En 1843, le journaliste du *Siècle* qui l'aperçut à Rochefort déguisa Juliette en « ami » et en « compagnon » : « Victor Hugo entra au café de l'Europe avec un ami qui l'accompagnait [...] Il montra l'article à son compagnon. »

3. VH à LH, 22.8.1834. *Éd. chrono.*, 5-1057.

4. Offrir à l'amant de sa femme d'être le parrain de son enfant, c'était corsé. Hugo y aura vu deux avantages : renforcer le scrupule de l'amant, si toutefois il en avait, et se concilier les faveurs du critique. De toute façon, tout doit être analysé au second degré dans les décisions qui entourent la naissance d'Adèle : le choix du prénom, du parrain, la date de naissance falsifiée. Voir Henri Gourdin, *Adèle, l'autre fille de Victor Hugo*, Ramsay, 2003.

5. **Les pères absents au temps de Léopoldine.**

L'absence des parents est-elle monnaie courante dans la première moitié du XIXe siècle ? Pas vraiment, du moins pour les familles dont l'emploi du temps a laissé quelques traces.

Robert et Clara Schumann sont de celles-là et on les voit effectivement s'absenter du foyer pour les besoins de leur métier. Ils passent quelques jours à Weimar en décembre 1841, trois mois après la naissance de leur aînée Marie. Ils sont de février à mai 1842 à Magdebourg, Brême et Oldenburg, en juillet en Bohême, en octobre 1843 à Dresde, six mois après la naissance d'Élise, de janvier à mars 1844 en Russie. Après les naissances de Julie en mars 1845 et d'Emil moins d'un an plus tard (Clara, à vingt-six ans, est mère de quatre enfants), ils emmènent leurs filles aînées dans une tournée à Vienne et à Prague et laissent les cadets aux soins de la gouvernante. En février 1850, après deux nouvelles naissances, concerts à Hambourg et à Brême, en novembre 1851 en Belgique. En novembre 1853, Clara se produit seule en Hollande, avec Robert à Hanovre en janvier 1854, et de nouveau seule à Hanovre, Hambourg, Cologne en octobre de la même année. Au total, cela fait un peu plus de dix voyages en quatorze ans, entre le mariage et l'internement de Schumann, c'est-à-dire très peu. Encore ces absences étaient-elles strictement professionnelles, et le témoignage de Marie laisse penser que la quiétude du foyer, quand les parents y étaient, compensait ces quelques escapades. « Après le repas, nous repartions en classe et revoyions notre père le soir, le travail achevé, au crépuscule. Alors c'était un moment merveilleux, car il se consacrait tout entier à nous. »

Le cas de Judith Gautier, fille de Théophile, est un peu différent. Ses parents vivaient maritalement, mais lui était poète, romancier, chroniqueur, critique d'art, de musique, de théâtre, de littérature… et elle chantait au Théâtre italien. L'enfant fut mise en nourrice impasse d'Antin à Paris, chez une dame Damon qui lui tint lieu de mère, son mari de père, leur progéniture de frères et sœurs. « Ma vie la plus personnelle, la plus intense, la plus heureuse aussi, fut à cette époque de ma première enfance. » Sortant des bras de Mme Damon, elle tomba dans ceux de son grand-père et surtout de ses tantes, les sœurs de Théophile. Pierre Gautier, inspecteur des impôts à la retraite, vivait avec Lili et Zoé « dans une petite maison alignée au trottoir, qui n'avait qu'un rez-de-chaussée et un étage ». C'était route de Châtillon, dans un village entouré à perte de vue de champs et de bois, Montrouge. La petite dormait avec ses tantes dans une chambre garnie de gros meubles acajou et de rideaux de lampas d'un rouge presque noir. On lui parlait de son père, de sa mère, mais elle les voyait très peu. Un jour, elle apprit qu'elle avait une sœur. C'était le jour de leur baptême commun.

Du jardin de Montrouge, Judith passa sans transition aux couloirs interminables et aux dortoirs obscurs du couvent de Notre-Dame-de-la-Miséricorde, dans le quartier du Panthéon. Un monde étrange. Les religieuses, qui se contentaient pour elles-mêmes de « secouer la chemise » une fois par semaine, consentirent, sur les insistances de Gautier, à disposer pour sa fille, de temps à autre, dans une cave à l'abri des regards, un baquet d'eau chaude où elle pourrait se baigner, seule naturellement, et sans ôter sa chemise. Judith faisait de son mieux pour se conformer à des règles qu'elle ne comprenait pas toujours. La confession étant obligatoire, elle s'inventait des péchés, et les plus graves possible, si graves que le prêtre éclatait de rire dans son confessionnal et que les sœurs craignaient pour sa raison. « Je crois que je vais être sage, écrivait l'enfant, si le diable ne se met pas en travers. » Il s'y mit et ce fut la fin de la sagesse.

Après deux ans de ce régime, la fillette fut priée de rassembler ses petites affaires et de se rendre au parloir. Une enfant et une dame l'y attendaient : c'étaient Estelle et Ernesta, sa sœur et sa mère. Elles la prirent par la main et l'emmenèrent dans leur nouvel appartement. À compter de ce jour, Judith vit ou du moins aperçut son père et sa mère à peu près chaque jour, mais eux-mêmes se souciaient assez peu de leurs filles et leur éducation se faisait au petit bonheur.

6. LH à VH, 7.8.1835. *PG* 100. Les « pierres taillées » sont les monuments historiques, motif officiel des voyages annuels de Hugo.

7. Sophie Rostopchine (1799-1874) arrive en France avec son père en 1817, quelques années avant la naissance de Didine. Elle épouse le comte de Ségur en 1819 et entame sa carrière littéraire par la trilogie des *Malheurs de Sophie* en 1859, à soixante ans.

8. LH à VH, 24.6.1836. *JG* 2-288 (n° 944).

9. **Ma fille est ma lectrice.**

Léopoldine observait de près, parfois de très près, l'adulation des générations montantes pour son génie de père. Eugène Woestyn nous a laissé, parmi d'autres, le récit de sa première visite place Royale. Cela se passe en 1836, il a quatorze ans, Léopoldine douze. Il se présente, se confond en remerciements, sort son cahier de poèmes.

« — Monsieur, me répondit [Victor Hugo] avec une extrême bienveillance, mon médecin condamne mes yeux, qui sont très malades, à une inaction complète, mais ma fille est ma lectrice, et, si vous n'êtes point trop pressé je vais la faire appeler.

« Je m'inclinai sans pouvoir répondre, pénétré que j'étais de tant de bonté. Le poète sonna, donna un ordre à voix basse au domestique, et cinq minutes après Mlle Léopoldine entrait ici, s'asseyait là, ouvrait de ses petites mains mignonnes mon énorme manuscrit, et d'une voix doucement argentine récitait mes vers. Pauvre ange ! Je l'avais arrachée à ses jeux pour cela… L'égoïsme est stupide et cruel. »

10. Les Victoriens anglais diront encore jusqu'au milieu du XXe siècle : « *The children are liked to be seen, not to be heard.* » « Les enfants, on aime les voir, pas les entendre. »

11. VH, *Les Contemplations*, 4-7. « Elle était pâle ».

12. VH, *Les Voix intérieures*, 28. Le poème est daté : « Le 15 juillet 1837. – Fécamp. Écrit au bord de la mer. »

13. Pierre Foucher à sa fille, 17.10.1836. *PG* 128.

14. VH, *Les Contemplations*, 4-9. « Ô souvenirs ! printemps ! aurore ! »

Résignée !

LES ENFANTS, au temps de Léopoldine, quittent le nid très tôt. Les fils Hugo sont mis en pension à six ans, Julie Foucher également. La grande majorité des enfants dans son milieu quittent leurs parents à cinq ou six ans et ne les revoient que de loin en loin, une ou deux fois par an. Dans les classes populaires, les garçons sont au travail à six ans, les filles à huit. Rien de tel pour Didine. Elle ouvrait ses ailes elle aussi, mais c'étaient des ailes d'ange, juste bonnes pour le décor : elle fréquentait une l'école, mais en revenait chaque soir ; sortait au théâtre, mais uniquement aux premières de son père ; allait en visite, mais accompagnée de sa mère. Elle escaladait le bord du nid, observait le vide sous ses petits pieds et revenait à toutes jambes se blottir sous l'aile protectrice de ses parents.

Le vide l'effrayait un peu, certes, mais elle répondait surtout aux appels angoissés du chef du nid. Victor Hugo ne manquait pas une occasion en effet de rappeler à sa fille qu'elle lui était indispensable. Surtout à partir de 1830, quand l'éloignement de sa femme ruina son Meccano affectif et qu'il se mit à échafauder, en remplacement, une construction « cosmogonique » dont sa Didine était le premier et pour un temps le seul pilier. Pour lui, pendant quelques années, elle est à la fois l'annonciatrice du nouveau Messie, la rédemptrice de ses fautes, la consolatrice de ses douleurs. Elle est l'archange Gabriel annonçant la venue du Sauveur, elle est Marie l'Immaculée, elle est l'archange saint Michel terrassant de la lance et du regard les démons qui menacent l'esprit de son père. Elle est l'ange sous toutes ses formes. En 1831, dans la *Prière pour tous*, il campe une scène caractéristique, qui reviendra souvent dans son inspiration :

> Quand elle prie, un ange est debout auprès d'elle,
> Caressant ses cheveux des plumes de son aile,
> Essuyant d'un baiser son œil de pleurs terni,
> Venu pour l'écouter sans que l'enfant l'appelle,
> Esprit qui tient le livre où l'innocente épelle,
> Et qui pour remonter attend qu'elle ait fini.

Car c'est elle, précise-t-il à l'intention de ceux qui hésiteraient encore, c'est ma fille que le Ciel (le « Dieu » si particulier de Victor Hugo) a bénie entre toutes les femmes et investie du rôle sublime : lui transmettre la prière d'Olympio[1] :

> Enfant ! dans ce concert qui d'en bas le salue,
> La voix par Dieu lui-même entre toutes élue,
> C'est la tienne, ô ma fille ! elle a tant de douceur,
> Sur des ailes de flamme elle monte si pure,
> Elle expire si bien en amoureux murmure,
> Que les vierges du ciel disent : C'est une sœur !

Léopoldine lit, entend, s'imprègne de ces vers bâtis autour de sa petite personne. Elle les entend de la voix de l'auteur et de celles de ses amis célèbres. Elle voit ces « ô ma fille » et ces « Ma fille, va prier ! » imprimés noir sur blanc dans de beaux livres reliés, distribués en milliers d'exemplaires en France et dans le monde. Elle ouvre les journaux, écoute les commentaires et observe le consensus général sur ses fonctions d'ambassadrice céleste. Car il y a cette différence entre Léopoldine Hugo et ses petites amies de l'externat : elle lit, comme elles toutes, les *Mémoires* de Duguay-Troin, *Paul et Virginie* de Bernardin de Saint-Pierre, les manuels d'histoire et de géographie recommandés par ses institutrices ; à partir de 1832, elle est abonnée à *La Ruche* et au *Journal des enfants*[2], comme beaucoup d'adolescents dans son entourage ; mais elle ouvre aussi les livres de son père et elle s'y voit partout. Elle se voit dans ses odes, dans ses ballades, dans ses poèmes, et le plus souvent les mains jointes, les yeux au ciel, les ailes entrouvertes. Elle constate que pour lui, pour son public (c'est-à-dire désormais pour des myriades d'hommes et de femmes aux quatre coins de l'univers), elle est l'oiseau qui passe, l'étoile du matin, le doux ange aux candides pensées, elle est sa fée et le doux astre de ses yeux. Si elle prend sa Bible, le soir, pour y faire épeler sa sœur, c'est « l'enfer qui passe sous ses doigts », et « l'éden où rampe Satan[3] ! » Dans les lettres qu'il lui envoie, elle est sa poupée, sa petite fille bien-aimée, sa fillette chérie (en 1843, après son mariage, elle sera encore sa Didine chérie, sa pauvre petite Didine, sa pauvre chère Didine...), mais elle est surtout et restera à jamais son ange du Ciel.

Hugo avait toutes les raisons du monde d'investir Léopoldine de ces fonctions, si essentielles pour lui : elle était sa fille, et elle était pure, soumise, respectueuse de ses volontés. Elle s'était coulée sans rechigner dans le moule que lui, Hugo, avait fondu pour elle, de son propre aveu : « Je composais[4] cette jeune âme / Comme l'abeille fait son miel[5]. » Il avait un motif supplémentaire de lui imposer ce rôle. Un motif dont il ne parlait, dont il ne parlerait jamais qu'à mots couverts. Car ce motif tenait aux astres, aux puissances de l'ombre, à des forces mal contrôlées, mais qui exerçaient sur lui une impérieuse fascination. Ce motif tenait à deux informations puisées l'une et l'autre aux tables des positions planétaires[6] : le 26 février 1802, date de sa propre naissance, le Soleil était conjoint à Pluton et à Vénus, en opposition à une conjonction remarquable Jupiter-Saturne au milieu du Ciel ; et le 28 août 1824, date de naissance de sa fille, le Soleil se trouvait à cinq degrés de la Vierge, donc conjoint à son Saturne natal, à quatre degrés. Il n'en demandait pas plus. Pour lui, c'était un signe : le Ciel lui octroyait un ange protecteur. Il acceptait la protection, bien entendu, et veillait à maintenir l'ange dans ses fonctions, quoi qu'il arrive.

Les signes du Ciel n'étaient pas une plaisanterie pour le créateur des *Voix intérieures* et du *Condamné à mort*, pour l'auteur futur de *Dieu*, *La Fin de Satan*, *Saturne*, *Un spectre m'attendait*, *Ce que dit le bouche d'ombre*… Il n'était ni catholique, ni bouddhiste, ni protestant. Non, il avait sa « religion » à lui, une sorte de syncrétisme orageux qu'il se fabriquait lui-même en picorant dans les traditions de tous les peuples de l'univers et de l'histoire. Il prenait les choses qui se présentaient et les organisait autour du tarot, de la kabbale, de l'arithmosophie (la science occulte des nombres), de l'astrologie aussi. Il connaissait admirablement son horoscope, s'y référait constamment, dans ses écrits (peuplés d'astres, d'esprits, de fantômes), dans ses dessins (le plus significatif est sans doute la célèbre gouache de l'aigle-coq, emblème astral de l'illustre natif d'ascendant Scorpion) et dans son existence.

Victor Hugo n'a pas attendu les *Contemplations* et les tables tournantes de Jersey pour s'engager sur la piste des puissances obscures. Les premières explorations de son « système cosmogonique » datent des années 1830, de son propre aveu[7]. En 1830 (sa fille a six ans), il relate un voyage dans les profondeurs de l'âme humaine que lui inspirent un jour… les jeux de ses enfants. Et que cherche-t-il dans ces abîmes ? À « voir dans les choses plus que les choses[8] », comme il disait depuis 1822. Voir plus que les choses, c'est-à-dire explorer non le monde idéal, territoire habituel de l'artiste et du poète, mais le monde invisible, domaine réservé de quelques initiés :

Oh ! cette double mer du temps et de l'espace
Où le navire humain toujours passe et repasse,
Je voulus la sonder, je voulus en toucher
Le sable, y regarder, y fouiller, y chercher,
Pour vous en rapporter quelque richesse étrange,
Et dire si son lit est de roche ou de fange.
Mon esprit plongea donc sous ce flot inconnu,
Au profond de l'abîme il nagea seul et nu,
Toujours de l'ineffable allant à l'invisible…
Soudain il s'en revint avec un cri terrible,
Ébloui, haletant, stupide, épouvanté,
Car il avait au fond trouvé l'éternité[9].

Le 30 avril 1839 (Didine aura quatorze ans), il dédiera à Saturne, son astre dominant, « bagne du ciel et monde des ténèbres », une déclaration de foi digne de Zoroastre :

À croire qu'à la mort, continuant sa route,
L'âme, se souvenant de son humanité,

Envolée à jamais sous la céleste voûte,
À franchir l'infini passait l'éternité !

L'année suivante, il sollicite les lumières d'une initiée, future importatrice des tables tournantes dans les solitudes de Jersey, Delphine de Girardin :

Révèle-moi, d'un mot de ta bouche profonde,
La grande énigme humaine et le secret du monde !
Confirme dans mon esprit Descartes ou Spinoza !
Car tu sais le vrai nom de celui qui perça,
Pour peu que nous puissions voir sa lumière sans
[voiles,
Ces trous du noir plafond qu'on nomme les étoiles[10] !

Il passait son existence en compagnie d'êtres surnaturels. Dans les années 1830, c'étaient les djinns des *Orientales*, les esprits de Virgile et de Dürer, Claude Frollo le prieur et Quasimodo le gnome de Notre-Dame de Paris, le condamné à mort dont il ressent la fantastique hallucination. Quand il composera les *Contemplations*, inspirées presque exclusivement de sa relation avec sa fille, ce seront la Bouche d'Ombre, la Dame blanche, l'Ombre du Sépulcre…

Il était conscient, déjà en 1830, du danger qu'il peut y avoir à s'approcher des mondes invisibles. Il y allait tout de même, en revenait « ébloui, haletant, stupide, épouvanté », et adressait à ses amis des mises en garde qui ressemblaient à des invitations :

Amis, ne creusez pas vos chères rêveries ;
Ne fouillez pas le sol de vos plaines fleuries ;
Et quand s'offre à vos yeux un océan qui dort,
Nagez à la surface ou jouez sur le bord ;
Car la pensée est sombre ! Une pente insensible
Va du monde réel à la sphère invisible ;

La spirale est profonde, et quand on y descend,
Sans cesse se prolonge et va s'élargissant,
Et pour avoir touché quelque énigme fatale,
De ce voyage obscur souvent on revient pâle[11] !

Il avait des cauchemars comme tout le monde, mais les siens se prolongeaient dans la journée. Il rêvait tout éveillé. Il était sujet à l'hallucination, à la prémonition, à ce que son médecin, le docteur Cabanes, qualifiera de « délire onirique ». Il lisait, fréquentait les grands illuminés de son temps. Sa femme racontait que dans son enfance, il avait une fascination inquiétante pour un vieux puits du jardin des Feuillantines. En arrivant à Jersey en 1852, il choisira, contre l'avis unanime de sa famille, de s'installer dans une maison abandonnée, qu'aucun Jersiais ne voulait plus habiter parce que des phénomènes étranges s'y étaient produits à plusieurs reprises. *Marine Terrace* était un grand cube blanc planté à l'écart de tout dans un vallon absolument désert où les eaux mugissaient aux hautes marées et les vents toute l'année. C'est là que la table de Delphine de Girardin se mit à tourner, le 11 septembre 1853. Et quel est l'esprit qui, ce soir-là et les suivants, à la stupeur générale, s'adressa aux vivants ? L'esprit de Léopoldine.

Une question se pose à ce point de notre histoire : de quel droit Hugo impose-t-il à sa fille ces navettes entre Ciel et Terre, déjà de son vivant ? De quel droit la « compose »-t-il ? Mais du droit que les initiés se donnent sur le commun des mortels, du droit que les messies s'octroient sur ceux qu'ils vont sauver. Car Hugo, en prenant de l'âge et de la célébrité, doute de moins en moins de l'importance de sa mission universelle. Il entend de plus en plus clairement les injonctions du Ciel. Il se voit de mieux en mieux escortant l'humanité vers la lumière nouvelle que « Dieu » a choisi de lui révéler, à lui, Hugo. Certes, ce destin grandiose impose quelques contraintes à sa famille et à son entourage. En 1852, il leur infligera (y compris à sa fille Adèle de vingt-deux ans) l'exil sur un rocher battu par les vents, isolé de tout. En 1856, il les conduira à Guernesey, une île plus petite encore, plus rude, plus dépeuplée. Dans les années 1830 et 1840, dans un mouvement similaire, Hugo assigne à sa Didine une fonction hermétique d'ange protecteur et de « gardienne du Temple ». Il mobilise tout l'ascendant, toute l'autorité que l'époque confère au père de famille pour lui donner, sous les rondeurs trompeuses de la rime, des ordres péremptoires : « Fais comme moi : vis du monde éloignée / Heureuse ? non ; triomphante ? jamais. / Résignée[12] ! »

La petite se laissait faire. Quelle raison aurait-elle eu de se méfier d'un être aussi caressant, aux mots si bien tournés ? Que pouvait-elle craindre de son petit papa ? Les années passaient donc, elle grandissait en âge et en sagesse… et elle restait la poupée, la petite fille bien-aimée, la fillette chérie de son petit père. Elle restait son ange, quoi qu'il arrive. Elle le resterait jusqu'au mariage et au-delà.

NOTES

1. Olympio : personnage de la mythologie grecque, double littéraire de Victor Hugo.

2. Un des tout premiers journaux d'enfants, « simplement écrit, un enseignement progressif, une littérature facile », disait le prospectus.

3. VH, *Les Contemplations*, 4-7.

4. **Victor Hugo « compose » sa fille.**

Hugo avait une propension à façonner non seulement ses personnages, mais les êtres en chair et en os autour de lui. « C'est toi qui as fait Claire ce qu'elle est », remarque Juliette en 1844 (JD à VH, 20.10.1844). Sa fille Adèle paiera très cher sa résistance au modelage : du jour où elle s'éloigne de lui, son père arrête de lui parler, de lui écrire ; pas un mot en neuf ans d'exil volontaire à Halifax puis à La Barbade ; quand elle revient enfin, il l'interne dans une « maison de santé » où elle restera jusqu'à sa mort, quarante-trois ans plus tard.

Un père « composant », c'est-à-dire conformant son enfant à ses propres besoins, cela ne court pas les rues. En réalité, ce n'était pas tout à fait nouveau. Hugo, dans cette activité de façonnage, avait eu quelques années plus tôt un précurseur britannique, un docteur qu'il ne connaissait probablement pas, dont la réputation n'avait pas encore franchi la Manche, dont le nom allait pourtant se répandre sur toute la surface de la planète et plus vite que celui de Hugo. Il était sorti en 1816, huit ans avant la naissance de Léopoldine, du cerveau d'une jeune Anglaise de dix-neuf ans qui était comme un résumé de tout ce que Victor Hugo ne pouvait pas sentir : elle était anglaise, elle était à la fois femme et romancière, elle était indépendante d'esprit, elle avait quitté ses parents pour suivre un homme marié. Elle s'appelait Mary Shelley, et lui, le façonneur d'êtres, c'était le docteur Frankenstein.

5. VH, *Les Contemplations*, 4-6.

6. Sur les relations entre Victor Hugo et l'astrologie, voir les annexes sur ce sujet.

7. Voir notamment VH à Delphine de Girardin, 14.1.1855. *Éd. chrono.*, 9-1086. « Les tables nous disent, en effet, des choses surprenantes. Que je voudrais donc causer avec vous, et vous baiser les mains, ou les pieds, ou les ailes ! P[aul]

M[eurice] vous a-t-il dit que tout un système quasi cosmogonique, par moi couvé et à moitié écrit depuis vingt ans, avait été confirmé par la table avec des élargissements magnifiques ? » Depuis vingt ans, c'est-à-dire depuis les années 1830. En 1830 Léopoldine a six ans et est sous l'influence directe du cosmogone.

8. VH, *Odes et ballades*, préface de 1822.

9. VH, *Les Feuilles d'automne*, 29. « La pente de la rêverie ».

10. VH, *Les Contemplations*, 1-10. « À Mme D. de G. ».

11. VH, *Les Feuilles d'automne*, 29. « La pente de la rêverie », Œuvres complètes, Poésie 1, Laffont, p. 631.

12. VH, *Les Contemplations*, 1-1. « À ma fille ». Composé le 5 juin 1839, daté : « Paris, octobre 1842. » La falsification de la date ne doit pas nous étonner. Victor Hugo est un habitué de ces petits arrangements avec l'histoire. Un moyen pour lui de plier les faits à l'image qu'il veut donner de sa personne. Ici l'image d'un père en relation fusionnelle avec sa fille.

J'ai appris deux beaux airs sur le piano

1835

LE MARIAGE ÉTAIT ENCORE UNE PERSPECTIVE LOINTAINE, mais elle en rêvait, c'était de son âge. Et quelle forme prenait ce rêve dans son imagination ? La forme de « châtelaines au long corsage qui sous le trèfle des ogives passent leurs jours, le coude sur la pierre et le menton dans la main, à regarder venir du fond de la campagne un cavalier à plume blanche galopant sur un cheval noir[1] » ? Mais oui, et elle n'était pas seule dans ce cas. Judith Gautier, la fille de l'auteur, familier de la rue Jean-Goujon et voisin de la place Royale, croira longtemps, sur les indications de son père, que les jeunes gens figurés sur *La Fontaine d'amour* de Fragonard, qui occupait tout un mur de son salon, ne demandaient à ladite fontaine que d'étancher leur soif d'eau claire. C'était dans l'air du temps : l'adolescente et la jeune fille, surtout dans la bourgeoisie urbaine, ne recevaient pas d'explications sur les transformations de leur anatomie ou les aspects physiologiques du mariage. Normal : la nature, rappelait un abbé très écouté, auteur de manuels éducatifs à l'usage des bonnes familles, a placé « les organes des sexes auprès de ceux qui servent à nos excrétions les plus dégoûtantes, de sorte qu'on ne peut parler des premiers sans appeler les derniers[2] ». Un docteur Fonssagrives encourageait les mères à préparer leurs filles au mystère des premières règles, estimant qu'elles feraient là « œuvre de patriotisme en même temps que de maternité », mais les philosophes conseillaient le plus souvent de faire comme si de rien n'était, de retirer simplement la malheureuse de son pensionnat, de la tenir à la maison et d'éviter absolument « les rapports trop directs avec les personnes de l'autre sexe ». Mme Hugo était un peu moins gourde. Elle allaitait ses bébés en présence de ses enfants et des amis de la famille et avait autorisé Achille Devéria à la croquer dans l'exercice de cette noble fonction, la poitrine seulement cachée par le grand châle nuptial, cadeau de noces de son époux. A-t-elle répondu pour autant aux questions que son aînée lui aura posées en la voyant enceinte par exemple ? Rien n'est moins sûr.

Léopoldine fréquentait pourtant, dans le salon de ses parents, des partisans déterminés de la libre expression du sentiment, et notamment du sentiment un peu particulier qui tantôt déchire tantôt jette l'un vers l'autre l'homme et la femme. En 1830, un peu avant la naissance de sa sœur, elle avait observé les sourires de sa maman à l'arrivée de M. Sainte-Beuve, sa froideur à l'égard de son papa, l'irritation de ce dernier. Elle avait compris, aux pleurs de sa mère, aux coups de colère de son père, à des bribes de conversation surprises ici et là, que quelque chose s'était brisé entre eux. En 1833, papa avait retrouvé sa bonne humeur d'avant et elle avait encore senti qu'il y avait une femme à l'origine de ce changement. Les sourires de papa semblaient inséparables des larmes de maman, mais c'était sans doute une de ces fatalités inexplicables du monde adulte. En 1835, il l'invita à la première de sa nouvelle pièce, *Angelo, tyran de Padoue*, et elle se demanda si les relations entre hommes et femmes n'étaient pas beaucoup plus compliquées encore que tout ce qu'elle pouvait imaginer. Une histoire à dormir debout : Angelo Malipieri, potentat de Padoue en Italie, surveille avec une jalousie féroce sa femme Catarina Bragadini et sa maîtresse, la belle Tisbe, fille du peuple et comédienne adulée. Or Tisbe et Catarina, enchaînées l'une et l'autre par ce tyran, aiment l'une et l'autre Rodolfo. Angelo a donc deux femmes qui ne l'aiment pas, Rodolfo deux femmes qui l'aiment à la folie. En fin de compte, et après des rebondissements un peu difficiles à suivre pour une enfant de dix ans, Tisbe se sacrifie pour Catarina et lui laisse Rodolfo.

C'était la première fois que Didine assistait à une pièce de son papa, la première fois peut-être qu'elle mettait les pieds dans un théâtre. Elle avait passé sa plus belle robe et il lui sembla, quand elle fut installée dans cette loge surplombant la scène, que toute la salle avait les yeux fixés sur elle. Une loge magnifique, une salle resplendissante, une foule bruyante et chamarrée. Pour elle, la première d'*Angelo,* ce fut d'abord cela : le spectacle des messieurs en habit et des dames en robes du soir cherchant leurs places et se saluant les uns les autres dans la splendeur des grands lustres et des fauteuils de velours rouge. Mais ensuite, le rideau se leva, la pièce commença et ce fut un peu moins simple.

Un scénario invraisemblable, se dit-elle. Ces deux hommes auraient eu chacun deux femmes, une pour la parade, une autre pour l'amour ! Mais le public ne semblait pas de son avis. Il applaudit frénétiquement chaque acte, ovationna l'auteur à la fin de la représentation, remplit la salle de la Comédie-Française trente-six soirs de suite, et il l'aurait remplie encore si le directeur, Joustin de La Salle, n'avait cédé aux injonctions de la coterie conservatrice qui dirigeait la Comédie-Française. Il fallait donc que ces messieurs et que ces dames se reconnussent dans cette histoire et lui trouvassent un fonds de vérité !

La distribution était pour quelque chose dans le triomphe d'*Angelo*. L'auteur avait réussi le coup de force de réunir sur une scène, pour la première fois de leurs carrières, les deux étoiles du temps : Mlle Mars et Marie Dorval. Il fréquentait Mlle Mars depuis toujours (elle avait cinquante-six ans en 1835, mais elle était toujours très attirante). Quant à Marie Dorval, elle était si heureuse de son rôle qu'elle se jetait dans les bras de l'auteur si elle le rencontrait en ville… et s'il venait la voir dans sa loge, même si elle était en train de se déshabiller. Cela n'allait pas sans poser quelques problèmes, non parce que Marie Dorval était mariée (son mari, un M. Merle, n'était pas un Angelo), mais parce qu'elle avait un amant ombrageux. Et qui était cet amant ? Un confrère de papa, ami et confident de ses années de jeunesse : Alfred de Vigny. Évidemment, Didine était trop jeune, à onze ans, pour s'intéresser à ces imbroglios, mais on peut se demander pourquoi Hugo avait choisi cette pièce pour lui offrir son baptême du théâtre, s'il n'y voyait pas un moyen de lui parler de sa propre situation et de plaider la cause de la belle comédienne qui était la raison de ses absences depuis 1833. « Je t'aime ! s'écriait Tisbe en présence de Rodolfo. Tu es le seul homme que j'aie jamais aimé. Ma vie a été triste longtemps, elle rayonne maintenant. Tu es ma lumière. Ton amour, c'est un soleil qui s'est levé sur moi. »

Papa brillait sur les scènes, et les scènes étaient comme le reflet de l'éclat dont Paris et la France brillaient aux yeux du monde. Au prestige incomparable de l'Opéra et de la Comédie-Française s'ajoutait en effet la vitalité d'une kyrielle de nouvelles salles : l'Odéon, l'Opéra-Comique, les Folies-Dramatiques, les théâtres du boulevard Montmartre et du boulevard du Temple, bientôt le Théâtre de la Renaissance fondé par Dumas et Hugo, inauguré avec le *Ruy Blas* de ce dernier.

La Restauration en France, la paix en Europe ouvraient une ère de prospérité et d'innovation. Eugène Delacroix accompagnait en peinture les mouvements du Cénacle en littérature. *La Mort de Sardanapale*, en associant mort et volupté, avait fait scandale au Salon de 1827 ; *La Liberté guidant le peuple* marqua celui de 1830 ; *Femmes d'Alger dans leur appartement*, celui de 1834. Il conduisait l'école romantique en peinture comme Hugo la menait en littérature. Ils n'étaient pas intimes, mais ils avaient des amis communs, se retrouvaient aux réunions de l'Arsenal. Achille Devéria, le premier portraitiste de Léopoldine, s'imposait au Salon de 1827 avec une *Naissance de Henri IV*. Louis Boulanger, David d'Angers, qui s'étaient penchés sur son berceau et l'avaient applaudie au cabaret de la mère Saquet, étaient maintenant la coqueluche du Salon[3] : leurs noms s'étalaient dans les journaux, et notamment sous la plume de Théophile Gautier, encore un familier. Gautier, « l'homme au gilet rouge » d'*Hernani* (le soir de la bataille, il portait un pourpoint de satin cerise et un pantalon gris tendre à bandes noires, juste ce qu'il fallait pour irriter l'ennemi), chevauchait la vague du progrès dans toutes les disciplines qui s'ouvraient à son talent multiforme : la poésie, la nouvelle, le récit de voyage, la critique littéraire et artistique. Prosper Mérimée, dont Léopoldine avait goûté les macaronis rue Notre-Dame-des-Champs, donnait une impulsion décisive à la restauration des grands édifices en péril. Eugène Sue publiait ses fameux

Mystères de Paris dans le *Journal des débats* de Louis-François Bertin, le père de Louise et l'hôte inoubliable des vacances aux Roches. Lamartine, l'ami de la première heure, portait l'étendard du romantisme à l'Académie (depuis 1830) et à la Chambre (depuis 1832). Didine les connaissait, tous. Elle avait grandi parmi eux et ils continuaient de l'embrasser, de lui parler quand ils passaient à la maison.

Les gens suivaient leurs destins autour d'elle et Paris se transformait. La municipalité dégageait les Halles et l'Hôtel de Ville, achevait la Madeleine, l'Arc de triomphe, le palais du quai d'Orsay. En décembre 1829, pour fêter la Saint-Sylvestre, on inaugura, rue de la Paix, un système d'éclairage par des lanternes au gaz. En 1836, on érigea place de la Concorde un obélisque offert à Champollion en 1830 par le pacha d'Égypte et qui avait mis tout ce temps à faire le déplacement. Le Louvre fut converti en école d'art sous l'impulsion du comte de Forbin, Versailles en musée historique à la demande de Louis XVIII. Les premiers chemins de fer (cinq cent soixante kilomètres de voies en 1841) mettaient Saint-Germain-en-Laye à quelques minutes de Paris, Calais à moins de cinq heures contre vingt-huit en diligence. En 1839, la Chambre acheta et mit à la disposition des industriels un procédé imaginé par un M. Daguerre, qui tirait instantanément un portrait avec une précision inimaginable.

Léopoldine est au cœur de cette effervescence. En 1833, dans les jours suivant l'ouverture au public, elle visite Versailles avec ses parents. En 1836, elle prend le train jusqu'au parc de Saint-Cloud. En 1839, elle emprunte un des premiers vapeurs de la Seine. Elle est plongée jusqu'au cou dans le bain du progrès, mais c'est à peine si elle en a conscience. Le Salon, le train, l'éclairage au gaz la laissent indifférente. Son bonheur à elle, c'est la maison, la famille, les vacances au grand air en compagnie d'amis choisis. En 1833, l'année de l'inauguration de Versailles et de *Lucrèce Borgia,* elle s'intéresse surtout à la basse-cour des Roches :

> Ma chère Louise
> Il y a bien longtemps que tu m'as écrit, et j'ai bien envie d'avoir de tes nouvelles et de celles des petits pigeons des vaches des paons des poules et de la mère Boucher[4].

En 1835, l'année d'*Angelo,* des *Chants du crépuscule,* du Comité des monuments inédits, ce sont les « bifetecs » et les airs de Carafa :

> Ma chère Louise,
> Il y a bien longtemps que j'ai reçue de tes nouvelles...
> La fête de ma maîtresse a eue lieu jeudi dernier, nous nous sommes bien amusées, nous avons été au bois de Boulogne en char à banc, nous avons été à âne, j'ai eu joliment peur mon âne s'est assis par terre et moi j'étais dessus, une autre fois comme il allait au galop et que nous passions devant une prairie, je me suis laisser tomber exprès parce que j'avais trop peur. Pour dîner nous avions du moutton, 2 hommelettes, des bifetecs, des pommes de terre frites, de la salade. J'ai tant mangé que j'ai été obligée de défaire ma ceinture. Nous sommes revenus à huit heures du soir ; Nous avons un marché aux fleurs, il n'y a que 2 marchands parce que les autres ne veulent pas venir, j'ai acheté un petit pot de fleurs c'est une giroflée double, elle m'a coûtée quatre sous. J'ai appris deux beaux airs sur le piano, il y en a un que c'est du barbier de Séville et puis l'autre c'est de Caraffa. Adieu ma chère Louise, je t'aime de tout mon cœur.
> Ton amie Léopoldine Hugo[5]

En 1837, lors des obsèques mémorables du général Damrémont, rehaussées par l'exécution de la *Messe solennelle* d'Hector Berlioz, un familier des Roches et de la place Royale[6] :

> Ma bonne Julie
> […] Maman est allée hier à la répétition de la messe du général Damremont. Tu me demande sa toilette elle me grondera peut-être de te parler de choses aussi futiles mais elle est si bonne elle me pardonnera surtout si elle croit que cela te fait un tout petit peu de plaisir. Elle avait son chapeau de velours épinglé blanc sa robe noire son mantelet ouaté et voilà tout. […][7]

Elle apprenait le chant et le solfège, se mettait au piano avec Liszt et Louise Bertin, prenait des leçons avec le célèbre Marmontel, assistait à des récitals privés de Berlioz et de Meyerbeer, mais au moment de relater la première de la *Messe solennelle,* elle parlait du chapeau de sa mère et de son mantelet ouaté. Certes, elle n'avait que treize ans, mais il y avait dans son entourage des adolescents que les exécutions « foudroyantes[8] » du fameux Berlioz ne laissaient pas indifférents. Sa sœur Adèle, pour ne citer qu'elle, se prendra de passion pour la musique et rêvera d'une carrière de pianiste[9].

NOTES

1. Gustave Flaubert à Louise Colet, 14.8.1853.

2. Abbé Balme-Frézol, *De l'instruction des femmes*, Paris, 1866.

3. Créé au XVIIIe siècle pour faire connaître les membres d'une petite association de peintres parisiens, le Salon avait pris une majuscule et un million de visiteurs.

4. LH à LB, 28.10.1833. *PG* 71.

5. LH et VH à Louise Bertin, datée 29.5 – l'année est incertaine, 1834 ou 1835, par recoupements. In *Le Musée de Villequier*, plaquette de 1959 éditée par le musée. Michel-Henri-François Carafa (et non Caraffa) de Colobrano (1787-1872) est un compositeur d'origine italienne fixé à Paris depuis 1827. Il assurera la direction de l'Académie des beaux-arts à partir de 1837, celle du Gymnase de musique militaire à compter de 1838. Compositeur éclectique, il a laissé des opéras, des messes, des cantates...

6. Mentions assez fréquentes, surtout dans la correspondance de Berlioz, des visites de celui-ci chez les Hugo et de leur présence à ses concerts.

7. LH à Julie Foucher, 6.12.1837, *PG* 156-7.

8. Hector Berlioz à VH, 21.12.1833. In Berlioz, *Correspondance générale*, Flammarion, 1975, p. 140 :

« ... Nous terminerons par ma *Symphonie fantastique*, et d'après les répétitions je suis sûr d'une exécution foudroyante. HB. »

9. **La mort du père.**

Adèle, Léopoldine, deux destinées pour une même gageure : se construire face à un père d'une stature écrasante, enclin à plier son entourage aux contraintes de sa carrière et de son équilibre affectif. Se chercher une voie à l'écart de celle indiquée par les parents, cela n'a rien d'exceptionnel. Tous les garçons, toutes les filles sont passés et passeront toujours par là, à la sortie de l'enfance. Pour les filles, Hugo, c'était autre chose : leur père comptait sur elles (sur tous ses proches, mais sur ses filles particulièrement) pour apaiser les souffrances qu'il gardait (sans qu'il en ait conscience) de son enfance malheureuse. Surtout quand la célébrité l'eut convaincu que le Ciel l'investissait, lui, Hugo, d'une mission messianique. S'il était chargé d'annoncer au monde la venue d'une ère nouvelle et de conduire l'humanité vers ce nouvel Éden, eh bien, il fallait que ses filles en aient conscience et se plient de bonne grâce à leur rôle de consolatrices du Messie.

L'affrontement au père est un moment délicat de l'existence de toute jeune fille ; pour Léopoldine, c'est un défi démesuré. Elle le relève pourtant. Discrètement, sans éclat, sous les apparences du respect et de la soumission, mais elle le relève : en entretenant une correspondance personnelle avec Louise Bertin, puis avec Julie Foucher ; par ses péchés de gourmandise et ses digressions en dehors des sujets imposés ; par ses petites colères, semble-t-il. Des écarts insignifiants, mais c'était sa façon de tâter le terrain et de repousser, par petites touches prudentes, les limites de son maigre territoire.

Seule, au milieu du chœur de l'église

1836-1839

En 1836, Mme Hugo, pour se changer des poules, des canards et des Bertin, s'installe avec ses filles et leur grand-père dans une pension à Fourqueux, près de Saint-Germain-en-Laye : la pension Marette. Léopoldine travaille, elle remplit ses cahiers de devoirs, prépare sa première communion, mais elle vit mal l'éloignement de son père, en escapade en Normandie avec Juliette Drouet[1]. Avec Juliette ? En réalité, les enfants Hugo n'ont pas connaissance de la présence d'une femme au côté de leur papa. Pour eux, ce voyage et ceux des années précédentes sont des impératifs de son travail d'écrivain, comme les répétitions au Théâtre-Français ou les réunions du Cénacle le dimanche soir à l'Arsenal. Des devoirs de vacances en quelque sorte.

Pierre et Adèle Foucher, informés très tôt des assiduités de Victor auprès de cette actrice, confrontent leurs renseignements, se concertent, échafaudent des stratégies, mais ils se gardent bien d'en parler à qui que ce soit. Les enfants ignorent donc tout de cette sombre histoire[2]. De toute manière, qu'y comprendraient-ils ? Léopoldine peut-elle seulement imaginer qu'il y ait dans l'existence de son papa une autre femme que sa maman ? Non : dans son esprit simple et candide, il n'y a de place que pour la famille dans la vie affective de Hugo. Du reste, l'existence de Juliette Drouet ne change rien à la frustration des enfants quand leur petit père s'en va. Qu'il soit seul là-bas sur les plages de Normandie ou avec une femme ou avec qui que ce soit, quelle importance ? Ce qui compte, c'est qu'il est loin et pour longtemps (six semaines en juin et juillet 1836).

Il était si loin, il écrivait si peu que Léopoldine se demandait parfois, dans sa tête d'enfant, s'il reviendrait jamais, s'il se souvenait encore de sa Didine. Maman et grand-papa se moquaient de ses inquiétudes. Papa, oublier sa poupée, son ange, sa Didine ? Mais non, disaient-ils en l'embrassant, détrompe-toi, papa pense à toi à tout moment du jour et de la nuit. Un jour, les événements leur donnèrent raison. C'était le matin, au petit déjeuner. Pierre Foucher l'embrassa, lui demanda de deviner ce qu'il avait pour elle et finit par sortir de sa poche une lettre à son nom, postée de Barneville. Une lettre de papa, la seule qu'elle reçût de lui cet été-là :

> Barneville, 1er juillet. Vendredi.
> Je t'écris, ma Didine, sur une bien vilaine table d'auberge et avec du bien vilain papier de garçon d'écurie. Mais qu'importe, n'est-ce pas, pourvu que ce soit une bonne lettre qui t'aime bien et qui t'embrasse bien de ma part. J'ai fait aujourd'hui cinq lieues à pied, dans des routes de sable et de pierres, bordées çà et là par la mer, fort laides pour les pieds, fort belles pour les yeux. Je suis arrivé à neuf heures du soir à une bourgade presque sauvage où je n'ai trouvé qu'une tasse de lait et la mer, si je veux la boire. Je me dépêche de vous écrire à tous pour vous faire un bon dessert à mon mauvais souper[3].

C'était une bonne lettre effectivement. Didine y répondit aussitôt, et point par point :

> Mon cher petit papa chéri
> Tu es bien bon et bien gentil de m'avoir écrit une lettre aussi bonne je t'en remercie beaucoup. Je te plains bien mon pauvre petit père de faire tant de lieues à pied et de trouver de si mauvais soupers pour te récompenser de ta fatigue, cependant je n'en suis pas fâchée [...]
> Ma petite mère est toujours un ange de bonté pour nous et nous l'aimons de tout ce qui est en notre pouvoir. Nous allons très souvent au parc qui est très beau. Dimanche dernier nous y avons tous été, car Charles et Aristide étaient à la maison, excepté cependant les grandes personnes, pour pécher les grenouilles qui sont dans la pièce d'eau mais nous n'en avons pas attrapé une seule. Charles cependant a attrapé un gros crapaud. [...] Adieu mon petit père adoré je t'aime de tout mon cœur et je voudrais bien être au moment où tu reviendras oh ! alors je t'assure que je t'embrasserai à t'étouffer[4].

« Je te plains bien mon pauvre petit père », « je t'embrasserai à t'étouffer »... Quel père à l'époque et jusqu'aujourd'hui ne rêverait d'entendre ou de lire, sous la plume ou le clavier d'ordinateur de son enfant, des phrases aussi tendres, aussi douces, aussi caressantes ? Tu es bien bon, ma petite mère est un ange de bonté, je t'aime de tout mon cœur... On comprend que Victor Hugo ait eu quelque peine à se séparer de sa Didine. On comprend, en découvrant les petits mots de son aînée, l'émotion qui sous-tendra un jour ses propres confidences :

> Demain, dès l'aube, à l'heure où blanchit la campagne,
> Je partirai. Vois-tu, je sais que tu m'attends.

J'irai par la forêt, j'irai par la montagne.
Je ne puis demeurer loin de toi plus longtemps
Je marcherai les yeux fixés sur mes pensées.
Sans rien voir au-dehors, sans entendre aucun bruit[5] (...)

Le poème est daté de l'automne 1847, mais en 1836 déjà, et sans doute bien avant, quand il avait vu sa fille, qu'il relisait ses billets ou simplement quand il se figurait son petit visage grave, il était dans ses pensées et il n'entendait rien. Elle n'entendait, elle ne voyait pas davantage quand l'image de son petit père lui traversait l'esprit. En recevant ce mot, quelques semaines avant son douzième anniversaire, en contemplant le timbre sur l'enveloppe, en retournant entre ses doigts le bien vilain papier de garçon d'écurie, elle se transportait en pensée à cette table d'auberge, dans ce lointain Barneville où il avait pris le temps de griffonner pour elle ces « je t'aime » et « je t'embrasse ».

L'amour que Didine portait à son papa se fondait dans celui qu'elle éprouvait pour Dieu, Créateur de toutes choses et notamment du cœur aimant des petites filles. Plus que jamais en 1836, l'année pour elle de ce qu'on appelait la grande communion, par opposition à la première communion dans l'eucharistie, reçue généralement vers six ans. Un événement très attendu, pour elle et pour son entourage. La légende s'en est emparée : Juliette Drouet aurait offert la robe d'organdi, taillée de sa main dans une de ses parures d'actrices, et Mme Hugo aurait partagé un collier reçu de Sainte-Beuve et qui ne la quittait pas, pour en donner la moitié à sa fille[6]. Quant à la scène de la bénédiction, c'est un poncif de la mythologie hugolienne, immortalisé par le tableau d'Auguste de Châtillon, conservé et exposé en bonne place à la Maison Victor-Hugo de Paris, et par le récit d'Adèle Hugo tel qu'il apparaît dans son livre de souvenirs. Seule au milieu du chœur, agenouillée dans le nuage de mousseline blanche de la robe de Juliette, la gorge garnie du collier de Sainte-Beuve, Didine priait, les mains jointes, les yeux au ciel, dans l'état d'extase et la ferveur que les prêtres lui avaient prédits tout au long de sa préparation. Il y eut des pleurs dans l'assistance, des larmes écrasées au coin des yeux et sans doute quelques frissons d'émotion descendant et remontant les échines. Un ange, disait-on devant tant de candeur et de grâce naïve, une colombe.

Mme Hugo n'avait pas regardé à la dépense. Elle offrit au curé de Fourqueux les œuvres complètes de son mari (un éditeur visionnaire les proposait depuis peu dans une présentation de luxe, en vingt volumes) et régala les parents, les amis, les voisins, sans compter toute une troupe de curés attirés là par la renommée du père. « Le repas fut gai, conclut Mme Hugo. Léopoldine, assise au banquet près du prêtre, conservait son cœur au ciel. » Victor Hugo paya la note (deux cents francs, c'est-à-dire beaucoup dans l'absolu, assez peu en comparaison des droits qu'il percevait désormais de ses éditeurs) sans trop se faire prier et s'en alla avant le repas. Une attitude qui lui ressemblait assez, désormais : il discutait chaque centime, mais il finissait par payer et retournait à ses occupations. Pour lui, c'était dans l'ordre des choses : « C'est l'heure où les enfants parlent avec les anges, / Tandis que nous courons à nos plaisirs étranges[7]. » Étranges, en effet !

Mis à part l'événement de la communion, la vie à Fourqueux était affreusement répétitive. « Notre vie est bien régulière », disait Didine. Mais cette régularité, quand elle la décrivait, ressemblait fort à de l'ennui : « Nous nous levons sur les huit heure, nous allons à la messe, nous déjeunons j'étudie mon piano Dédé joue Grand'papa m'aide. Nous jouons nous deux Dédé nous faisons nos devoirs nous dînons enfin nous nous couchons et tous les soirs Dédé veut se mettre au fond du lit moi aussi nous nous disputons et je lui cède il ne s'est pas passer un soir depuis que tu es parti que cela n'arrive[8]. »

Il y avait heureusement la présence rassurante de grand-papa (Léopoldine l'appelait papa !). Pierre Foucher pratiquait avant la lettre l'art d'être grand-père. À Fourqueux, il était maître d'école, catéchiste, conteur, guide forestier, organisateur de jeux et de festivités. Il était le père en l'absence de Victor Hugo (c'est-à-dire presque tout le temps[9]), la mère quand sa fille s'échappait à Paris (parfois pour plusieurs jours de suite), le grand-père en permanence. Si les enfants couraient la forêt avec Auguste de Châtillon, le peintre de la communion et de tant d'autres scènes familiales, il gardait la maison jusqu'à leur retour. S'ils se lassaient des promenades, il dénichait une calèche d'enfant qu'on attelait à un petit âne et que les grandes personnes escortaient, montées chacune sur un autre bourricot, et trouvait encore le temps d'immortaliser la scène : « Ce sont des joies, des cris à effrayer les fauvettes, les moineaux et les coucous de toute la contrée[10]. » Il observait ses petits-enfants, et en particulier Léopoldine, dont le sérieux et la piété l'émerveillaient. « Ils sont tous si gentils, et chacun à sa manière, écrivait-il. Didine avec sa raison solide dans sa personne aérienne. Charles avec son affectueuse candeur. Toto avec ses colères et ses tendresses et cette Dédé avec tout son petit ménage à part. Tout cela est fort réjouissant et surtout très aimable[11]. » Et encore : « [...] Tu n'es pas moins heureuse avec tes deux filles. Tu sais l'être d'autant plus que parents, grands-parents et maîtres ne se sont pas donné grand mal avec elles. Elles sont, en effet, étonnantes. Didine, avec son esprit droit et résolu, avec son tact et sa pénétration, sera tout ce qu'elle voudra être[12]. »

Sa raison solide dans sa personne aérienne ! Son esprit résolu ! Son tact et sa pénétration ! Telle était la personnalité qui émergeait des années d'enfance comme le papillon sort de la chrysalide. Ce n'était pas vraiment une surprise, les parents avaient noté très tôt la conjonction chez leur enfant de l'esprit pratique et de l'aspiration à l'idéal. L'esprit pratique s'était affermi au fil du temps : Didine cousait, brodait, écrivait, tenait ses petites affaires dans un ordre irréprochable, elle réprimandait ses frères quand ils sortaient du droit chemin, consolait sa petite sœur et l'aidait à s'habiller. Elle tenait la correspondance, se mettait au piano les jours de pluie, recevait les amis de passage en l'absence de ses parents. Quant à l'idéal, elle l'atteignait presque tout le temps. On eût dit qu'elle n'avait pas de défaut, pas de passion, pas de signe distinctif. Elle était parfaite, cela lui tenait lieu de caractère. L'envie la prenait-elle parfois de désobéir, de faire la folle, de sortir sous la pluie ou de courir pieds nus sur le gazon ? Oui, certainement. Mais elle pensait à la déception que ces écarts causeraient à ses parents et elle y renonçait d'elle-même.

NOTES

1. Victor Hugo et Juliette Drouet.

Victor Hugo revendiquait l'honneur de conduire la marche au progrès. Il soutenait les motions contre la misère et la peine de mort, notamment. Sa position sur l'émancipation de la femme était moins progressiste, pour ne pas dire franchement rétrograde. Il approuvait le retour aux valeurs traditionnelles soutenues par l'Église et pratiquées par la presque totalité des Français : pas de divorce, pas de mariage sans établissement, condamnation de l'adultère de la femme, autorité exclusive du père de famille sur l'épouse et les enfants. Il prenait, pour voyager avec Juliette Drouet, des noms d'emprunt dont les registres d'auberge gardent fièrement la trace. Cette discrétion était compréhensible. L'Église, terriblement influente, était pointilleuse sur les questions de mœurs et aurait jeté l'opprobre sur un auteur, aussi génial soit-il, qui se serait affiché avec une femme hors mariage.

Victor Hugo poussait la précaution un peu plus loin : il veillait à ce que ses enfants ignorent l'existence de Juliette. Le premier à la rencontrer fut Charles, son fils aîné, au départ pour l'exil en 1852 (soit dix-huit ans après le début de leur liaison). Du moins peut-on supposer qu'il la lui présenta dans le train puis sur le bateau qui les conduisaient à Jersey. Car en 1852, Juliette voyageait encore incognito. Elle s'effaçait pour lui depuis près de vingt ans, elle venait de lui sauver la vie à plusieurs reprises et de le tirer des griffes de Napoléon III, mais en société, il ne la connaissait pas. Pas un mot à son propos dans sa volumineuse correspondance, pas un mot dans son œuvre titanesque jusqu'à la mort de son épouse en 1868. Trente-six années de réclusion pour cette femme qui faisait tant pour lui.

Il l'aimait certainement, il l'aimerait jusqu'à la fin, mais de l'amour plutôt possessif qu'il professait parfois, notamment dans ses carnets : « Dans une femme complète, il doit y avoir une femme et une servante. » Ou encore : « On pourrait mettre sur beaucoup de femmes mariées l'inscription connue : "Il y a des pièges dans cette propriété" » (VH, *Tas de pierres*, 1844).

2. Les enfants Hugo et Juliette Drouet.

Victor Hugo et Juliette Drouet deviennent amants le 16 février 1833. En 1834, Victor installe sa femme et ses enfants aux Roches chez les Bertin, Juliette et sa fille Claire un peu plus loin au hameau des Metz, et passe l'été à courir des uns aux autres. Un jour, au cours d'une promenade, les trois larrons (Victor, Juliette et Claire) tombent nez à nez avec François-Victor, le fils cadet de Victor. (Juliette évoque cette rencontre un an plus tard dans une lettre qui est conservée). En 1836, Juliette prépare des cadeaux (des tasses pour les filles, des encriers pour les garçons, des friandises pour tout le monde) et prie Victor de les leur remettre de sa part : « Avez-vous donné mon sucre d'orge et l'avez-vous donné de ma part ? Je tiens beaucoup à me mettre bien avec les Toto de *tous les âges*. » (JD à VH, 14.4.1836. In Souchon, *Les Deux Femmes de Victor Hugo*, p. 172). Enfin, ses lettres d'octobre 1836 laissent supposer que la robe de communiante de Léopoldine est taillée dans un de ses anciens costumes de théâtre.

Les enfants la connaissent-ils pour autant ? Pas nécessairement. Victor Hugo n'aura pas eu de mal à détourner l'attention de son fils en 1834 (il avait six ans). Il n'aura pas remis des joujoux qui allaient attirer sur lui les foudres de sa femme et compliquer encore une situation déjà bien délicate. Et rien ne l'obligeait à indiquer la provenance de la robe de communiante.

3. VH à LH, 1.7.1836. *Éd. chrono.*, 5-1105.

4. LH à VH, 5 ou 6.7.1836. *JG* 310.

5. VH, « Demain dès l'aube », in *Les Contemplations. Éd. chrono.*, 9-23.

6. Ces points ne sont pas parfaitement attestés.

7. VH, *La prière pour tous*, 1831. Les plaisirs de Victor Hugo étaient de plus en plus étranges, en effet. Voir à ce propos le chapitre « Résignée ! » (p. 97) sur le caractère ésotérique de sa pensée et de sa relation avec sa fille.

8. LH à A1H et FVH, 17.10.1836. *PG* 127.

9. Il se rend à Fourqueux dix-huit fois en six mois, selon le décompte de Juliette Drouet. Moins d'une fois par semaine.

10. PF à son beau-frère J.-B. Asseline et à sa belle-sœur, 11.5.1836. *JG 2*- 272.

11. PF à sa fille A1H, 30.10.1838. *JG* 357.

12. PF à sa fille A1H, 25.11.1838. *JG* 540.

La Seine borde le jardin de M. Vacquerie

1839

Mme Hugo s'était toujours arrangée, depuis la naissance de son dernier bébé, pour emmener ses enfants à la campagne vers la fin de l'été. Bièvres, Fourqueux, Auteuil, Boulogne... elle n'allait jamais très loin, mais Paris n'était pas très étendu à l'époque, les prairies commençaient à quelques kilomètres de Notre-Dame, et ainsi Victor pouvait sauter le matin dans une voiture, passer la journée en famille et repartir le soir. En 1839, elle accepta l'invitation d'un jeune et déjà fidèle admirateur de son mari, Auguste Vacquerie. Auguste était normand, fils de commerçants et d'armateurs du Havre. Pas de généraux d'Empire dans son ascendance, seulement des petits pêcheurs reconvertis dans la navigation au long cours, puis dans le négoce maritime à partir du grand-père d'Auguste, fondateur d'une maison de commerce aux Antilles et constructeur à Villequier, à quelques kilomètres du Havre, d'une maison en bord de Seine dont on reparlera[1]. Charles-Aimable, le père d'Auguste, avait repris les affaires avec son frère en 1822 et s'était installé au 13, rue de la Comédie, en face du théâtre du Havre, une adresse à retenir elle aussi. Sa fille Marie-Arsène, la sœur aînée d'Auguste, avait épousé en 1832 un personnage étonnant, qui laisserait sa trace le jour venu dans l'histoire de Léopoldine. Fils d'un simple cordonnier, mais le nez creux et le sens des affaires, Nicolas Lefèvre s'était lancé dans l'immobilier et avait amassé un petit pactole en spéculant sur les terrains dans la plaine de Graville, alors en banlieue, aujourd'hui au cœur du Havre. En 1839, il venait d'acquérir au hameau de Trigauville une ferme de cinquante hectares qu'il s'apprêtait à lotir.

Auguste était le littéraire de la famille. Monté à Paris pour poursuivre ses études, il était tombé sous le charme de Victor Hugo et entré dans la religion de la poésie. Il avait écrit au prince des romantiques, reçu une réponse encourageante et avait été admis dans le cercle des admirateurs autorisés[2]. Il venait souvent place Royale, surtout depuis que la fille aînée tournait à la jeune fille, et il ne manquait pas d'y vanter les charmes de son pays, en particulier d'un certain jardin dont le fleuve baignait le pied :

> C'est au bord de la Seine un jardin plein de fruits,
> Où de cent nids d'oiseaux l'oreille entend les bruits[3].

Ce jardin, c'était le sien, plus exactement celui de ses parents. Constatant que le poète voyageait, qu'il allait quelquefois en Normandie, il s'était mis en tête de l'y attirer. Les invitations d'Auguste Vacquerie tenaient la comparaison avec celles de Lamartine. Un peu moins longues peut-être (à peine quelques dizaines de vers contre les deux cent quarante-cinq octosyllabes de l'*Épître fantastique* de 1825), mais aussi bien tournées et peut-être mieux :

> Si jamais vous venez, poète, en Normandie,
> Pour reposer du bruit votre Muse assourdie,
> Souvenez-vous de moi, qui vous prie à genoux

D'arrêter un moment vos pas devant chez nous
Et qui serais heureux, si parfois dans ma vie
Je faisais oublier à votre âme l'envie[4] !

Hugo en vacances chez les Vacquerie ? C'était mal le connaître. Il connaissait déjà la Normandie, Le Havre était trop loin de Paris pour permettre l'aller-retour dans la journée (dix heures de vapeur dans chaque sens, beaucoup plus par la route) et de toute façon, les voyages pour lui c'était la découverte, les monuments en péril, les matériaux de ses futurs écrits. C'était aussi le temps de son intimité avec Juliette, mais cela, il n'en parlait pas, et d'ailleurs c'était inavouable. C'est-à-dire qu'il ne mettait pas dans le même tiroir sa maîtresse et ses enfants. Il voyait tantôt l'une, tantôt les autres, les deux ensemble jamais. Il s'excusa auprès d'Auguste et, un peu pour se faire pardonner, un peu sans doute par esprit d'économie, il lui envoya sa femme et ses enfants.

C'est ainsi que le 25 août, de grand matin, Mme Hugo appela une voiture place Royale, y chargea ses malles, sa bonne, ses quatre enfants, et se fit conduire à l'embarcadère de Saint-Germain-en-Laye (il y avait un train entre Paris et Saint-Germain, un des premiers de France, mais il passait pour dangereux et le transfert des bagages aurait créé mille difficultés). Arrivée là, elle sortit ses billets et monta à bord d'un des vapeurs qui cabotaient de ville en ville jusqu'à l'embouchure de la Seine. Une expédition !

Auguste attendait au débarcadère de Rouen et il n'était pas seul : son frère aîné, Charles, l'accompagnait. Cela faisait deux guides zélés, résolus à initier leurs hôtes aux agréments et aux secrets de leur chère Normandie. Et sans tarder : à peine ont-ils posé le pied sur le sol normand que les visiteurs se retrouvent dans les rues de Rouen, sous les arches de la cathédrale, dans les ombrages des boulevards…

Léopoldine est-elle sensible à la beauté des paysages qu'elle découvre ce jour-là au fil de la descente de la Seine et ensuite dans les pays si attachants de basse Normandie ? Oui, sans aucun doute – et elle a un motif d'attachement particulier, sans relation ni avec l'histoire ni avec l'esthétique : ces lieux de rêve, papa les a visités quelques années plus tôt. Mon père, se disait-elle, a un jour posé le pied sur le quai où je pose le mien, il a parcouru les mêmes rues chargées d'histoire, levé le nez vers les mêmes clochers ! Parcourir la Normandie, pour elle, c'est mettre ses pas dans ceux de papa, l'imaginer dans ces beaux lieux. Un pèlerinage ! Elle gardait pour elle ces pensées mélancoliques, mais un matin, le lendemain ou peut-être le surlendemain de son arrivée, elle se leva avant tous les autres, tira une chaise devant la table de sa chambre dans la maison endormie et là, devant la Seine qui scintillait au petit jour, de sa petite écriture appliquée, elle lui écrivit :

> Mon père chéri,
> Pardonne-moi de t'ennuyer quelquefois en t'écrivant, je sais bien que mes lettres ne peuvent t'intéresser et cependant j'espère que l'affection que tu me portes me justifiera à tes yeux. J'éprouve le besoin de te parler de toutes les merveilles que j'ai vues. Tu les a comprises si complètement, toi, que tu comprendras bien aussi l'admiration que j'ai ressentie. Toutes les rives de la Seine sont si belles que pendant la traversée nous n'avons pas eu un instant d'ennui. Nous regardions toujours, nous ne perdions aucun des magnifiques points de vue qui nous ont semblé, à nous qui n'avions rien vu encore, plus superbes qu'à ceux qui voyagent souvent. Nous avons ensuite admiré Rouen et ses belles églises, sa

cathédrale surtout que j'aurais voulu visiter complètement. Je t'ai remercié dans le fond de mon cœur, mon père chéri, car c'est toi qui nous as appris à apprécier et à jouir des belles choses. [...] La Seine borde le jardin de M. Vacquerie, nous voyons de petits navires stationnaires depuis plusieurs jours en cet endroit, le matin je regarde l'eau de mon lit ; c'est une bien charmante maison que celle-ci, elle le serait bien davantage si tu l'habitais avec nous. [...]

Je ne te demande pas de me répondre avant que ta pièce ne soit finie, ne te dérange jamais pour moi, c'est la meilleure manière de me prouver que tu m'aimes comme je le désire. J'ai bien pensé à ta pièce, mon bien-aimé père, je suis bien fière et bien glorieuse de cette œuvre-là, moi, qui porte ton nom, qui sens bien vivement combien je suis heureuse de t'avoir pour père, j'en remercie de tout mon cœur le bon Dieu qui me donne tant de bonheur et de joie. Je t'embrasse, mon père chéri, comme je t'aime, je regrette souvent de ne pouvoir te donner de ces bons baisers qui défaisaient ta raie, qui me faisaient tant de bien

Ta bien respectueuse et bien attentionnée fille

Léopoldine Hugo[5]

Mon père chéri... l'affection que tu me portes... ne te dérange jamais pour moi... Quel bonheur pour un homme aussi sensible et par ailleurs aussi attaqué, jalousé, accablé de soucis et d'inquiétudes que Victor Hugo ! Les attaques ne l'effrayaient pas, il les affrontait avec l'aplomb que lui donnait son formidable orgueil, mais il n'aurait pas été aussi serein s'il n'avait eu la certitude de trouver, en sortant de ses combats, un foyer bien tenu, une épouse attentive, une maîtresse aimante et dévouée, de trouver surtout une fille soumise, « bien affectionnée », « bien respectueuse et bien attentionnée ». Il avait ces points d'appui dont la correspondance révèle toute la vigueur et toute la constance. Car voilà : l'extraordinaire symbiose, l'attachement mystique qui lie Victor Hugo et sa Didine ne meurent pas avec l'enfance. Les mots changent, la phrase s'allonge, la pensée se structure, mais le sentiment demeure, il ne perd rien de sa vivacité. L'affection, le respect, le dévouement, « le bonheur et la joie de t'avoir pour père » : tout est intact, aussi frais qu'au temps de la rue de Vaugirard.

Deux mois plus tard, alors que les vacances touchent à leur fin, le ton est inchangé, la tendresse plus vive que jamais :

> Mon bien aimé papa,
> Je sais que tu vas à Marseille et je me dépêche de t'écrire afin que tu trouves des nouvelles de nous tous en y arrivant et que tu sois bien convaincu que dans mon cœur tu occupes avec ma bonne et douce mère la place la plus grande. Nous avons vu la mer je l'ai trouvée superbe et immense, je ne pourrai jamais dire ce qu'elle m'a fait éprouver, j'ai compris ton admiration je l'ai ressentie profondément. Aussi, nous [attendons] un coup de vent, une tempête afin de voir l'Océan sous un autre aspect. Je ne regrette qu'une chose, c'est [de ne pas] t'avoir près de nous, parce que tu nous explique si bien ce que nous voyons, que nous avons à admirer deux choses, ce que tu dis et ce qui cause ton explication. [...] Nous irons en pleine mer d'ici à quelques jours, nous voulons tout voir et tout éprouver, après demain sans doute nous partirons pour Étretat. Je suis bien heureuse ici, mon père adoré, aussi heureuse que possible quand je suis séparée de toi. Maman est bonne et douce pour nous comme tu sais, on nous procure chaque jour de nouveaux plaisirs, enfin [rien ne manque] excepté toi, mon père chéri que j'aime tant,

[et j'aimerais] mieux vivre avec ceux que j'aime dans un enclos bien noir qu'éloignés d'eux dans un palais, aussi ai-je par momens envie de pleurer, et désirai-je retourner à Paris pour te voir, t'embrasser, copier encore ces belles choses que je connais la première et que, quoique bien jeune, je comprends et je sens bien vivement. Je suis fière de toi, [cher] papa, ton nom que je porte me fait l'effet d'une couronne, il me semble que j'eusse été bien malheureuse si je n'avais pas été ta fille et que j'aurais toujours envié la place que j'ai dans ton cœur. Aime moi et écris-moi, tu me feras un plaisir énorme, mon père adoré.
Ta soumise et respectueuse fille
Léopoldine Hugo[6]

Les pensées de Léopoldine couraient vers son père et le trouvaient instantanément, où qu'il soit. Elles le trouvaient sur les plages de la Méditerranée, dans les bateaux descendant le Rhône, dans les voitures sillonnant les routes du Midi. Pour les lettres, c'était une autre histoire. L'accumulation de tampons sur l'enveloppe de celle-ci nous apprend que, rédigée le 4 ou le 5 octobre, postée du Havre le 5, elle arrive le 9 à Marseille, c'est-à-dire à destination, l'adresse en fait foi : « Monsieur le vicomte Hugo, poste restante, à Marseille. » Mais Monsieur le vicomte n'est plus à destination le 9 octobre. Alors la lettre repart, opiniâtre et courageuse. Elle est à Lyon le 12 octobre, le 13 à Chalon-sur-Saône où le destinataire la retire enfin. Je me lasse, soupire Mme Hugo, de t'envoyer des plis qui me reviennent, faute d'être retirés : « Je suis un peu fâchée que mes lettres restent en général aux postes[7]. » Léopoldine constate elle aussi l'incroyable désinvolture de son père, mais elle choisit de se taire, d'éviter les sujets qui fâchent. Est-elle informée de la teneur des petites phrases mordantes que sa maman glisse au bas des siennes avant de coller l'enveloppe ? Sans doute, et elle aura souffert de voir entacher d'un post-scriptum rageur les « effet d'une couronne » et autre « envie de pleurer » de sa jolie lettre sur papier bleu ; mais là encore, elle se sera fait une raison. Ses parents avaient toujours ouvert les lettres qu'elle recevait, relu celles qu'elle envoyait. C'était la règle, elle s'y soumettait sans rechigner.

Elle s'était toujours pliée sans réfléchir aux codes que les adultes lui imposaient. Elle n'allait pas changer du jour au lendemain, mais elle observait les comportements dans son entourage et découvrait l'hypocrisie du monde adulte. Le séjour en Normandie était très instructif à cet égard. Ce n'était pas la première fois que Didine quittait la place Royale pour aller partager l'intimité d'une autre famille ; elle avait fait cette expérience aux Roches plusieurs années de suite ; mais elle était encore enfant et Bièvres, c'était toujours Paris, on y retrouvait les mêmes têtes, les mêmes liens à mi-chemin de l'intérêt et de l'amitié, les mêmes mondanités. Rien de tel chez les Vacquerie. Ils habitaient, de l'aveu même d'Auguste, « loin de Paris, loin de la ville immonde » et cela faisait une différence considérable, dont Léopoldine prit toute la mesure. Pas d'académicien dans cette maison, pas de ministre, pas de Liszt ou de Lamartine. Pas de grands esprits à l'affût des nouveautés, guettant la dernière vague du progrès. Était-ce l'éloignement de Paris ? le dépaysement ? l'indifférence de ses hôtes aux grands mouvements de l'art et de la littérature ? Le fait est que tout semblait très simple tout à coup : pas de non-dits, pas de mystères, pas de voyages lointains pour des raisons obscures. M. Lefèvre partait le matin pour son travail, en revenait le soir au moment du dîner, et on savait toujours où le trouver. Une vraie vie de famille, sans les complications infinies des contrats, des procès avec les théâtres ou des humeurs d'acteurs, sans les disparitions subites et le défilé des quémandeurs.

Ainsi, les procès et les courbettes devant les grands n'étaient pas une absolue nécessité de l'existence. Ainsi, un homme pouvait vivre heureux auprès de sa femme et de ses enfants, en partageant simplement leurs repas, en les emmenant le dimanche en promenade, en les observant soir après soir de son fauteuil dans la fumée d'un bon cigare. Léopoldine s'en était toujours doutée, elle avait toujours pressenti la possibilité de vivre selon d'autres modèles que celui de la place Royale, et là, les Vacquerie lui en donnaient la preuve. Ils lui montraient que son père, tout Victor Hugo qu'il fût, n'avait pas toujours raison. Il menait sa vie comme il pouvait, en fonction de ce qu'il était, au mieux de ses intérêts et de ses ambitions, mais il y avait d'autres vies, d'autres vérités, d'autres possibles.

D'autres possibles ? Elle hésita longtemps, elle hésitait encore sur le bateau qui la ramenait vers ses anciennes certitudes, ébranlées de mille manières, il est vrai. Par l'effet dépaysant de ce premier voyage un peu lointain, en bateau, à travers des paysages inconnus. Par la longueur du séjour (du 25 août au 8 octobre) et l'absence complète de papa tout au long de ces six semaines. Par la découverte de villes et de terroirs d'une beauté saisissante. Par les empressements des fils Vacquerie, bien entendu, et l'éclat particulier de leurs regards. Par un effet de l'âge également et de l'esprit de contestation qui vient, qui est toujours venu aux jeunes filles autour de leurs quinze ans.

NOTES

1. **La propriété des Vacquerie à Villequier.**

Les poètes qui gravitent autour de Léopoldine n'ont pas laissé de description précise ni de la maison ni du jardin des Vacquerie et les premières photographies ne seront prises qu'après des travaux de transformation qui donneront aux lieux leur aspect d'aujourd'hui, à quelque chose près. Le tableau le plus parlant est celui que dressera Alphonse Karr en 1843 : « À Villequier, à quatorze ou quinze lieues du Havre – au pied d'une montagne chargée d'arbres, est une maison en brique couverte de pampres verts. – Devant est un jardin qui descend à la rivière par un escalier couvert de mousse » (A. Karr, *Les Guêpes*, 09, 1843).

Édifiée au XVIIIe, la maison existe toujours, mais très transformée. Les deux longues ailes n'existaient pas du temps de Léopoldine. Le jardin s'étendait jusqu'à la Seine et n'était pas « à la française » comme aujourd'hui. Le conseil général de Seine-Maritime a acquis le domaine dans les années 1920 pour en faire le Musée Victor-Hugo de Villequier, toujours en activité à ce jour.

2. Résumé de l'histoire selon Mme (c'est-à-dire selon M.) Hugo : « La légion d'élite qui se pressait autour de lui [VH] s'accrut de M. Auguste Vacquerie » (A1H, 4.9.1865, *Souvenirs de Mme Victor Hugo sur sa fille Léopoldine. Éd. chrono.*, 6-1347.)

3. AV à VH, 10.7.37. *JG* 2-384.

4. AV à VH, 6.7.1836. *PG* 204.

5. LH à VH, 26 ou 27.8.1839. *PG* 203.

6. LH à VH, 5.10.1839. *PG* 223-4.

7. A1H à VH, 5.10.1839. *PG* 224. Extrait d'un ajout de Mme Hugo au bas d'une lettre de Léopoldine à son père.

Il aima Léopoldine

1839

HUGO EST-IL CONSCIENT DU DÉSARROI où ses longs voyages plongent sa maisonnée ? Est-il sensible aux confidences de sa femme et de ses enfants, au zèle des services postaux, à toute cette débauche d'énergie et d'affection autour de son courrier ? Rien n'est moins sûr. Léopoldine recevra de lui cet été-là, en réponse à ses longues lettres passionnées, trois billets de quelques lignes chacun. « Ma cheminée, mon vieux canapé bleu, cela vaut mieux que les Alpes et la Méditerranée », lui écrit-il. Ou encore : « Vois-tu, chère fille, on s'en va, parce qu'on a besoin de distraction et l'on revient, parce qu'on a besoin de bonheur[1]. »

Elle mesure d'autant mieux la triste banalité de ces propos qu'elle vit elle-même des aventures étourdissantes. Toujours emmenés par leurs deux guides, les estivants visitent Caudebec, Villequier, l'abbaye de Jumièges. Ils s'embarquent un matin par une pluie battante et s'installent pour quelques jours au Havre chez Marie-Arsène Lefèvre, épouse du fameux lotisseur, sœur aînée de Charles et d'Auguste. Ils visitent la ville, rêvent devant l'immensité de l'océan, prennent des bains de mer, reçoivent l'hommage des Rouennais un soir lors d'une représentation du *Lucrèce Borgia*... de Victor Hugo. Ils voient Étretat, ses « aiguilles » et quantité d'autres merveilles. Un programme autrement plus mouvementé que celui des étés précédents, aux Roches ou à Fourqueux. Particulièrement pour Léopoldine.

Elle avait à peine quinze ans, mais elle notait les attentions de Charles, le frère d'Auguste[2]. Il lui avait donné le bras le jour de son arrivée et s'était toujours arrangé, depuis ce premier instant, pour se trouver à son côté. Il s'inquiétait de son confort, l'abritait sous son parapluie les jours de mauvais temps, l'entraînait à l'ombre aux heures chaudes. « Je vais te rendre compte de la vie pleine de charme que je mène », annonçait-elle à sa tante Julie. Elle était si troublée qu'elle en oubliait le « s » de charmes. À moins que le charme absolument unique de Charles Vacquerie n'éclipsât tous les autres.

Le 28 août, les frères Vacquerie conduisent la petite bande à la découverte de l'abbaye de Jumièges. « Imagine-toi que ce jour là, ta nièce a manqué d'être écrasée par une magnifique tour ou tout au moins de la dégringoler agréablement. Nous nous promenions dans ces ruines, maman donnait le bras à Mr Vacquerie, moi à son frère[3]. » « Je donnais le bras à M. Vacquerie ? » Pas tout à fait. Sur le manuscrit de la lettre à Julie Foucher, Léopoldine donne d'abord « la main » à Charles Vacquerie. Ensuite elle barre la main d'un trait, lui substitue le bras de la version officielle de la correspondance, comme pour attirer l'attention de sa tante sur la nature exacte des attentions de Charles à son égard. La suite de l'histoire ne manque pas d'intérêt, elle non plus. Elle éclaire la personnalité de cet homme qui n'hésite pas à prendre la main d'une jeune fille de quinze ans (à peine, c'était le jour de son anniversaire) sous les yeux de sa mère et à l'emmener à l'assaut d'une tour interdite au public et qui menace ruine. Et que font-ils, là-haut ? Ils traversent d'abord une terrasse très étroite, sans parapet, bordée de deux précipices, s'engagent ensuite sur un petit escalier de plus en plus tournant, de plus en plus délabré... jusqu'à ce que quelqu'un les aperçoive d'en bas et leur crie de redescendre : cette tour est interdite, elle ne demande qu'à s'écrouler.

Connaissant sa fille, Mme Hugo constata très vite qu'il se passait quelque chose entre elle et Charles. Pour elle, c'était tout naturel : M. Charles Vacquerie était aux petits soins pour ses invités, dira-t-elle, il s'oubliait pour les servir, mettait sa joie dans la leur. Et elle conclut sa litanie par où elle aurait dû la commencer : « Il aima Léopoldine[4]. »

Et Léopoldine, justement ? De quel œil voit-elle les attentions, les prévenances, les regards attendris de Charles Vacquerie ? Répondre à cette question, c'est aller voir du côté de l'œuvre du poète. Il avait composé au printemps 1839, juste avant le départ pour la Normandie, un poème édifiant où l'on voyait – où l'on voit toujours, les œuvres de Victor Hugo sont éternelles – une jeune orpheline, pauvre, pieuse, chaste comme toutes ses orphelines, se livrer à des travaux de couture entre deux égrenages de son chapelet. Cela faisait partie du recueil *Les Rayons et les Ombres* et s'appelait « Regard jeté dans une mansarde », parce que le poète découvrait cette image d'Épinal au hasard d'un coup d'œil dans une chambre sous les toits. Une chambre à trois sous bien entendu, où la petite vivait seule, dans le souvenir de son défunt père. Ne change rien à tes habitudes, lui conseille l'auteur, cultive la vertu, la pureté, la joie, la bonté qui t'apparentent aux anges.

Et à qui confie-t-il le soin de recopier cette leçon de morale ? À sa Didine, bien entendu. Il voyait bien qu'elle grandissait, que son corps se transformait, qu'elle n'était plus la fillette aux nattes et aux rubans. Il ne pouvait s'y opposer, c'était la loi de la nature. Alors il faisait tout ce qui était en son pouvoir pour lui garder au moins son âme d'enfant. Il créait des personnages de jeunes filles chastes, attachées au souvenir de leur papa, et il priait sa fille non seulement de lire, mais encore de copier ces petites histoires en forme de leçon de morale. Ce n'était pas nouveau. En 1830, il lui disait déjà :

> Enfant ! dans ce concert qui d'en bas le salue,
> La voix par Dieu lui-même entre toutes élue,
> C'est la tienne, ô ma fille ! elle a tant de douceur,
> Sur des ailes de flamme elle monte si pure,
> Elle expire si bien en amoureux murmure,
> Que les vierges du ciel disent : C'est une sœur[5] !

Même message en 1837 : « Garde surtout la candeur et la bonté de l'âme, le respect de Dieu et de ta mère, la simplicité de l'esprit et le désir perpétuel de bien faire ; c'est ainsi que tu pourras, comme ta mère, avoir un jour tout à la fois la vertu de la femme et l'innocence de l'enfant[6]. » Dans le poème de 1839, à propos d'un roman de l'affreux, du diabolique Voltaire, oublié sur une armoire de la mansarde, il l'admoneste encore, par orpheline interposée :

> Hélas ! si ta main chaste ouvrait ce livre infâme,
> Tu sentirais soudain Dieu mourir dans ton âme[7].

Tout de même, il se sera douté de quelque chose, dans le courant de l'été 1839. Cette maison serait plus charmante si tu l'habitais avec moi. Je suis bien fière de porter ton nom. Je sens bien vivement combien je suis heureuse de t'avoir et je remercie de tout mon cœur le bon Dieu qui me donne tout ce bonheur. Je t'embrasse comme je t'aime, je regrette souvent de ne pouvoir te donner de ces bons baisers qui défaisaient ta raie… Il lisait, il relisait ces mots si caressants sous la petite écriture appliquée de sa Didine, à la date du 25 août, et il devinait comme un changement dans l'affection qu'elle lui portait. Quinze ans ! se disait-il. Ma fille est femme ! Elle m'aime en femme ! Il ouvrait son sac de voyage, dépliait une lettre du 5 octobre et il lisait encore, dans les cahots de la route ou le brouhaha d'une salle d'auberge. Elle donnait quelques indications sur ses occupations au jour le jour et en venait rapidement à son sujet de prédilection : son amour pour son père. Rien ne me manque excepté toi que j'aime tant. Je ne regrette qu'une chose, c'est de ne pas t'avoir près de moi. J'aimerais mieux vivre avec toi dans un enclos bien noir qu'éloignée de toi dans un palais. L'envie de pleurer me vient quand je pense à toi. Je voudrais quitter ces lieux où pourtant je suis choyée pour rentrer à Paris, pour te voir, t'embrasser, copier encore ces belles choses de toi que je sens bien vivement. Je suis fière de toi. Ton nom que je porte me fait l'effet d'une couronne. J'aurais été bien malheureuse si je ne t'avais connu, j'aurais toujours envié la place que j'ai dans ton cœur. Aime-moi, écris-moi, tout mon plaisir est là. Je compte sur ta promesse de m'emmener voir les rives du Rhône. Je regarde à tous les instants ton amour de dessin… Voilà ce que lisait Victor Hugo sur le papier bleu pâle des lettres de sa fille. Il lisait, il relisait et il constatait qu'en retirant les « père » et les « papa », il retrouvait les phrases et les tournures d'Adèle Foucher au temps de leurs fiançailles, les mots de

Juliette et d'autres femmes dont les chemins avaient croisé et croisaient encore le sien. Il relisait et il devinait qu'il se passait quelque chose, dans le jardin en bord de Seine. Mais il se rassurait : sa fille l'aimait toujours, peut-être plus que jamais.

Il l'aimait toujours lui aussi, il l'aimait plus que jamais et tout porte à croire que son sentiment évoluait dans le même sens que celui de sa fille. Il n'en dit rien sur le moment, mais quand le temps viendra pour lui de lever un peu le voile sur ses sentiments de ces années-là, il campera une scène dans laquelle on le verra avec sa fille bien-aimée en contemplation devant la mer (tiens !) sur une plage des environs du Havre (ah !) en 1839 (tiens ! tiens !) :

> Le jour mourait ; j'étais près des mers, sur la grève
> Je tenais par la main ma fille, enfant qui rêve,
> Ma fille, mon amour[8] !

Ma fille, mon amour ! Il aimait sa fille depuis toujours, mais le mot ne tomba de sa plume qu'au souvenir d'un voyage en Normandie, en 1839. Ah ! ce n'était plus le même amour, il le comprenait très bien. Personne n'était plus habile que lui à déceler les mouvements d'une âme et ô combien de l'âme de sa fille. Mais il ne ferait rien pour ouvrir les yeux de sa Didine. Il allait tout faire au contraire pour encourager ses nouvelles dispositions à son égard et éloigner d'elle tous ces jeunes gens qui prétendaient la lui voler.

1. VH à LH, 3.10.1839. *PG* 221-2.

2. **La rencontre des futurs époux au temps du romantisme.**

Les rencontres étaient parfois plus romanesques, dans la sphère romantique.

Hector Berlioz se prend de passion, en 1827 (le 11 septembre 1827 à huit heures trente du soir très exactement), pour miss Harriet Smithson, l'interprète d'Ophélie dans le *Hamlet* de Shakespeare, que le public français découvrait alors sur les scènes parisiennes (il l'épousera six ans plus tard).

Balzac s'éprend irrémédiablement, le 28 février 1832, d'une admiratrice dont il reçoit la première lettre ce jour-là et qu'il épousera le 14 mars 1850, cinq mois avant sa mort. En 1847, Solange Dudevant, la fille de Sand, rompt ses fiançailles avec un hobereau du Berry pour épouser un artiste, ancien cuirassier, qui convainc sa mère de le laisser sculpter son buste et celui de sa fille « dans le marbre éternelle [*sic*] ».

Mais en général les jeunes gens se découvraient encore sous les yeux de leurs parents ou du moins dans le cadre familial. Le père et la mère de Léopoldine se sont connus, encore enfants, dans le jardin presque commun de Sophie Trébuchet, mère de Victor, et de Pierre Foucher, père d'Adèle, en logement de fonction à l'hôtel des Conseils de guerre. En 1827, Marie de Flavigny épousa le comte Charles d'Agoult, candidat de son père, et lui donna deux filles, Louise et Claire. George Sand, à l'époque où elle était encore Aurore Dupin, fut présentée à Paris, un soir où elle prenait le frais avec des amis de ses parents, à un jeune homme élégant, aux allures militaires, qui s'avéra être le fils naturel d'un ami du colonel Dupin. C'était en 1822, l'année du mariage de Victor et Adèle Hugo, deux ans avant la naissance de Léopoldine Hugo. Trois mois plus tard, Aurore et Casimir étaient mari et femme. Quant à Robert Schumann, étudiant en droit à Leipzig dans les années 1830, il trouve la petite Clara au piano à chacune de ses visites à son père, professeur de musique.

La rencontre de Charles Vacquerie et de Léopoldine Hugo ne tranche donc pas sur les mœurs du temps ; elle est sans doute spontanée, mais elle entre aussitôt sous le contrôle vigilant des deux familles.

3. LH à JF, 12.9.1839. *PG* 207.

4. AlH, *Souvenirs de Mme Victor Hugo sur sa fille Léopoldine. Éd. chrono.*, 6-1347.

5. VH, *Prière pour tous*, daté 15.6.1830, in *Les Feuilles d'automne. Éd. chrono.*, 4-1.

6. VH à LH, 15.08.1837. *Éd. chrono.*, 5-1124.

7. VH, *Les Rayons et les Ombres*, 4-10.

8. **Ma fille, mon amour !**

J'extrais ces trois vers de VH, *Les Contemplations*, 3-30. « Magnitudo Parvi », dans une variante non publiée, en particulier pour le troisième vers. La version retenue finalement par le poète est plus neutre (et parfaitement insipide, comparativement) : « Jeune esprit qui se tait ! » On peut penser que l'expression spontanée (« Ma fille, mon amour ! ») reflète plus fidèlement le sentiment réel de l'auteur. Le texte initial est donné par R. Journet et G. Robert, *Le Manuscrit des* Contemplations, Paris, 1956, p. 80.

Les références figurant en bas du poème (« Ingouville, août 1839 ») sont également falsifiées : Léopoldine était bien dans les parages d'Ingouville en août 1839 (l'année des vacances en Normandie et de la rencontre avec Charles Vacquerie), mais son père était à Paris au début du mois, en Alsace à la fin, et avec Juliette Drouet tout le long du mois. En réalité, ces vers seront composés sept ans plus tard, à Paris, en 1846.

Le mariage fut arrêté

1840-1842

LÉOPOLDINE REVINT À PARIS AVEC SA MÈRE. « Le temps et l'absence confirmèrent le mutuel amour des fiancés et le mariage, approuvé des deux familles, fut arrêté[1]. » La réalité, comme souvent, est un peu moins simple que Mme Hugo ne le laisse entendre. En réalité, le mariage ne sera « arrêté » que trois ans plus tard, au terme de tractations laborieuses, par la volonté opiniâtre de la mère et contre la volonté farouche du père. Du reste, celui-ci ignora longtemps ce qui se tramait exactement du côté de sa Didine. Car Mme Hugo, connaissant son mari, connaissant la vigueur et devinant la véritable nature du lien qui l'attachait à sa fille, prévoyait la violence de la tempête que déchaînerait inévitablement l'annonce ou la simple perspective du mariage. Elle décida pourtant d'encourager le rapprochement des deux jeunes gens, de faciliter la correspondance, d'organiser quelques rencontres, en se cachant de Victor bien entendu. Avait-elle un plan ? Oui, elle visait « le fait accompli ». Une particularité des mœurs bourgeoises : une jeune fille se déshonorait et entraînait sa famille dans l'ignominie si elle rencontrait un jeune homme sans y être formellement autorisée. Ce formalisme avait un nom : les fiançailles. Il avait ses règles : des rendez-vous programmés, chastes, brefs, toujours chaperonnés. Le calcul d'Adèle Foucher était fondé sur cette pratique : le jour où Hugo apprendrait que sa fille avait échangé quelques lettres et vu à deux ou trois reprises un jeune homme de bonne famille, il aurait un moment terrible, mais il penserait à sa réputation, à son image dans la nation, et il donnerait son accord.

On s'étonne de voir les romantiques, en particulier leur chef de file, chantre de la passion et du libre sentiment, sacrifier à des principes aussi conventionnels. En vérité, Hugo n'applique pas chez lui la religion qu'il prêche dans son œuvre et perpétue au contraire les comportements des générations précédentes. Oh ! il n'est pas le seul dans ce cas. Le père d'Hector Berlioz, prié en 1833 de donner son consentement au mariage de son fils, trente ans, ne s'est incliné que devant les « sommations respectueuses », espacées des délais réglementaires. En 1837, deux ans avant que Léopoldine s'éprenne de Charles Vacquerie, Frédéric Wieck, apprenant que sa fille Clara a rencontré – sans son accord ! – le fantaisiste, le miséreux, le diabolique Robert Schumann, entre dans une fureur noire, interdit aux jeunes gens de se voir ou de s'écrire, et fait le voyage de Dresde pour en ramener sa fille. N'ayant pas d'enfant, n'ayant donc pas de fille à marier, Balzac n'a pas à se prononcer sur ce grave sujet, mais ne voit-on pas, dans un roman de *La Comédie humaine* publié en 1844, un bon bourgeois du Havre (tiens !) organiser et contrôler dans ses moindres détails la confrontation des prétendants qui revendiquent la main de sa fille[2] ?

L'opposition des parents est parfois fondée. George Sand fait la fine bouche quand sa fille Solange se déclare pour Auguste Clésinger, un ancien cuirassier connu pour sa brutalité, ses dettes de jeu, ses beuveries, qui se conduisait « comme au café du régiment[3] ». « Solange est malade, notait la mère, car, pour la première fois, elle est violemment éprise et tu sais que Clésinger est tout feu, tout flammes[4]. » Solange et Auguste s'étaient connus en mars ; le 20 mai, ils étaient mari et femme.

Quelques années plus tard, Théophile Gautier mettra tous les freins qu'il pourra au mariage de sa fille avec Catulle Mendès, poète comme lui, mais débauché notoire. Judith avait à peine dix-huit ans, elle s'obstinait dans ce qui n'était qu'un penchant essentiellement charnel, il y avait donc quelques raisons de s'inquiéter. Gautier était d'un naturel fantasque, il vivait en bohème, ses enfants étaient illégitimes, mais il gardait de son éducation des principes assez bourgeois et se souciait, peut-être avant toute chose, du bonheur de ses filles. Il fit l'impossible pour écarter Mendès, mais celui-ci avait un allié, plus exactement une alliée de choix, Judith elle-même. « J'espère que nous allons réussir à faire céder mon père, écrit-elle à son élu. Tu dois le vouloir puisque nous n'avons qu'une volonté pour nous deux. »

L'attitude de Léopoldine était aussi dissemblable que possible de celles de Solange ou de Judith. Ce que Solange attendait d'Auguste Clésinger et Judith de Catulle Mendès, c'étaient la volupté, les jouissances, voire la perversité. Ce qui attirait Léopoldine vers Charles Vacquerie, c'était la douce tranquillité du nid un peu cossu qu'ils tisseraient ensemble. C'était d'un côté la passion à l'italienne, violente et exclusive, de l'autre une affection paisible, clairvoyante, toute raisonnée. « Je t'aime, mon Catulle, écrivait l'une, à présent je crois que je t'ai dépassé. Il est impossible que tu m'aimes autant que je t'aime. C'est horriblement doux, je ne sais plus ce que je fais. J'ai envie de crier ton nom à chaque minute[5]... » « Quand j'irai te voir, disait l'autre à sa jeune tante Julie, je te porterai l'étui que t'a promis Mr Charles Vacquerie. Il a envoyé à mes frères des petits chinois et de magnifiques coquilles. J'ai pour ma part deux petits flacons en ivoire. Encore un ornement pour ma chambre[6]. » D'un côté la passion à découvert, toutes griffes dehors, de l'autre les cadeaux insignifiants et les manœuvres en coulisse pour déjouer doucement les réticences.

En revenant à Paris en octobre 1839, Léopoldine reprend ses occupations là où elle les avait laissées, sans rien laisser paraître de son nouvel attachement. Elle retrouve son professeur de piano, reçoit Julie Foucher pour son séjour traditionnel de fin d'année et répond à toutes les invitations. Elle est aux bals des Nodier le 12 janvier 1840, de Mme Collin le 28, de Mme Fabre le 2 février, d'Eudora Chaley le 6. Comme si de rien n'était. Nouvelle visite de Julie pour Pâques, et le 11 mai elle s'installe avec sa mère, sa sœur, sa bonne au château de la Terrasse à Saint-Prix. Une grande maison entourée d'un parc magnifique. Les garçons les rejoignent le 2 août, Julie en septembre. Papa fait quelques apparitions et d'autres viennent en visite : une tante de maman, la femme d'Abel Hugo avec son fils Jules, le général Louis Hugo et son fils Léopold. Mme Hugo se plaint bien un peu de recevoir tous ces Hugo en l'absence de Victor, mais elle se garde de taquiner le fauve et d'attirer son attention sur une visite un peu moins anodine, celle de Charles Vacquerie[7]. Les relations restent donc pacifiques. Le 17 août, aller-retour à Paris pour la distribution des prix du concours général à la Sorbonne (Charles a décroché le prix de thème latin) et du collège Charlemagne.

Un bel été pour Léopoldine. Sa maman lui abandonnait progressivement les soins du ménage et elle prenait son rôle très au sérieux. Une répétition générale, en quelque sorte, de la pièce qu'elle jouerait un jour dans son propre foyer. Elle accueillait les visiteurs, dirigeait les domestiques, surveillait les jeux du petit Jules, le fils d'Abel Hugo et de Julie Duvidal de Montferrier. Julie était une vieille connaissance : elle avait donné des cours de dessin aux fils Hugo, au temps de Sophie Trébuchet, et dessiné Léopoldine dans son berceau. Le peintre Gué, celui qui avait touché deux mille francs pour huit vues des Alpes et tenu Léopoldine sur ses genoux aux étapes du voyage à Chamonix en 1825, louait une maison à deux pas et venait souvent avec sa petite famille. Narcisse Vieillard, ancien précepteur de Louis-Napoléon Bonaparte, venait en voisin conter des anecdotes sur son élève. Papa arrivait de Paris avec l'architecte Robelin, avec Bernard Granier de Cassagnac, un chroniqueur au *Globe*, avec M. de Cubières, pair de France et ministre de la Guerre, et avec Honoré de Balzac, Gérard de Nerval, Théophile Gautier… Des célébrités, mais Léopoldine les avait connus toute petite, elle les avait toujours vus chez elle, et la célébrité ne l'impressionnait pas. Ils s'appelaient Balzac, Robelin, Granier de Cassagnac, sans doute ; ils avaient leurs noms dans les gazettes, les habitants de Saint-Prix sortaient sur le pas de leurs portes pour les regarder passer, assurément ; mais pour elle, c'étaient des amis ou des connaissances de papa, ni plus ni moins, des figures connues, des habitués de la place Royale. Elle s'appliquait seulement à les recevoir selon leur rang et veillait à ce qu'ils ne manquent de rien, à ce que tout le monde soit heureux et satisfait. Quant à Hugo, on ne le voyait qu'en coup de vent et le plus souvent avec ces gens qu'il amenait de Paris et qui l'accaparaient. « Tu fais peu maintenant pour ta famille », lui disait la mère de ses enfants. Il prenait tout de même le temps de regarder ses petits et de jeter sur le papier des comptes rendus d'observation qui excusent un peu le « peu ». Des compte rendus comme celui-ci, composé un beau matin, à Saint-Prix justement :

> Dans le frais clair-obscur du soir charmant qui tombe,
> L'une pareille au cygne et l'autre à la colombe,
> Belles, et toutes deux joyeuses, ô douceur !
> Voyez, la grande sœur et la petite sœur
> Sont assises au seuil du jardin, et sur elles
> Un bouquet d'œillets blancs, aux longues tiges frêles,
> Dans une urne de marbre agité par le vent,
> Se penche, et les regarde, immobile et vivant,
> Et frissonne dans l'ombre, et semble, au bord du vase,
> Un vol de papillons arrêté dans l'extase[8].

Le 19 janvier 1841, grâce à l'intervention de M. le vicomte Victor Hugo, officier de la Légion d'honneur et depuis peu académicien, auprès du maréchal Oudinot, duc de Reggio, grand chancelier de la Légion d'honneur[9], Julie Foucher, qui a atteint la limite d'âge comme boursière de Saint-Denis, y est admise comme « postulante », c'est-à-dire comme future institutrice. Léopoldine la félicite, elle est contente pour elle, mais elle ne l'envie pas. Son ambition à elle, c'est de rester chez elle, dans le confort d'un bel appartement et la présence rassurante de sa famille. Une attitude encore assez courante à l'époque, mais dont les femmes commençaient à se démarquer. Marie d'Agoult a quitté un mari insipide pour rejoindre Liszt en Suisse en 1835 ; de retour à Paris après sa séparation du compositeur, elle tient salon, écrit, publie un roman et des analyses politiques, en particulier un *Essai sur la liberté* en 1847 et une histoire de la Commune. Hortense Allart et

Pauline Roland élèvent seules leurs enfants ; Hortense publie des romans, des essais, des ouvrages historiques et rallume à vingt-huit ans la flamme d'un jeune sexagénaire nommé Chateaubriand ; Pauline participera à la fondation des premiers journaux féministes. Léonie d'Aunet, qui sera maîtresse de Victor Hugo et amie intime de sa femme (dans l'ordre chronologique), accompagne une expédition française au Spitzberg en 1839 (Léopoldine a quinze ans cette année-là, Léonie dix-neuf) et devient la femme la plus « froide » et la plus « nordique » de l'histoire (Inuites non comprises). Un peu plus tard, elle choisira de se séparer de son mari, le peintre Auguste Biard, de vivre de sa plume et d'élever seule ses deux enfants. La princesse Cristina Trivulzio Belgiojoso (1808-1871), patriote et femme de lettres italienne, soutient activement, de Paris puis sur le front, parfois au péril de sa vie, le mouvement de réunification de l'Italie. Désirée Gay fonde à Paris en 1832 (Léopoldine a huit ans), avec des ouvrières saint-simoniennes, le journal *La Femme libre.* « Ce que nous voulons avant tout, déclare-t-elle, c'est que les femmes se débarrassent de l'état de gêne et de contrainte où les tient la société et qu'elles osent dire, dans toute la sincérité de leur cœur, ce qu'elles pressentent et ce qu'elles veulent pour l'avenir. » George Sand, la plus lue et la plus respectée des femmes de lettres de l'époque, se sépare d'un mari simplement ennuyeux et entame une carrière littéraire, d'abord en collaboration avec un de ses amants, Jules Sandeau (*Rose et Blanche* paraît en 1831, Léopoldine a sept ans), puis par elle-même. *Indiana* et *Lélia,* œuvres essentielles, paraissent en 1832 et 1833. En Amérique, Ernestine Rose fait campagne depuis 1836 pour les droits des femmes mariées et s'illustre avec Susan Anthony dans les combats anti-esclavagistes et suffragistes. En Grèce, Mado Mavrogenus (1797-1825) suscite l'insurrection des notables de Mýkonos contre l'occupant turc et organise des milices patriotiques après le massacre de Chio. En Angleterre, Harriet Martineau (1802-1876) refuse un mariage honorable pour se consacrer à ses recherches en sciences sociales ; Mary Godwin (1797-1851), à dix-neuf ans, publie *Frankenstein ou le Prométhée moderne*.

Léopoldine n'est pas faite de ce bois-là. L'émancipation de la femme, le progrès social, la marche de l'histoire… rien de tout cela ne l'intéresse vraiment. Elle est aux premières loges des soubresauts qui agitent le monde et annoncent l'avènement d'une ère nouvelle, mais ces évolutions la laissent de glace. Son penchant, c'est la douceur du foyer. Le foyer de son père, dont elle est toujours très proche, et celui qu'elle fondera un jour avec Charles Vacquerie. Car le projet de mariage n'est pas mort. Adèle y est toujours favorable, et elle pousse ses pions avec son habileté coutumière. Victor y est encore opposé, mais il suffirait que Didine lui parle et pour qu'il s'incline devant son choix ; il a toujours écouté ses avis et compris ses points de vue.

Le problème, c'est que Didine n'avait pas de point de vue sur la question de son mariage. Il lui semblait que cette histoire la dépassait ou alors ne la concernait pas. Si quelqu'un lui avait demandé son avis, à elle, la principale intéressée, elle aurait été bien embarrassée pour lui répondre. Elle remarquait l'agitation qui se faisait autour de sa personne, mais elle ne savait pas ce qu'elle devait en penser. Elle attendait seulement qu'une décision tombe, dans un sens ou dans un autre. De toute manière, rien ne pressait. Il fallait attendre que Charles ait une situation, que les revenus du ménage soient assurés, que Victor Hugo se fasse à l'idée de voir sa fille s'éloigner un peu de lui… Eh bien ! elle attendrait.

Entre-temps, elle faisait comme si ce mariage n'existait pas et s'enfermait dans le rôle de jeune fille posée, presque parfaite, qu'elle avait toujours joué. Si elle rencontrait Sainte-Beuve à une soirée, s'il la traitait « comme une très grande et très sérieuse personne qu'elle est », elle prenait un air charmé et répondait sur le même ton[10]. Ce n'était pas toujours le cas, dans l'entourage de Hugo. Edmond de Goncourt relatera quelques années plus tard comment Judith Gautier, la fille de Théophile, l'avait abordé, coupe de champagne à la main, pour lui conter l'histoire de son amour de jeunesse pour un lézard « qui était toujours en elle et sur elle, qui passait à tout moment la tête par l'ouverture de son corsage pour la regarder et disparaître[11] ». Les lettres de Julie Foucher à sa grande nièce ne sont pas conservées, mais celles que Léopoldine lui envoie à Saint-Denis respirent le calme et la confiance, qu'elle écrive de Paris – « Nous sommes fort sédentaires, je ne vais plus au bal, j'y ai été trois fois cette année, je me suis fort amusée, ainsi qu'à plusieurs soirées. Cependant bonne amie cela ne vaut pas la tranquillité et le calme de la famille[12] » – ou de Saint-Prix – « Si tu n'es pas ennuyée du récit que je vais te faire je te dirai que je me lève entre 7 et 8 h, que je fais étudier Dédé depuis 9 h jusqu'à 10 – que je travaille à mon tour jusqu'à midi, après quoi nous déjeunons. J'apprends ensuite mon Italien, je lis des ouvrages sérieux et instructifs pendant une heure et puis je joue du piano, je couds, je me promène ; à 6 h nous nous mettons à table. La soirée est consacrée à la lecture de Melle de Chevreuse, quand il fait vilain et à la promenade quand il fait beau, – la nuit, au sommeil – comme partout[13] ».

Elle affectait de mener une vie tout ordinaire, mais elle observait les émois qu'elle suscitait sur son passage : Auguste et Charles Vacquerie rivalisaient d'attentions depuis la Normandie, le fils de l'avocat Hennequin passait souvent place Royale, un peu plus souvent qu'il n'eût fallu, et il y avait encore d'autres candidats, d'autres regards fixés sur elle. Il y avait surtout le silence de papa. Que pensait-il de ces empressements autour de sa Didine ? En vérité, elle n'avait pas besoin d'interroger son père pour connaître son avis sur cette question. Pour lui, son aînée avait à peine quinze ans, elle était la fée de son foyer, le moment n'était pas venu de la lâcher. C'était aussi l'avis de Léopoldine. Les hommages de ces jeunes gens flattaient sa petite vanité, mais elle n'allait pas renoncer, pour quelques sourires et trois ou quatre compliments, aux agréments qu'elle trouvait chaque jour à la maison. Confectionner ses toilettes et celles de sa sœur, embrasser son petit père, échanger des confidences avec Julie… Pour l'instant, ces plaisirs lui suffisaient.

Hugo se disait qu'elle s'en irait peut-être un jour, mais ce jour lui paraissait lointain, l'orage n'était encore qu'un petit nuage parmi tant d'autres, presque invisible tout au bout de l'horizon. Sa fille, le quitter ? C'était dans l'ordre des choses, sans doute. Elle attirerait l'attention d'un jeune banquier, à moins que ce ne soit d'un pianiste ou d'un poète, à la première d'une de ses pièces ou dans un de ces bals où sa mère l'emmenait de temps en temps ; ce jeunot lui débiterait quelques sornettes et elle tomberait dans le panneau. Au fait, était-ce vraiment dans l'ordre des choses ? Mais non, se disait-il avec quelque raison. Car les choses, entre Didine et lui, n'avaient jamais suivi l'ordre commun. Leur amour était unique. Il était au-dessus de l'ordre, au-delà du cours habituel des choses. N'avaient-ils pas vécu toutes ces années dans une symbiose presque parfaite, sans équivalent ni autour d'eux ni dans l'histoire ? Il avait aimé Adèle Foucher, il avait eu des moments d'échange inoubliables avec Sainte-Beuve au temps de leur amitié, il aimait maintenant Juliette Drouet ; il était entré très avant dans l'intimité et dans la connaissance de ces grandes âmes ; et pourtant, il n'était allé avec aucune d'elles au point de connivence qu'il atteignait avec sa fille. Cela dépassait tout ce qu'il avait connu lui-même, tout ce dont il avait connaissance autour de lui. Ils se regardaient, et ils se comprenaient. S'ils étaient séparés, s'ils étaient aux deux extrémités de la France, ils se devinaient. Ils étaient constamment dans la pensée l'un de l'autre. Jamais depuis qu'elle était née, jamais une heure n'avait coulé au sablier de l'existence sans que l'image de l'un d'eux ne se forme dans l'esprit de l'autre. Alors, pensait-il en souriant intérieurement, alors les pianistes et les poètes peuvent venir...

Puis il y eut cette apparition de Charles à Saint-Prix, dans le courant de l'été 1841. Elle ne l'avait pas vu depuis un an. Elle le trouva mûri, plus sûr de lui, plus aimable que jamais. Ils parlèrent de la Normandie, de leurs souvenirs de l'été précédent, et soudain, sans qu'elle sache comment cela s'était produit, elle se trouva seule avec lui dans une allée du grand jardin. Il lui prit la main et, sans se troubler, sans même s'inquiéter de savoir si quelqu'un pouvait les voir ou les entendre, il lui demanda d'être sa femme. La femme de Charles Vacquerie ? Léopoldine resta un moment sans réaction, hésita, puis elle revint précipitamment vers la maison et resta jusqu'au soir comme hébétée, incapable de se mêler aux jeux, à la conversation, incapable de fixer sa pensée sur quoi que ce soit. Quand, comment Charles était-il reparti ? Elle ne se le rappelait pas. Elle ne se souvenait que de son visage penché sur elle dans cette allée, et ensuite de l'inquiétude dans ses yeux chaque fois que leurs regards se rencontraient. La femme de Charles Vacquerie ? Elle y pensa continuellement les jours suivants et ce fut pour constater que ce scénario était en elle. Elle l'avait porté toute une année sans s'en rendre compte et maintenant, elle en prenait conscience et le trouvait charmant. Madame Charles Vacquerie ? Plus elle y pensait, plus il lui semblait que la chose allait de soi[14]. La venue d'Auguste à Paris et son admiration pour Victor Hugo, ses visites place Royale, l'invitation en Normandie… Les événements formaient une chaîne et indiquaient une direction : le mariage de Charles Vacquerie et de Léopoldine Hugo. Le mariage ? Assurément, le mariage était sa destinée, la seule issue de la prison dorée où son père la maintenait. Elle le savait depuis toujours, mais en le voyant si proche, elle était prise d'une sorte de vertige. Déjà ! se disait-elle, et elle se demandait comment elle s'y prendrait pour concilier l'élan qui la poussait vers Charles et le lien indissoluble qui l'enchaînait à sa famille. Faudrait-il vraiment choisir ? Ne pouvait-on englober dans un même amour un père et un mari ?

NOTES

1. A1H, *Souvenirs de Mme Victor Hugo sur sa fille Léopoldine. Éd. chrono.*, 6-1347.

2. Honoré de Balzac, *Modeste Mignon*, Paris, 1844. L'héroïne donne son nom au roman. Le contexte est peut-être inspiré par les contacts que Balzac a pu avoir, à travers la belle-famille de Léopoldine, avec la bourgeoisie du Havre.

3. Arsène Houssaye, *Confessions*, 3-241.

4. George Sand à son fils Maurice, *Correspondance*, 2-363.

5. In Gautier et Meyer-Zundel, *Quinze ans auprès de Judith Gautier*, S.N., 1969, p. 84.

6. LH à Julie Foucher, 15.11.1840. *PG* 275.

7. Le passage de Charles Vacquerie à Saint-Prix en octobre est attesté. Voir CV à FVH, 23.10.1840. *PG* 277.

8. VH, *Les Contemplations*, 1-3. « Mes deux filles », daté : « La Terrasse, près Enghien, juin 1842. »

9. Il intervient aussi auprès de la maréchale. Elle avait soutenu ses premiers pas en littérature vingt ans plus tôt et lui gardait son admiration.

10. SB à Mme Juste Olivier, 19.02.1841. *PG* 470.

11. Les frères Goncourt, *Journal*, 5-80.

12. LH à JF, 5.3.1840. *PG* 243.

13. LH à JF, 28.5.1840. *PG* 254.

14. **Le comportement au mariage au XIXe siècle.**

La sociologie n'existait pas au temps de Léopoldine, mais les sociologues ont rattrapé le temps perdu. Les comportements des Français et des Françaises depuis le début du XIXe siècle ressortent assez bien d'un travail injustement méconnu, *L'Enquête des trois mille familles*. De quoi s'agit-il ? De l'observation minutieuse de trois mille lignages à partir d'un dépouillement des actes d'état civil de toutes les communes de France sur la période 1803-1986. Quinze ans de travail acharné pour plusieurs centaines de spécialistes, professionnels et bénévoles.

Tout est parti de la mise au point par Louis Henry, dans les années 1950, d'une technique de reconstitution des familles échappant aux biais, c'est-à-dire aux effets de sélection qui faussent la représentativité des échantillons. La première tâche a consisté à dépouiller systématiquement les tables décennales de l'état civil des communes françaises pour la période 1803-1902 pour les personnes de patronyme commençant par les lettres T, R et A. Trois tables par décennie, 37 000 communes, 100 000 tables, trois ans de labeur pour repérer 47 100 actes de mariage dont le contenu, après informatisation, a permis de reconstituer 2 995 généalogies patronymiques descendantes, représentatives de l'ensemble des généalogies françaises sur six générations. Tel est le substrat sur lequel peuvent germer les analyses de la nuptialité, de la fécondité, de l'espérance de vie, de la mortalité infantile... enfin de tous les paramètres caractéristiques de la société française.

L'analyse des actes du XIXe siècle révèle une identité de comportement entre l'Ancien et le Nouveau Régime, la vigilance de l'Église annulant en pratique les acquis de la Révolution. La naissance hors mariage et le mariage sans établissement restent exceptionnels, le célibat est fréquent, le mariage tardif. L'âge moyen au mariage, stable pour les garçons (27,9 ans), va tomber pour les filles de 25,9 ans vers 1840 à 23,9 ans à la fin du siècle. Léopoldine se marie jeune, par comparaison : 18,5 ans au lieu de 25,9. Son mari également : 25,8 ans pour une moyenne de 27,9.

L'étude de 36 000 actes de premier mariage menée par Noël Bonneuil montre l'incidence de l'instruction (critère : signature de l'acte), du milieu (rural ou urbain), de la région d'origine, de l'origine sociale. Léopoldine est dans la norme de son âge : les filles de dix-huit ans épousent statistiquement des hommes plus âgés qu'elles (souvent de trois ou quatre ans, plus rarement de sept) ; les filles instruites et sans activité se marient plus tôt (à 24,2 ans), de préférence en février si elles habitent en ville (+ 20 % sur la moyenne) et le samedi (la domination traditionnelle du mardi et du mercredi s'estompe au fil du siècle au profit du samedi : + 50 % à la fin du siècle avec un décollage en ville vers 1840). Elle se marie en février comme tout le monde, un mercredi comme les propriétaires, rivés à la tradition.

Cosette lui échappait

1842

LES CHOSES RESTÈRENT INDÉCISES jusqu'au coup de théâtre de la déclaration de Victor-Antoine Hennequin, le 10 mai 1842. Le postulant est connu pour son caractère ombrageux et tourmenté, ses fréquentations des devins et des spirites, il laisse Léopoldine indifférente (au mieux), mais il est le fils d'Antoine-Louis-Marie Hennequin, grand avocat parisien, familier de Victor Hugo depuis dix ans[1]. Toujours vigilante et toujours tissant sa toile, Mme Hugo retient la lettre que le prétendant lui a imprudemment confiée. Elle l'ouvre, en prend connaissance et la remet non à son destinataire, le père de la jeune fille, mais au frère du candidat concurrent, Auguste Vacquerie. Celui-ci ne perd pas une minute. Il écrit au Havre le soir même, incitant son père à faire sans tarder « une situation » à Charles et à introduire une demande en bonne et due forme[2].

M. Vacquerie passe aussitôt à l'action : il cherche un emploi à son fils et fait connaître ses intentions. Cette lettre-là parvient à bon port et Victor Hugo rencontre à plusieurs reprises un ambassadeur tout indiqué : Auguste Vacquerie, frère de sang du solliciteur et disciple le plus dévoué du sollicité. En vain. Hugo renâcle, tempête, dicte ses exigences. Quels sont les revenus de ce M. Charles Vacquerie ? sa notabilité ? ses compétences ? De quelle situation peut-il se prévaloir ? Les Vacquerie répondent ponctuellement : le père de Charles lui constitue une dot, son beau-frère, grande figure de la vie économique havraise, l'engage dans sa maison de commerce, une des premières de la place[3], Charles prend ses fonctions dans cette maison et, à défaut de compétence immédiate, affiche sa bonne volonté. Victor Hugo est alors au pied du mur : les conditions qu'il a posées étant satisfaites, il est tenu d'accepter. Il refuse pourtant. S'informe-t-il des sentiments de sa fille ? Il semble bien que non, et on le comprend. Interroger Léopoldine, c'était courir le risque qu'elle se prononçât en faveur de ce mariage, et cela, il ne voulait, il ne pouvait pas l'entendre.

Il était trop vulnérable encore, trop replié sur les drames de sa propre existence[4] pour parler à qui que ce soit du drame du départ de sa fille. Il faisait le gros dos, rentrait dans sa coquille, et souffrait en silence. Il ne s'affranchirait de cette souffrance – et encore – que dix ans plus tard en composant *Les Contemplations*, vingt ans après en créant le personnage de Jean Valjean, le père adoptif de Cosette, et en le plaçant dans la situation où il s'était trouvé lui-même au printemps 1842 : « À de certains moments, Jean Valjean souffrait tant qu'il devenait puéril. C'est le propre de la douleur de faire reparaître le côté enfant de l'homme. Il sentait invinciblement que Cosette lui échappait. Il eût voulu lutter, la retenir, l'enthousiasmer par quelque chose d'extérieur et d'éclatant[5]. »

Auguste Vacquerie a informé sa famille de la demande concurrente courant mai. En juin, au plus tard début juillet, il rencontre Victor Hugo et en rend compte, par le truchement de sa sœur, à son beau-frère, Nicolas Lefèvre, dont le concours est essentiel au succès de l'entreprise. N'est-ce pas lui qui offre à Charles l'emploi et les perspectives d'avancement qui assureront les ressources du ménage[6] ? « On [entendons : Victor Hugo] m'a dit que, du moment qu'ils s'aimaient et que cela s'était répandu, il fallait les marier le plus tôt possible. »

Auguste intercédant pour son frère, cela paraît tout naturel. En vérité, c'était un acte de bravoure et de grande générosité. Car il avait aimé Léopoldine bien avant Charles. Ensuite, il avait fait l'erreur de l'inviter en Normandie et de lui présenter son frère, mais il n'avait pas renoncé tout de suite à conquérir son cœur. Tout au long de l'été 1839 et à Paris l'automne suivant, il s'était montré très empressé, au moins autant que Charles. Celui-ci avait fini par l'emporter, car il avait sur ses rivaux, poètes et grands bourgeois de la capitale, un avantage déterminant : ce qu'il aimait en Léopoldine, ce n'était pas la fille de Victor Hugo, c'était Léopoldine elle-même. Il n'était pas poète, lui. Il n'avait pas de goût pour la littérature. Il se fichait pas mal que Léopoldine s'appelât Hugo, que son père fût le plus grand poète de l'histoire de la langue française (hélas ! dira Gide). C'était sa chance. Léopoldine avait passé dix-huit ans dans l'ombre du géant et maintenant le moment était venu pour elle de s'en détacher, de vivre par elle-même, d'être aimée pour ce qu'elle était. Elle s'était décidée pour Charles, et Auguste, beau joueur, s'était mis au service de son heureux rival. La résignation n'était que de façade : repoussé par l'aînée des filles Hugo, Auguste séduirait la cadette quelques années plus tard dans le jardin en bord de Seine où Charles avait aimé sa future femme. Mais c'est une autre histoire, un autre livre[7].

Le maître a-t-il noté la grandeur d'âme de son disciple ? Peut-être. Il avait prêté jadis un comportement semblable à Quasimodo dans *Notre-Dame de Paris*, il l'attribuera de nouveau quelques années plus tard au Gilliat des *Travailleurs de la mer*. Mais en vérité, on ne peut pas savoir ce que Victor Hugo pensait de l'attitude d'Auguste, ni même s'il avait remarqué son penchant pour Léopoldine. Il avait de ces aveuglements, quand il s'agissait de sa fille ! Pour lui, elle était, elle restait la fillette ou du moins la jeune fille sage, studieuse, respectueuse de son papa. « Je t'assure que ce n'est plus une enfant[8] », lui disait sa femme depuis plusieurs années. Victor Hennequin venait de le lui rappeler : « Vous la croyez encore une enfant peut-être ; vous vous croyez entouré toujours de ces oiseaux envolés que vous rappeliez avec tant de poésie ; mais parmi ces oiseaux, il en est dont l'aile a grandi et qui sont devenus des anges[9]. » Rien n'y faisait[10].

Les forces, dans la négociation pour la main de Léopoldine, ne sont pas vraiment équilibrées. D'un côté, tout le monde : les tribus Vacquerie et Foucher groupées autour de Charles et de Léopoldine. De l'autre : Victor Hugo tout seul. Il a compris qu'il n'aura pas le dernier mot : sa femme fait le jeu de l'ennemi, sa fille est compromise, il est trop tard, quoi qu'il fasse, pour infléchir le cours des événements. Mais il résiste encore, contre toute logique. Il est battu, mais il s'obstine, avec la force du désespoir, à retarder l'issue fatale. Une situation qu'il décrira, quelques années plus tard, avec une étonnante lucidité. Découvrant que Cosette aime Marius, Jean Valjean « eut de la tête aux pieds un frémissement de révolte. Il sentit jusque dans la racine de ses cheveux l'immense réveil de l'égoïsme, et le moi hurla dans l'abîme de cet homme[11] ».

Il finit par céder, mais sous deux conditions : demande officielle de la famille Vacquerie et engagement formel de M. Lefèvre sur l'avenir de Charles. Celui-ci informe son père de ces heureuses dispositions par une lettre datée du 14 juillet : tout va bien. Une semaine plus tard, le 21 juillet, nouvelle lettre de Charles : rien ne va plus. « J'espère qu'avec le concours de M. Lefèvre, je pourrai voir aplanir ces difficultés qui menacent de briser toute ma vie. » Avec le concours de M. Lefèvre ? Mais bien sûr ! Comment les Vacquerie n'y ont-ils pas pensé plus tôt ? Comment ont-ils pu croire que Victor Hugo, ami personnel du roi Louis-Philippe, auteur renommé, prince incontesté des romantiques, étendard de la modernité, courtisé des plus belles femmes et des éditeurs les plus prestigieux de la place de Paris, abaisserait son pavillon devant un Auguste, *a fortiori* devant un Charles Vacquerie ? S'il doit se rendre, que ce soit au moins entre des mains dignes de lui[12]. L'auteur royaliste reçoit donc le promoteur. Ils parlent dot, rente, situation… et tout s'arrange tout à coup.

Victoire ! crie Charles aussitôt. Il vendait la peau du lion et le lion n'était pas mort, il était seulement malade, victime, quelques heures avant de signer ce malheureux contrat, d'une crise de rhumatisme articulaire qui le privait malencontreusement de l'usage de la main droite. De la main droite exclusivement. Le pied, le genou, les coudes restaient alertes. La main gauche également. Seule la main droite était paralysée. Ne pouvait-il signer de la gauche ? Non, bien sûr. Demander à sa femme ou à qui que ce soit de lui guider la main ? Pas question[13].

Victor Hugo souffrait pour de bon, mais ce n'était pas d'arthrose ou de rhumatisme. Il était sous le coup d'une souffrance fulgurante, insoutenable, dont il se souviendrait pour le mariage de Cosette : « Ainsi, quand il vit que c'était définitivement fini, qu'elle lui échappait, qu'elle glissait de ses mains, qu'elle se dérobait, que c'était du nuage, que c'était de l'eau, quand il eut devant les yeux cette évidence écrasante : un autre est le but de son cœur, un autre est le souhait de sa vie ; il y a le bien-aimé, je ne suis que le père ; je n'existe plus ; quand il ne put plus douter, quand il se dit : Elle s'en va hors de moi ! la douleur qu'il éprouva dépassa le possible. Après avoir fait tout ce qu'il avait fait pour en venir là ! et, quoi donc ! n'être rien[14] ! »

La douleur finit par passer, Hugo par signer. Du bout des doigts, sans se prononcer sur la date, mais enfin il signe, après trois mois de résistance farouche : le 16 août, un courrier de Charles transmet la réponse écrite du père à la demande écrite du futur beau-père. Le 21 août enfin, Charles, qui dîne tous les jours chez Hugo et y passe « presque tout son temps », qui se comporte donc en fiancé officiel, peut annoncer un accord sur le volet financier de la transaction : Victor Hugo accorde une rente de quatre mille francs (« j'ai obtenu 4 000 F ») et trente mille francs de dot qu'il garde en dépôt, mais qu'il s'engage à libérer à la première demande.

Charles quitte Paris le 24 août, quatre jours avant le dix-huitième anniversaire de sa promise. Le jour même, Mme Hugo et ses filles, pour la troisième année consécutive, prennent leurs quartiers à Saint-Prix. Lettres et billets circulent de nouveau… sans que jamais il ne soit question de ce mariage. Didine reçoit de son père des lettres dans le ton des précédentes, qui commencent par « ma fillette chérie » et discourent sur la maladie de François-Victor, les dessins de Charles, les oiseaux de Dédé, la coiffure de Julie… Entre la fin août et la fin septembre, il réussit le tour de force de lui écrire cinq fois sans jamais effleurer le sujet qui fâche. Le 28 août : « Merci ma fille chérie, ma Didine bien-aimée, de ta bonne petite lettre. [...] » Le 31 : « Je reçois avec bien de la joie, ma fillette chérie, toutes les bonnes nouvelles que tu me donnes. [...] » Le 7 septembre : « Voici, mon enfant chérie, un petit mot pour Toto. [...] Embrasse ta bonne mère pour moi [...] Excuse-moi près de mesdames Collin [...] Ton petit père, V. » Le 11 septembre : « Demain lundi, ma fille chérie, je vous embrasserai tous. » Vers le 20 septembre : « Merci, ma fille chérie, de ta bonne petite lettre. Hélas ! je ne puis venir, je suis dans mon deuxième acte jusqu'aux genoux, jusqu'au cou, jusqu'aux yeux, jusque par-dessus la tête. Embrasse ta bonne mère pour moi, et puis voici trois gribouillis. Tirez-les au sort entre vous quatre. Quand je viendrai, je donnerai un baiser à celui ou à celle qui n'aura rien eu. Ton petit papa, V.[15] »

En somme, il faisait comme si de rien n'était, comme s'il n'avait rien vu, rien entendu, rien signé. Pas un mot sur Charles. Pas une allusion aux dispositions qui vont bouleverser son existence et celle de sa fille. Rien de plus quand il apparaît à Saint-Prix, c'est-à-dire une fois par semaine, le lundi ou le mardi. La souffrance de la séparation prochaine ne s'exprime somme toute que dans l'animosité de Victor Hugo envers sa femme et dans les reparties des *Burgraves*, la pièce qu'il compose cet été-là.

NOTES

1. Les projets matrimoniaux de Victor Hugo.

Victor-Antoine Hennequin (1816-1854) est de huit ans l'aîné de Léopoldine. Il la rencontre chez elle, probablement en accompagnant son père place Royale. Passionné de spiritisme, il mourra fou à trente-huit ans.

On peut penser que Victor Hugo, s'il en avait eu connaissance, aurait accepté la demande des Hennequin, occasion ou jamais de compenser la modestie de ses origines par une alliance dans la grande bourgeoisie parisienne. Ses goûts, ses calculs le tiraient de ce côté. Il habitait et recevait place Royale depuis dix ans, il était académicien, il soutenait le régime bourgeois issu des journées de juillet 1830, ses revenus lui attiraient l'amitié des grands banquiers… Il lui restait à consacrer son allégeance en plaçant sa fille dans ce milieu dont les ors l'éblouissaient. Il ne pouvait faire état ouvertement de ce penchant, si contraire à l'image de lui-même qu'il donnait à son public, si opposé à la morale qui sous-tend toute son œuvre – mais le penchant n'en était pas moins là, et attesté. D'abord par le dépit qu'il afficherait, quelques semaines après le mariage de Léopoldine, en participant comme témoin à celui de son ami Paul Meurice, écrivain et éditeur florissant, en présence du gotha parisien : Ingres, Alexandre Dumas, l'orfèvre François-Désiré Froment-Meurice, demi-frère du marié. Ensuite par l'appréciation qu'il donne en famille du mariage de son aînée et que la cadette rapportera vingt ans plus tard, au moment de ses propres projets de mariage avec le lieutenant Albert Pinson : « Autrefois tu résistais à un autre mariage et ton gendre a apporté à ta première fille la dot splendide d'un grand amour. *Tu avais dit pourtant : "Triste mariage, pauvre mariage !"* [c'est moi qui souligne] » (A2H à VH, 20.12.1861. *Éd. chrono.*, 12-1136 à 1138). Adèle rapporte dans la même lettre l'opinion que Victor Hugo affichait dans l'intimité de son foyer sur le petit provincial que sa femme et sa fille prétendaient lui imposer : « […] ces gendres mal venus, incomplets, indignes, inférieurs. »

Cela étant, on peut penser (ou du moins espérer) que Léopoldine aurait refusé un candidat que son père aurait voulu lui imposer. Céder sur ce point, c'était renoncer définitivement à construire son moi.

2. **Le temps des tractations.**

Il n'y a pas de relation au jour le jour des pourparlers qui s'ouvrent en février ou en mars 1842 entre les familles Hugo et Vacquerie en vue du mariage de leurs enfants. Les courriers qui circulent entre Paris et Villequier (parfois Le Havre), du moins ceux qui sont conservés, permettent néanmoins de reconstituer assez précisément les péripéties d'une négociation dont on se demande si elle n'a pas pour objet une cargaison de bois ou quelques sacs d'épices importés des Indes par la maison Lefèvre-Vacquerie. Mais non, cet objet, c'est Léopoldine.

Je donne de ces péripéties une version conforme aux indications de la correspondance.

3. **Nicolas Lefèvre.**

Nicolas Lefèvre (1801-1842) s'est allié aux Vacquerie par son mariage avec Marie-Arsène (1811-1882), sœur aînée de Charles et d'Auguste. Mariage stratégique, probablement : l'alliance avec une famille d'armateurs et de commerçants donnait à Nicolas Lefèvre la notoriété qui manquait à sa carrière.

D'origine modeste (il était fils de cordonnier ou de bottier), il a grimpé très rapidement les échelons de la réussite sociale et économique. Les sauts de classe n'étaient pas rares à cette époque, particulièrement sur une place comme Le Havre, tournée vers le commerce maritime, mais cette ascension-là est entrée dans la légende. Elle s'est faite en quelques années, grâce à des placements heureux dans le commerce maritime et dans l'immobilier. En 1829, N. Lefèvre fonde sa propre maison d'armement. En 1836, il acquiert dans la plaine de Graville, pour quatre cent mille francs, une propriété de quarante-deux hectares (moins de un franc le mètre carré) qu'il revend par lots. En 1838, même opération au hameau de Trigauville, à l'est du Mont-Joly. A-t-il vu dans le mariage de Charles et de Léopoldine une occasion de pousser sa chance dans les milieux parisiens du commerce et de la finance ? C'est possible.

L'histoire ne dit pas si Lefèvre se plongea jamais dans les œuvres de Hugo, mais Hugo aura fait appel aux compétences financières de Lefèvre. Ses droits d'auteur dépassaient désormais les besoins quotidiens de ses deux ménages (il entretenait Juliette Drouet). Au moment de l'exil, moins de dix ans plus tard, il transféra à Londres et à Bruxelles, avec on ne sait quelles complicités, deux cent trente mille francs. Deux cent trente mille francs, dans un temps où un repas dans une bonne auberge lui coûte quarante centimes, une passe avec une servante deux francs (au plus), le loyer d'un appartement de trois cents mètres carrés place Royale cent vingt-cinq francs par mois. L'écrivain Hugo et le financier Lefèvre auront donc trouvé des terrains d'entente. La chronologie de leurs relations n'est pas connue dans le détail, mais on sait que Hugo, bien des années plus tard, choisit Ernest Lefèvre, fils héritier de Nicolas et repreneur de ses activités, comme exécuteur testamentaire, et l'on ne peut exclure quelques interventions discrètes entre-temps. Pour ne prendre qu'un exemple, comment s'est-il arrangé pour percevoir, pendant les vingt ans de son exil dans les îles Anglo-Normandes, droits d'auteur, émoluments d'académicien et autres revenus payables en France ?

Alors, de quoi parlent-ils, en juillet 1842 ? Eh bien, mais ils parlent dot, rente, situation... Ils se seront entendus assez rapidement sur ces détails techniques, puis Hugo aura ouvert ses livres de comptes et demandé conseil à son ami Lefèvre, armateur et spéculateur de talent, connu de ses homologues pour son flair et ses coups d'audace.

4. **Victor Hugo, être meurtri.**

Les biographes de Victor Hugo (une bonne trentaine à ce jour à ma connaissance) n'ont pas jugé utile d'appliquer à leur sujet les outils de compréhension de la personnalité développés par la science psychanalytique. La correspondance, l'œuvre, les témoignages, les comptes rendus des séances de tables tournantes forment pourtant la matière d'une analyse *a posteriori* qui s'annonce fructueuse. Yvon Girard a ouvert quelques pistes dans le prolongement et pour les besoins de l'analyse d'Adèle Hugo, menée dans le cadre de ma biographie (Henri Gourdin, *Adèle, l'autre fille de Victor Hugo*, Ramsay, Paris, 2003). Il a montré en particulier le traumatisme de Victor Hugo consécutif à la séparation orageuse de ses parents. Une angoisse cachée, inavouée et d'autant plus prégnante. La plaie n'est pas refermée en 1830. La trahison d'Adèle Foucher ravive au contraire une blessure qui n'a jamais cicatrisé.

5. VH, *Les Misérables*, IV-2-8, « La cadène ».

6. **Charles Vacquerie.**

Charles Vacquerie était le potache de la famille. Sa sœur Marie-Arsène épouse un entrepreneur talentueux. Son frère Auguste monte à Paris sur le conseil de ses professeurs et emporte de nombreux prix au collège Charlemagne, prestigieux s'il en est. Charles est commis, probablement dans l'entreprise familiale, « et n'avance pas » (AV à sa sœur, 1.2.1841). « Que veux-tu qu'il devienne ? », ajoute Auguste.

Il est imprévoyant. À l'abbaye de Jumièges en 1839, il emmène les enfants Hugo à la découverte d'une tour qui menace ruine et dont l'accès est interdit. Son attitude au moment de la promenade sur la Seine, le 9 septembre 1843, dénotera le même travers. On comprend que les employeurs ne se soient pas bousculés pour l'embaucher.

Maintenant, on peut se demander si cette légèreté n'est pas du goût de Léopoldine. Tant qu'à se marier, autant que ce soit avec un homme effacé, qui ne fasse pas d'obstacle à l'amour qu'elle conserve pour son père. Mais alors, quelle est la nature de sa relation avec Charles ? Éprouve-t-elle pour lui autre chose que de l'affection ? N'est-il pas pour elle, avant tout, le vecteur de son éloignement de la place Royale ? Un moyen d'ouvrir ses ailes et de quitter le nid familial ? Elle avait un besoin vital de se séparer de son père, il en allait de son équilibre psychique, mais elle ne voulait pas d'un mari qui mérite son admiration et réduise d'autant celle qu'elle vouait à Hugo, envers et contre tout. Mari, oui ; rival du père, non.

7. Henri Gourdin, *Adèle, l'autre fille de Victor Hugo*, *op. cit.*

8. A1H à VH, 16.8.1835. *JG* 2-231.

9. Victor Hennequin à VH, 10.5.1842. In *PG*, *Léopoldine, une jeune fille romantique*, p. 68.

10. « Si j'oubliais ce que je dis… »

Pourtant, la situation de Léopoldine était une copie conforme de celle où son père s'était trouvé vingt ans plus tôt, au moment de son propre mariage. C'était en 1822 et sa mère s'opposait, sous des prétextes divers, à ce qu'il épouse Adèle Foucher. Il s'était promis à l'époque d'éviter à ses enfants, s'il en avait un jour, les difficultés qu'il rencontrait alors. « Adèle, ma bien-aimée Adèle, écrivait-il à sa fiancée, tu partageras ces soins, tu m'aideras de tes conseils, et si jamais (ce qui est impossible), j'oubliais ce que je dis ici et que je voulusse sévir contre une passion innocente, tu me rappellerais, toi, ma douce Adèle, ce que le mari de vingt ans promettait pour le père de quarante. » Il était père, il avait quarante ans, sa fille était prise d'une passion innocente et lui demandait de pouvoir la vivre, et il s'y opposait de toutes ses forces. La mère s'est-elle souvenue de ce serment ? A-t-elle exhumé cette lettre de ses tiroirs pour la lui mettre sous les yeux ? On ne sait. On sait seulement que le père n'écoutait plus la mère. Elle l'avait trompé avec Sainte-Beuve, elle avait tenté d'éloigner sa fille en l'enfermant au pensionnat de Saint-Denis, elle complotait maintenant pour l'écarter définitivement de lui : c'étaient autant de trahisons impardonnables, et que d'ailleurs il ne lui pardonnerait pas.

11. VH, *Les Misérables*, IV-15-1.

12. Nicolas Lefèvre a-t-il cette dignité ? Non, sans doute, mais il s'est hissé, en quelques années, aux premiers rangs de la bourgeoisie havraise. Rien de fabuleux, pas de voyage au long cours ni de captivité chez les sauvages d'Amérique, mais il est de l'âge de Hugo, dévoré d'une ambition semblable, et il est parvenu comme lui, partant du plus bas, à s'élever au plus haut.

13. Cet accès de rhumatisme est d'autant plus suspect qu'il survient au moment précis de la signature et qu'il est le premier dont l'intéressé ait jamais souffert, à ma connaissance. Hugo s'enrhumait assez fréquemment, souffrait parfois d'une bronchite ou d'une indigestion, mais de rhumatisme, point. Que nous cache-t-il ? se demandaient les tenants du mariage. N'a-t-il pas reçu une demande plus avantageuse ? N'est-il pas en pourparlers avec les Hennequin ?

14. VH, *Les Misérables*, IV-15-1.

15. VH à LH, fin septembre 1842. *Éd. chrono.*, 6-1222 à 1225. Même source pour les citations précédentes.

Triste, tourmentée, inquiète

1842

QUE FAIT, QUE DIT, que pense Léopoldine au fil de ces semaines où son destin se joue ? Elle ne se manifeste pas directement, ce n'est pas dans son tempérament, mais elle agit à sa manière : elle s'empresse autour de son petit père dès qu'il apparaît place Royale, s'informe de ses travaux, s'applique à la copie de ses manuscrits. Sans jamais évoquer, ni de près ni de loin, le drame qui approche. Ensuite, dès qu'il quitte l'appartement, dès que son pas s'éloigne dans l'escalier, ce sont des conciliabules à mi-voix avec maman, avec Julie, avec Auguste, et les frayeurs de la conspiration. Mme Hugo expose ses plans, Auguste sort de son manteau une lettre de Villequier… L'odeur de complot qui traîne autour des tractations ajoute son âpre piment à ceux de l'inquiétude. L'abattement succède à la confiance, le désespoir à l'euphorie, et Didine, en se levant chaque matin, se demande de quoi la journée sera faite : quel rebondissement, quelle volte-face, quel nouvel imprévu ? Elle souffre dans son corps aussi : des maux de tête, des crises de larmes, des moments de faiblesse comme elle n'en a jamais connu. Mais jamais elle n'intervient dans la négociation. Elle se fait aussi petite, aussi discrète que possible, mais elle suit la marche des événements et s'inquiète de leur issue :

> Chère Julie,
> Tu as bien raison, ma chère Julie, de m'en vouloir et d'être fâchée contre moi. Je n'ai réellement pas d'excuse valable à te donner. Pardonne-moi, je t'en prie, et ne crois pas surtout que mon silence est une preuve de mon oubli. J'ai été triste, tourmentée, inquiète. Tu conçois que ces dispositions ne convenaient pas pour causer avec toi. Mr C… n'est pas venu, des événements graves et imprévus l'ont retenu. [Il] en est plus triste que moi. Surtout ne [fais] aucune allusion dans tes lettres à ce que [tu] sais. Papa les lit toutes. Tu me demandais dans la dernière si j'étais plus tranquille, je tremblait qu'il ne me demandât l'explication de tes paroles. Ne prononce le nom de personne. Tu pourrais tout perdre.
> […]
> Pardonne-moi, chère Julie de te quitter si vite ; ne me gronde pas, plains-moi un peu. N'oublie pas mes recommandations. C'est très importants. Je peux pourtant être bien consolée par l'espérance que les événements qui ont surgi tout-à-coup avanceront de beaucoup les affaires de Mr C… Mais il faut attendre encore une quinzaine avant d'avoir une assurance positive. […] Je te recommande la plus gde discrétion, et surtout de relire tes lettres avant de me les envoyer[1]. […]

Le temps des folles soirées et des crises de fou rire avec ses amies de l'externat, Eudora Chaley, Louise Charve, Pauline Delamotte, Clara Duchastel, Sophie Guimard et les autres… ce temps était révolu. Elle tournait la page de l'enfance et ouvrait celle de l'âge adulte, c'est-à-dire du mariage. Car une jeune fille, en France, à son époque, n'a pas d'autre perspective, en sortant de l'adolescence, que d'accepter le prétendant qui se présente et de passer de l'autorité du père à celle du mari. La chute de la République puis de l'Empire ayant restauré les rois sur le trône de France et le culte de la famille dans le pays, le destin de la femme est de nouveau de se marier, d'enfanter, de tenir son ménage. L'Église, le code civil, les institutions, tout y concourt. Du reste, il n'y a rien là qui puisse contrarier Léopoldine. Elle semble faite pour épouser, enfanter, éduquer. Son tempérament, son éducation, ses goûts, tout la porte dans ce sens. Sa mère et sa famille l'y encouragent. Le mariage, que ce soit avec Charles Vacquerie ou avec qui que ce soit, c'est d'abord cela pour elle : l'occasion d'accomplir la destinée d'épouse et de mère que la société et son entourage lui assignent.

Est-ce aussi le moyen d'échapper, une fois pour toutes, au carcan de l'autorité et pour tout dire de l'amour paternels ? Le moyen de se construire, enfin, en détruisant son père ? Certainement. Un processus vieux comme le monde, mais à l'époque personne n'en avait conscience. Freud ne l'avait pas encore nommé et Freud n'était pas né, tout simplement. Charcot ne publierait ses travaux sur l'hystérie qu'à partir de 1873, trente ans plus tard, et personne, dans les milieux cultivés où Léopoldine évoluait, ne faisait encore le lien entre sa propre histoire et celle du héros grec qui, à son insu, avait tué son père pour épouser sa mère. Il s'appelait Œdipe et son destin passait encore inaperçu.

Tous les garçons, toutes les filles étaient toujours passés par là. C'était un moment difficile à la sortie de l'enfance, et plus difficile pour Léopoldine que pour les autres. Pourquoi ? Parce qu'elle s'appelle Hugo, parce que son père est une célébrité, parce que surtout il n'est pas sorti lui-même des traumatismes de sa propre enfance. Naturellement, la question n'est pas abordée chez les Hugo en 1842. Chacun se comporte au contraire comme si ce mariage n'existait pas. Léopoldine pense bien un peu à son futur mari. Elle revoit son visage, se souvient de ses prévenances, remercie le Ciel d'avoir croisé leurs routes. Mais elle s'inquiète surtout de la tristesse de son père. Car Victor Hugo, consentant dans les formes, n'admet pas au fond le mariage de sa fille avec Charles Vacquerie. Avec Charles Vacquerie ? Non : Léopoldine connaît trop son petit père pour se méprendre sur les raisons de son dépit. Ce n'est pas Charles que Hugo conteste. Charles, Auguste, Victor, Émile… peu lui importe. Seul lui importe le fait que sa fille, que son amour, le quitte. Léopoldine sent tout cela confusément, mais elle ne tente pas de prendre les choses en main. Elle suit seulement les événements en les observant comme du dehors.

Au fait, comment réagit-elle, tout au long de cette crise, aux mouvements d'humeur de celui qui s'obstine à se dresser, de toute la hauteur dont le code civil l'investit[2], sur le chemin de son destin ? En affirmant ses droits ? En se ruant contre l'obstacle ? Non, au contraire. Elle observe la douleur dans le cœur de son père et elle compatit. Tente-t-elle de lui parler ? Non. De lui écrire ? Oui, mais pour l'assurer de son affection, avec ses mots de toujours, les mots qui l'ont toujours touché :

> Vendredi 26 août
> […] nous t'attendons bientôt, mon bon père. Tu m'as laissé une espérance bien vague mais à laquelle je me rattache de toutes mes forces. C'est une prompte visite. Cher petit père, nous t'en prions tous bien vivement, viens embrasser tes enfants qui t'aiment tant.

> Dédé est dans son lit près de moi, elle vient de prier pour toi, et elle t'embrasse de tout son cœur. Quant à moi, mon père adoré, je te dis encore que je t'aime et que je te respecte plus que tu ne peux te l'imaginer. Permets-moi aussi de t'embrasser bien fort.
> Ta fille soumise,
> Léopoldine Hugo[3].

Si elle était toujours sa fille soumise – du moins le prétendait-elle –, elle n'en restait pas moins l'avocate infatigable de sa mère : « Tu ferais bien plaisir à maman, mon cher et bon père, si tu lui écrivais quelques lignes. D'après quelques paroles qui lui ont échappé, j'ai vu qu'elle était un peu triste de n'en avoir jamais. Tu sais combien elle est bonne, combien elle t'aime ; je suis sûre que tu lui feras ce grand plaisir. Tes lettres sont attendues avec tant d'impatience et reçues avec tant de joie[4] ! »

NOTES

1. LH à JF, avril ou mai 1842. *PG* 297.

2. **Le mariage selon le code civil de 1804.**

La Révolution avait proclamé l'égalité de l'homme et de la femme, mais le code civil, moins de dix ans plus tard, avait remis un peu d'ordre, c'est-à-dire beaucoup d'inégalité, dans le droit français. Son inspirateur, Napoléon Bonaparte, n'était encore que Premier consul, mais il préparait l'avenir et avait besoin, pour réaliser ses grands desseins, d'une France (bientôt d'une Europe) obéissante, disciplinée, structurée. Il avait donc rétabli le chef de famille dans ses attributions de l'Ancien Régime, à quelque chose près. Le mari, selon le code de 1808, avait autorité sur sa femme jusqu'à sa mort et au-delà, sur ses enfants jusqu'à leur majorité. Sauf cas exceptionnel, il était le seul à pouvoir demander la séparation (le divorce était supprimé, tout simplement) et les enfants lui étaient attribués. L'officier d'état civil réclamait, pour prononcer le mariage, une autorisation écrite non des parents, mais du seul père ou tuteur (du marié et de la mariée, quel que soit leur âge). Une seule dérogation : un fiancé majeur pouvait présenter, en lieu et place de l'autorisation, les copies certifiées conformes de deux « sommations respectueuses » adressées au père et restées sans réponse.

3. LH à VH, 26.8.1842. *PG* 301.

4. LH à VH, 16.9.1842. *PG* 311.

Je les ai vus tous mes chers petits

1842

LÉOPOLDINE AVAIT GRANDI, l'enfant était devenue femme, et son père s'entêtait à la traiter en petite fille. C'était plus fort que lui : il notait son désir de se marier, signait l'autorisation paternelle exigée par la loi, mais quand il s'agissait de lui parler, de lui écrire, il oubliait le mariage et l'autorisation. Pour lui, elle restait sa Didine, envers et contre tout. Ses attentes à son égard n'avaient pas changé. Il voulait encore et toujours qu'elle accède pour lui à l'idéal auquel il avait dû renoncer, qu'elle soit l'Immaculée dissimulant les égarements de son père sous le voile de son innocence, la Consolatrice de ses chagrins, la Rédemptrice de ses péchés. Évidemment, le mariage bouleversait tous ces beaux plans, annihilait ces grands espoirs. Alors, pour se garder d'une souffrance qui s'avérait insupportable, il niait la triste réalité. Il fermait les yeux sur les événements et traitait Léopoldine comme il l'avait toujours traitée, en fillette chaste et pure, soumise et respectueuse. Il oubliait la future mariée et fixait sa pensée sur les images de la communiante, dans l'église de Fourqueux. Léopoldine sentait, voyait, entendait tout cela. Elle n'était pas la seule : Mme Hugo observait elle aussi l'orage qui grondait dans l'âme de Hugo, et Juliette le pressentait de son côté. Car il y avait Juliette.

Hugo ne pouvait pas cacher à sa maîtresse qu'il avait une fille, c'était de notoriété publique. En revanche, il cachait à sa fille l'existence de sa maîtresse et veillait à ce qu'elle ne la voie pas. Car il devinait le pouvoir que prendrait une coalition des deux êtres au monde auxquels il tenait le plus. Si ces deux-là se rencontraient et accordaient leurs violons, adieu la liberté : elles auraient barre sur lui et le contraindraient à de pénibles concessions. Il en avait eu un avant-goût dans les années 1830, lors de ses candidatures à l'Académie française. Léopoldine était contre. Elle ne voulait pas que son père sacrifie le temps qu'il devait à sa famille en visites de convention aux vieux barbons de l'École classique. Elle le disait, elle l'écrivait. Juliette était contre. Elle le disait et l'écrivait : « Dans trois heures environ, vous ne serez pas académicien, mon cher petit toto, et vous pourrez vous en vanter. Moi, qui ne tiens pas aux avantages politiques lorsqu'ils sont habillés d'un habit académique, je fais les mêmes vœux que Mlle Didine et je me réjouis à l'avance de vous conserver sans aucun persil. »

Il n'avait pas renoncé à l'Académie, à l'époque, mais cette double opposition avait tout compliqué. Il y avait eu des discussions, le ton était monté. Il n'avait apaisé le mécontentement qu'en distribuant des promesses et des consolations : il avait donné des vers à copier à Didine, accepté que Juju l'accompagnât (c'est-à-dire l'attendît des heures durant) dans les voitures qui le déposaient devant la porte des barbons. Quand il fut élu, après trois ans de ce régime, Juliette reçut une gratification supplémentaire : elle fut autorisée à se glisser dans la foule qui attendait dans la cour du quai Conti, le jour de la réception, et à prendre place dans le public. C'est de là qu'elle aperçut, pour la première fois, la femme et les enfants de l'homme auquel elle se sacrifiait depuis neuf ans.

Il lui avait accordé cette faveur, elle l'en remercia, et le soir même : « Merci, mon bon ange, merci mon sublime Victor, mon illustre enfant. Je les ai vus tous mes chers petits : Didine ravissante, Charlot charmant et mon cher petit Toto, pareil à l'autre, qui avait l'air pâle et souffrant. Je les ai tous baisés de l'âme comme leur divin père[1]. » Quant à les rencontrer ouvertement, non, il n'en était pas question, ce n'était pas imaginable.

Elle-même ne faisait pas tant de manières. Elle recevait en présence de Hugo sa fille Claire, à peine plus jeune que Léopoldine, et l'incitait à l'aimer comme un père : « Si je meurs, au moins je suis sûre de laisser un culte d'adoration et de reconnaissance dans ce cœur-là pour t'admirer et pour te bénir à chaque instant de sa vie[2]. »

Léopoldine ignorait, elle ignorera toujours qu'un regard maternel s'était posé sur elle, le jour de l'intronisation de son père à l'Académie française. Elle ignorait qu'elles étaient deux vaincues. Elle ignorait qu'une autre femme, comme elle, quelque part dans Paris, accompagnait son père en pensée où qu'il soit, quoi qu'il fasse : « Que fais-tu mon bien-aimé ? Es-tu bien baisé et bien caressé par tous ces chers petits goistapioux rapaces ? Penses-tu un peu à moi au milieu de toutes ces joies de la famille ? Penses-tu à la pauvre âme sur laquelle tous ces baisers tombent comme sur un fer rouge qui les dévore sans en être rafraîchie[3] ? »

Elle ignorait que son père, outre ses enfants et ses neveux et nièces, outre Julie Foucher et Marie Hugo, couvrait encore de son aile protectrice une petite Claire, fille naturelle de Juliette Drouet et d'un sculpteur d'inspiration et de mœurs résolument modernes, James Pradier. La vie de Claire n'était pas beaucoup plus simple que celle de Didine. Son père lui interdisait de porter son nom et de fréquenter ses demi-frères et demi-sœurs légitimes. Il l'avait placée loin de Paris, dans une pension de Saumur qu'il payait quand il y pensait, c'est-à-dire pas très souvent. Victor Hugo avait fait dans l'existence de Juliette une entrée fracassante. « Un jour, disait un témoin, tout changea de face [pour Juliette]. Elle aima un de ces hommes qui brisent toutes les résistances par leur volonté et par leur puissance. Elle lutta, ne céda que pied à pied, mais elle céda, et le dévouement, l'abnégation complète s'emparèrent de cette âme[4]. » De la mère, la volonté et la puissance descendirent sur la fille : Hugo régla les impayés de la pension de Saumur, écrivit à Claire, lui donna personnellement des leçons d'histoire et de grammaire. « M. Toto aime bien et embrasse bien sa petite amie, lui écrit-il. Il voudrait l'avoir encore pour voyager avec elle dans tous les pays possibles. Mais il voudrait l'avoir surtout pour l'embrasser et la soigner comme son enfant[5]. » En 1835, il convainquit Juliette de retirer sa fille de son pensionnat et de la placer dans un internat de Saint-Mandé où ils purent la voir tous les jeudis et dont elle put sortir deux fois par mois. Et ainsi, de leçon en promenade, une rencontre suivant l'autre, l'enfant en vint à s'attacher à un homme qui avait tant de bontés pour le vilain petit canard qu'elle pensait être. « Dis-lui que je l'embrasse, écrivait-elle à sa mère, et que je le prie de vouloir bien m'écrire un ou deux mots dans la prochaine lettre que j'attends tantôt. » En 1845, quand il eut installé Juliette dans un appartement avec jardin, choisi, agencé, meublé à ses propres goûts, Claire fut autorisée à s'asseoir à sa table de travail, lors de ses visites à la rue Saint-Anastasie. Elle accepta, sur ses instances, de poursuivre ses études à Saint-Mandé et de préparer l'examen d'institutrice de la Ville de Paris. Comme Julie Foucher à Saint-Denis. Elle se présenta, le 2 mars 1846, échoua et tomba gravement malade. Si malade que Juliette fut appelée d'urgence à Saint-Mandé, le samedi 28 mars, et priée de la reprendre chez elle. Claire avait perdu le goût de vivre, elle était pâle, elle refusait de s'alimenter. Elle mourut le 21 juin, moins de quatre mois après cet examen.

Didine devinait ces présences dans la vie de son père. Claire avait l'âge de son frère Charles, elle brodait pour Hugo des mouchoirs et des pantoufles qu'il aura laissé traîner un jour ou l'autre place Royale et que sa fille aura remarqués. Mais elle ne posait pas de question. Car le sujet était tabou. Ni les enfants ni même les jeunes filles en âge de convoler n'étaient autorisés à mettre leur nez dans la vie de leur papa. Le code civil protégeait la famille, il sanctionnait l'adultère commis au domicile conjugal, et il fermait les yeux sur les maîtresses, les maisons de passe, les garçonnières. C'était dans l'air du temps. Le chef de famille n'avait pas de comptes à rendre sur ses activités ou ses fréquentations en dehors de la maison. La loi, la morale, la coutume l'incitaient au contraire à procréer chez lui, à trouver le plaisir, parfois l'amour, à l'extérieur, et à tenir sa famille à l'écart de ces détails. Hugo allait un peu plus loin, il assignait Juliette à résidence. Elle s'en plaignait : « J'attribue à cette longue claustration les maux de tête et les douleurs de cœur qui me tourmentent tous les jours[6]. » En vain. Il lui interdisait de sortir et ne parlait jamais d'elle, ni à ses amis, ni à ses confrères en écriture, ni bien sûr à sa femme ou à ses enfants.

Juliette pouvait être de bon conseil dans l'affaire du mariage de Didine. Elle avait une fille, du recul sur les événements, une bonne dose de sagesse. Elle aurait apaisé son cher Toto, lui aurait montré la voie de la raison, si seulement il lui avait parlé. Ce n'était pas le cas. Il se laissait aller à quelques récriminations, les soirs où la douleur était trop vive, puis il rentrait dans sa coquille ou s'en allait, tout simplement. Même attitude vingt ans plus tard, quand sa cadette choisirait à son tour de forcer les barreaux de la cage paternelle. Des scénarios très comparables, somme toute. Le mariage, pour les filles Hugo, est d'abord et avant tout une occasion de quitter leur père et de prendre de la distance : l'une ira vivre en Normandie, à une journée de voyage de Paris, l'autre en Amérique, à plusieurs semaines de navigation des îles Anglo-Normandes. Quant à Victor Hugo, il réagit de la même manière, à vingt ans de distance : pas une allusion au mariage dans la correspondance avec Léopoldine en 1842 ; pas un mot, pas une lettre à Adèle à compter de son départ de Guernesey en 1863[7] ; et Juliette, dans un cas comme dans l'autre, est tenue à l'écart des événements.

Est-elle informée de la tentative d'évasion de Léopoldine ? Il semble bien que non. Pas une allusion, du moins dans la correspondance entre Victor et Juliette, à la visite de Charles Vacquerie le 15 juin 1842, pas un mot de la demande officielle du 21 juillet, rien sur les tractations, la dot, le calendrier des cérémonies. Connaît-elle seulement l'existence des Vacquerie ? Est-elle informée des décès qui frappent cette famille depuis le séjour de Mme Hugo à Villequier et la naissance de l'idylle entre Charles et Léopoldine ? Sait-elle que Charles-Émile Lefèvre, fils de Nicolas et de Marie-Arsène Lefèvre, neveu de Charles donc, décède inopinément à l'âge de quatre ans, le 6 novembre 1839, quelques jours après la première visite des Hugo ? Que son jumeau Paul-Léon le suit dans la tombe le 19 mai 1842, au moment des premières démarches des Vacquerie, et leur père le 10 octobre 1842, moins de trois mois après son voyage à Paris et sa rencontre décisive avec Hugo ? Non, hélas ! Car le témoignage de Juliette aurait éclairé la question mystérieuse des relations d'Olympio[8] et de l'occulte, comme il éclairerait quelques années plus tard l'épisode des tables tournantes de Jersey[9].

NOTES

1. JD à VH, 3.6.1841. *Lettres de Juliette Drouet à Victor Hugo*, Fayard, 2001, p. 75. Le « sublime » fait allusion à l'expression « enfant sublime » utilisée par Salvandy dans sa réponse au discours inaugural de Victor Hugo. « L'autre » est la petite Adèle, seule absente ce jour-là.

2. JD à VH, 2.1.1840. *Éd. chrono.*, 6-1251.

3. JD à VH, 1.1.1842. *Lettres de Juliette Drouet à Victor Hugo*, *op. cit.*, p. 76.

4. Comtesse Dash, *Mémoires des autres*, in Paul Souchon, *Juliette Drouet*, Tallandier, 1942, p. 93.

5. VH à Claire Pradier. Post-scriptum d'une lettre de JD à sa fille, juillet 1835, in Paul Souchon, *Juliette Drouet*, Tallandier, 1942, p. 107.

6. VH à JD, 18.11.1835.

7. **La nécessaire habileté des filles Hugo.**

J'ai montré dans ma biographie d'Adèle l'ingéniosité dont elle doit faire preuve pour échapper, à trente-trois ans, au carcan paternel. Le 18 juin 1863, elle descend au port comme pour prendre le bateau de Saint-Malo avec le chaperon désigné par son père, puis, à la dernière minute, elle saute dans le ferry de Southampton et de là dans un transatlantique.

8. Olympio : sobriquet littéraire de Victor Hugo.

9. **Le réalisme de Juliette.**

Victor Hugo emmènera Juliette Drouet en exil dans les îles Anglo-Normandes et l'installera près de chez lui. Quand les tables se mettront à tourner la nuit dans le salon de Victor, elle le mettra en garde. « Couchez-vous et dormez, et laissez-moi tranquille, lui écrira-t-elle. [...] vous pêchez les poissons morts que les esprits de l'autre monde attachent à vos lignes. » Dans l'entourage de Hugo, elle sera la seule à garder vraiment les pieds sur terre.

C'était un esprit avant d'être une femme

1843

LÉOPOLDINE NE S'EST PAS EXPRIMÉE sur ses sentiments, sur ses appréhensions peut-être, à la perspective de se retrouver dans le lit de Charles Vacquerie. Est-elle seulement informée du lien entre enfantement et copulation ? Sa mère l'a-t-elle avertie de ce qui l'attend le soir de ses noces ? Rien n'est moins sûr. Le sujet était tabou et le resterait longtemps. Les médecins eux-mêmes n'en parlaient qu'à mots couverts, énigmatiques, et les hommes (les femmes sont exclues de ce débat) un peu curieux de la chose ou soucieux de la vigueur de leurs descendants n'avaient pas d'autre ressource que de commander discrètement à leur libraire un des rares ouvrages ayant franchi le double cap de la censure et de l'imprimatur. C'était le plus souvent *Le Tableau de l'amour conjugal* de Nicolas Venette, publié pour la première fois en 1690 ! et constamment réédité, dans des versions qui intégraient tant bien que mal les progrès des sciences naturelles. L'édition de 1810 (cent vingt ans après la première !), proposée par la maison Duprat-Duverger, « complètement refondue et reprise par JRJD, docteur en médecine, d'après les connaissances les plus modernes », s'ouvrait sur un frontispice figurant, devant un grand lit défait, sous le regard encourageant d'un Cupidon grassouillet, deux amants tendrement enlacés. Une légende sous cette scène édifiante : « L'hymen a des appas pour deux cœurs bien unis / que le plus pur amour à ses lois a soumis. » Le contenu était à l'avenant. Après une préface et une mise en garde moralisatrices, JRJD (une juste pudeur incitait l'auteur à se cacher derrière ses initiales) exposait « les connaissances les plus modernes sur les organes de l'homme et de la femme » dans une première partie purement physiologique, qu'il concluait par un « Éloge de la virginité » et une réflexion sur « La nécessité de l'union des sexes ».

Il traitait ensuite, dans une partie portant le numéro deux, des circonstances de l'accouplement, étape incontournable hélas ! de la fécondation, seul objet avouable de toute l'affaire. Qui est le plus amoureux de l'homme ou de la femme ? En quelle saison se caresse-t-on avec plus d'ardeur et d'empressement ? JRJD partait résolument à l'assaut de toutes les questions que ses contemporains pouvaient se poser et y donnait des réponses sans appel : les femmes sont beaucoup plus amoureuses que les hommes, les femmes ont beaucoup moins de volupté que nous, mais leur plaisir dure plus longtemps, etc. Le chapitre « De la manière dont les personnes mariées doivent se caresser » était un modèle d'ambiguïté. L'auteur y réprouvait sévèrement « les moyens peu licites » (entendez toute position autre que celle du missionnaire) et proposait quelques descriptions à peu près incompréhensibles qu'il concluait ainsi : « Il est donc permis de caresser sa femme de quelque manière que ce soit, pourvu que la volupté ne soit pas excessive. »

La troisième partie relevait de la philosophie et de l'organisation sociale (la sociologie n'était pas inventée). Sous le titre : « L'art de faire des gens d'esprit pouvant devenir de grands hommes », l'auteur présentait le *Nouvel Essai sur la mégalanthropogénésie,* c'est-à-dire sur la science d'amélioration de la race humaine, de M. Robert Jeune, ouvrage « utile pour la société et important pour la gloire et la prospérité des empires ». « Chaque père, jaloux de voir son fils digne héritier de son talent, ne doit approcher son épouse qu'après avoir allumé son imagination au flambeau de son génie. » Autrement dit : prenez soin, messieurs les génies, de penser, à l'instant de la copulation, à quelque grand dessein dont il vous plairait d'investir votre fils. Votre fils, car le génie ne touche pas les filles, comme chacun sait. Cette préparation mentale complète six mesures pratiques et en quelque sorte préalables : manger des viandes chaudes et sèches, faire de bonnes digestions, prendre un exercice modéré, ne remplir le devoir conjugal que la semence ne soit bien élaborée, « voir » sa femme quatre à cinq jours avant qu'elle ne soit réglée, faire en sorte que la semence tombe au côté droit de la matrice (pour avoir des enfants mâles). « Il est difficile, conclut JRJD, de ne point adopter les idées ingénieuses de M. Robert. »

Les hommes étaient très demandeurs de cette littérature[1]. Ils en attendaient des directives sur l'art et la manière de résister aux ardeurs dévastatrices de la femme. Les maris se méfiaient en effet, depuis Galien et sans doute bien avant, des appétits dévorants de leurs épouses. L'hystérique, la lesbienne, la femme stérile ou ménopausée étaient de véritables dangers, mais la femme en général pouvait basculer, à la moindre sollicitation, de l'attitude la plus lymphatique à l'excitation la plus effrénée. Bien conscients du risque qu'encouraient leurs patients, les médecins recommandaient une copulation brève et vigoureuse, sans aucun préambule. Ces conseils furent longtemps suivis : dans les premières années du XXe siècle, Auguste Forel en Suisse et Charles Kinsey en Angleterre, au terme d'une enquête dans leur clientèle bourgeoise, relèveront encore une durée moyenne du coït inférieure à quatre minutes.

Les femmes, sauf exception, ne soupçonnent pas la crainte qu'elles inspirent aux hommes. Elles ne connaissent généralement ni la signification ni même l'existence des mots coït, orgasme, jouissance, et Léopoldine moins que personne. Ce qu'elle attend de son union avec Charles, c'est la tendresse, l'amitié, les soirées au coin du feu dans un appartement cossu. A-t-elle idée des voluptés que les amants peuvent trouver dans les bras l'un de l'autre ? Se figure-t-elle les cris, les halètements, les abandons des nuits d'amour ? Sûrement pas. Car rien, ni dans ses lectures, ni dans ses conversations, ni dans l'observation des hommes et des femmes de son entourage, ne lui en donne le premier aperçu.

Les relations entre les sexes se compliquaient encore de l'obscurité rédhibitoire qui entourait les mécanismes de la génération. Les plus grands esprits s'étaient penchés sur la question depuis Pythagore, mais il semblait écrit que les théories les plus ingénieuses ne naîtraient jamais que pour être battues en brèche quelques années ou au mieux quelques générations plus tard. C'était à se demander si le Créateur n'avait pas voulu soustraire à l'entendement de ses créatures une matière touchant de si près à leur intimité. D'où provient le fœtus ? Est-il porteur des caractères du père, de la mère, des deux parents ou d'aucun des deux ? Y a-t-il la moindre relation entre généré et géniteurs ? La théorie cellulaire allait répondre vers la fin du siècle à la plupart de ces interrogations, mais dans les années 1840, les savants hésitaient encore entre l'homuncule germinal (une entité émise par le mâle et possédant à elle seule dès le départ toutes les propriétés de l'enfant) et la notion d'épigenèse ou de formation progressive de l'embryon. Celle-ci posait plus de questions qu'elle n'en résolvait : l'embryon provient-il du père ou de la mère ? comment se produit-il ? d'où viennent sa forme et sa structure ? En 1824, l'année de la naissance d'un être humain nommé Léopoldine Hugo, les travaux de deux jeunes Suisses, le chimiste Dumas et le physiologiste Prévost, sur des animalcules spermatiques (le terme spermatozoïde n'apparaîtra qu'en 1851, sous la plume de Duvernoy, un collaborateur de Cuvier) de grenouilles et des ovaires de chiennes révélèrent que l'embryon résultait de la pénétration d'un animalcule mâle dans un œuf femelle, encore hypothétique. En 1827, le professeur von Baer, membre de l'Académie des sciences de Saint-Pétersbourg, en identifiant le fameux œuf dans les vésicules ovariennes, confirmait, vingt-quatre siècles plus tard, les intuitions du vieux Pythagore : le fœtus procède du père et de la mère. Tout n'était pas clair encore, mais la cellule pointait le nez. Léopoldine est-elle au courant de ces grandes percées de la connaissance ? Certainement pas. Elle sait seulement qu'un jour elle épousera Charles Vacquerie et que de ce seul fait, par une alchimie secrète que les jeunes filles de bonne famille n'ont pas à connaître, elle se trouvera enceinte.

Cette ignorance était commune aux filles des milieux aisés, et plus grande encore chez les citadines, privées de l'observation quotidienne des animaux. George Sand, qui a pourtant passé son enfance dans les fermes du Berry, non seulement n'éprouve pas, mais ne comprend même pas en quoi consistent les « mauvais instincts » dont les religieuses la soupçonnent, à son arrivée au couvent : « On nous défendait de nous promener deux à deux, il fallait être au moins trois ; on nous défendait de nous embrasser ; on s'inquiétait de nos correspondances innocentes, et tout cela nous eût donné à penser si nous eussions eu en nous-mêmes seulement le germe des mauvais instincts qu'on nous supposait apparemment. [...] La plupart d'entre nous, élevées simplement et chastement dans leurs familles, n'attribuaient ce système de réserve excessive qu'à l'esprit de dévotion, qui restreint l'élan des affections humaines en vue d'un amour exclusif pour le Créateur[2]. »

De toute manière, où Léopoldine aurait-elle pu se familiariser avec le « commerce intime » (pour reprendre l'expression de l'époque) qu'entretiennent l'homme et la femme ? Chez elle ? Mais ses parents faisaient chambre à part depuis 1830, bien avant son sixième anniversaire, et n'amenaient pas leurs amants à la maison. En vacances ? Mais Louise Bertin était célibataire, son père veuf et âgé, veuf aussi Pierre Foucher. Dans l'œuvre de son père ? Mais l'amour charnel ne se montre pas à découvert dans les écrits de Victor Hugo. Ses enfants (Esmeralda dans *Notre-Dame de Paris*, Cosette dans *Les Misérables*, Déruchette dans *Les Travailleurs de la mer*, Déa dans *L'homme qui rit*) ne seront jamais que de petites orphelines exemptes de libido. Toute sa production respire au contraire un refus inconscient des origines érotiques de la vie et une adhésion au principe de distinction entre amour et procréation : l'homme, au XIXe siècle plus que jamais, aime sa maîtresse et engrosse son épouse. Du reste, ne cherchez pas, il n'y a pas de ménage heureux ni dans les pièces ni dans les romans de Victor Hugo, pas de famille nombreuse, pas de parents s'aimant d'amour tendre : les gens s'accouplent par nécessité et génèrent un maximum de deux enfants (une exception : la Flécharde et ses trois rejetons, dans *Quatre-vingt-treize*). Et que dira-t-il quand l'heure viendra pour lui de dresser le portrait de son aînée ? « Elle aimait Dieu, les fleurs, les astres, les prés verts, / Et c'était un esprit avant d'être une femme[3]. »

Était-elle véritablement ainsi ? La chair ne parlait-elle jamais en elle ? Si, sans doute, mais son père avait une idée très précise de ce qu'il attendait de sa fille. Il la voulait chaste et vertueuse, détachée et si possible ignorante des turpitudes du sexe, et il s'appliquait, de toute la force de sa volonté, à la conformer à cette image.

NOTES

1. L'exemplaire du *Tableau de l'amour conjugal,* édition de 1810, que j'ai consulté à la bibliothèque de Montpellier, est tellement rompu par l'usage que les conservateurs ont dû le rassembler dans une pochette cartonnée.

2. George Sand, *Histoire de ma vie,* 1-939.

3. VH, *Les Contemplations,* « Pauca meae ». Composé le jour des morts, le 1er novembre 1846, après trois ans de silence sur Léopoldine et d'intimité avec Juliette Drouet, Léonie Biard et sans doute quelques autres.

Sous sa couronne de fleurs d'oranger

15 février 1843

Les choses en restèrent là jusqu'au jour du mariage. Il y eut quelques péripéties, le décès de Nicolas Lefèvre faillit remettre en cause l'emploi et la situation du futur marié, mais son successeur reprit les engagements, les bans furent publiés en janvier et la date de la cérémonie fut arrêtée : ce serait le 14 février à la mairie, au 14 de la place Royale, et le 15 à l'église.

Charles Vacquerie arriva le 13 et se présenta chez ses beaux-parents. La bonne l'introduisit dans l'antichambre et il retrouva le canapé où il avait attendu si souvent, si longtemps, l'arrivée de son futur beau-père, la banquette où Léopoldine prenait place l'été précédent pour lui parler de ses robes, de ses amies, du décor de leur future maison. Si les meubles pouvaient parler, ils diraient la fraîcheur et la sincérité des sentiments qui s'exprimaient alors dans cette pièce. L'arrivée de Mme Hugo et de ses filles interrompit cette rêverie. Avait-il fait bon voyage ? Et ses témoins, où logeaient-ils ? Et les anneaux, les passeports, les dernières formalités à la mairie ? Avait-il bien pensé à tout ? Charles répondit ponctuellement à toutes les questions de procédure, mais ensuite, quand on l'interrogea sur les toilettes et le plan de table du dîner, il resta muet. Non, vraiment, il n'avait pas d'opinion sur la composition du bouquet de la mariée et ne savait pas si le grand deuil des Vacquerie s'accommoderait de quelques roses dans la couronne – des roses blanches, précisait Adèle. Mais non, il n'avait pas d'avis sur cette grave question. La décision revenait à la mariée, mais la mariée n'avait plus toute sa tête. La coiffeuse et la couturière, les invités, le couvert du dîner qui suivrait la cérémonie… c'en était trop. Il y avait ces embarras matériels et il y avait surtout la perspective de quitter cet appartement qui lui avait donné tant de bonheur, la conscience d'infliger à son père une souffrance insupportable, l'angoisse de la séparation prochaine, le remords enfin d'une décision qui n'arrangeait pas absolument tout le monde. Le sentiment, pour tout dire, de n'être pas parfaite et de contrarier l'être qui comptait le plus pour elle. La décision était prise, le programme arrêté, mais si une fée s'était présentée dans un nuage d'étoiles en demandant à Léopoldine de formuler un vœu, un seul et unique vœu, elle aurait choisi d'être transportée à deux jours de là, à l'instant de monter dans la voiture qui l'éloignerait à jamais de ces difficultés inextricables.

Les deux Adèle finirent par s'esquiver et les fiancés eurent quelques minutes à eux dans cette pièce où ils avaient passé des après-midi entières. Six mois ! Ils étaient restés six mois sans se voir ! Charles s'assit sur le bord du canapé et Léopoldine, enfreignant les usages les plus élémentaires, vint s'asseoir à son côté. Elle lui tendit ses mains, le regarda, et c'était comme avant, comme quand elle levait les yeux de son ouvrage pour les poser sur lui. Il prit ces mains dans les siennes et retrouva la douceur, la souplesse de cette peau d'enfant. Sa femme ! Quelques heures encore et cette beauté serait sa femme !

Combien de temps restèrent-ils ainsi, silencieux, l'un près de l'autre ? Ils n'auraient su le dire. Ils étaient au-delà du temps, au-delà des mots. Un mouvement attira leur attention, ils tournèrent la tête et ils aperçurent Mme Hugo. Elle avait entrebâillé la porte, intriguée par le silence qui régnait dans l'antichambre, elle était entrée sans qu'ils en aient conscience et elle les regardait, les larmes aux yeux.

Charles amenait ses témoins : son employeur, William Regnault[1], ex-associé et repreneur des affaires de feu Nicolas Lefèvre, et Benjamin Labarbe, un ami de la famille. Léopoldine avait les siens sur place : son oncle Abel Hugo et un ami de la famille qui l'avait dessinée à tous les âges de la vie, le peintre Louis Boulanger. Le 14 au soir, ils étaient mari et femme aux yeux de la loi. Ils se séparèrent une dernière fois et se retrouvèrent le lendemain, à neuf heures, dans une petite chapelle de l'église Saint-Paul-Saint-Louis, la paroisse dont les Hugo dépendaient géographiquement. « La chapelle nuptiale avait l'apparence rustique de l'église de Fourqueux. La mariée, sous sa couronne de fleurs d'oranger, avait la même auréole de chasteté que la communiante et apportait dans l'acte qui la faisait épouse la même sérénité. Calme, elle s'unissait à son mari, comme elle s'était unie à Dieu[2]. »

Sauf le grand-père Foucher, plus pieux que jamais (et Mme Hugo au temps de ses rencontres avec Sainte-Beuve dans l'ombre des colonnes), personne ne mettait plus les pieds à l'église dans cette famille. On fit une exception, on la fit de bon cœur, mais sans en faire état : le mariage n'étant pas annoncé, les invités se retrouvèrent en petit, très petit comité. Léopoldine n'en demandait pas plus. Elle demandait seulement que chacun fût heureux et que cette journée, en dépit du deuil qui frappait les Vacquerie et du désarroi manifeste de son père, restât dans les mémoires comme une journée de joie et de bonheur. Juliette ayant fait part à Hugo de son souhait de recevoir, en souvenir de ce grand jour, « un brimborion de jeune fille qui ne lui serait plus utile maintenant qu'elle allait devenir *Madame*[3] », Didime offrit... son livre de messe !

Il y avait moins de vingt personnes dans la chapelle : Guillaume Regnault, Benjamin Labarbe et l'inévitable Auguste du côté du marié, pour la mariée ses deux témoins, M. et Mme Hugo et leurs enfants, Pierre, Paul et Julie Foucher, l'éditeur Paul Meurice (dont Victor serait témoin à son tour quelques semaines plus tard pour un mariage autrement prestigieux) et l'architecte Charles Robelin (il prêtait son argenterie pour le dîner à la place Royale). L'oncle Louis n'était pas invité ; pas rancunier, il envoya de Tulle, où il habitait, une dinde truffée et un petit mot de circonstance : « Nous avons appris avec une bien douce satisfaction, ma chère Adèle, que vous aviez trouvé un parti convenable pour Léopoldine. » Victor Hugo reçut dans son courrier personnel un billet un peu moins convenu : « J'aurais donné tout au monde pour la voir dans son costume de *mariée*. Mais, hélas ! je n'ai même pas osé te parler de ce désir-là dans la certitude de me voir refuser, ce qui aurait ajouté un chagrin à une privation. J'ai renfoncé mon envie et je me suis contentée de prier le bon Dieu pour elle avec la ferveur et le cœur d'une mère[4]. » C'était signé : Juliette.

La mariée avait choisi, par égard pour la peine de sa belle-famille, une toilette élégante, mais d'une grande simplicité : robe de taffetas blanc, voile de tulle, gants de peau blanche, souliers de satin blanc, fichu de dentelle[5]. La couronne était garnie de roses blanches et de fleurs d'oranger... en tissu.

Eut-elle droit aux grains de riz et aux « Vive la mariée » ? Non, sans doute : le décès de Nicolas Lefèvre était trop récent, les Hugo trop conformistes, Victor Hugo trop soucieux de son image pour déroger un tant soit peu au code des bonnes manières. En vérité, Victor Hugo n'était pas sorti de la rogne qui l'avait saisi le jour où Auguste Vacquerie était venu lui demander la main de sa fille. C'était neuf mois plus tôt, mais que sont neuf mois en regard des dix-neuf ans de bonheur qu'elle lui avait donnés et de l'espérance d'éternité qu'il fondait sur la pureté de leur amour ? Il n'en parlait pas, il s'efforçait au contraire de faire contre mauvaise fortune bon cœur et d'enrober de sourires le désespoir qui le rongeait. Il ne parlait pas, n'écrivait rien qui le déchargeât de sa hantise, et la douleur pesait sur lui de tout son poids. « Ce bonheur désolant de marier sa fille[6] », notait-il dans ses carnets. Et dans le livre anniversaire de son union à Juliette : « Hier j'ai marié ma fille, mon enfant bien-aimée. Elle me quitte. Je suis triste, triste de cette tristesse profonde que doit avoir, qu'a peut-être (qui le sait ?) le rosier au moment où la main d'un passant lui cueille sa rose[7]. » Cette tristesse, cette « désolation » ternissaient par contagion le plaisir de sa femme et de ses fils. Quand François-Victor parlait du mariage de sa sœur, c'était avec une pointe d'amertume : « Nous sommes, dans ce moment, au milieu d'une grande joie et d'une grande peine. Nous marions Didine avec le frère de M. Vacquerie. Nous sommes heureux de la voir heureuse, malheureux de la voir partir loin de nous[8]. » Un mois plus tard, il larmoyait encore : « Notre sœur aînée, [...] dans ce moment et pour toujours habite Le Havre, et nous laisse tous navrés[9]. » Quant au faire-part, il était d'une concision sinistre : « Le Vicomte et la Vicomtesse Victor Hugo ont l'honneur de vous faire part du mariage de Mlle Léopoldine Hugo, leur fille, avec M. Charles Vacquerie. » On était loin des guinguettes de Montrouge et des omelettes improvisées à la rue de Vaugirard.

Les invités se retrouvèrent place Royale pour un dîner intime[10], à peine plus joyeux que la cérémonie du matin. Les Vacquerie étaient en deuil, les Hugo désespérés. Théodore Pavie, cousin de Mme Hugo, n'était pas prévenu, pas plus que le reste de la famille, à quelques exceptions près. Il passait dans le quartier avec sa femme, il alla frapper rue Royale, rien de plus naturel, mais il s'arrêta sur le seuil, alerté par les bruits de couverts et de conversation qui filtraient de la salle à manger.

– Qu'y a-t-il donc ? demanda-t-il à la servante quand elle vint ouvrir.

– Mademoiselle s'est mariée aujourd'hui !

Du moins Théodore Pavie eut-il la chance d'être informé le jour même. Les autres – les amis, les voisins, les membres de la famille… – attendirent quelques jours de plus. Le temps de recevoir les faire-part et de les envoyer ? Oui, ou le temps de s'assurer que l'affaire se faisait bien. Après tout, Didine pouvait se rétracter, le Ciel manifester son ire, la mort frapper de nouveau quelque part dans une des deux familles.

Ce ne fut pas le cas et l'on peut penser que le bonheur des jeunes mariés déteignit sur la petite assemblée, que Léopoldine trouva les mots, les gestes que son père attendait. Alors, si la légende dit vrai, il se leva, réclama le silence et récita, d'une voix nouée par l'émotion, les vers tournés pour elle le matin même dans la chapelle du catéchisme :

> Aime celui qui t'aime, et sois heureuse en lui.
> Adieu ! – Sois son trésor, ô toi qui fus le nôtre !
> Va, mon enfant chéri, d'une famille à l'autre.
> Emporte le bonheur et laisse-nous l'ennui !
>
> Ici, l'on te retient ; là-bas, on te désire.
> Fille, épouse, ange, enfant, fais ton double devoir.
> Donne-nous un regret, donne-leur un espoir.
> Sors avec une larme ! entre avec un sourire[11] !

Les jeunes mariés se sont-ils éclipsés avant le dessert ? C'est probable. Ils se seront levés, seront sortis discrètement, l'un après l'autre, tandis que les invités feignaient de ne rien remarquer de leur petit manège. Une voiture attendait sous les arcades de la place. Le postillon sauta de son perchoir et s'empressa. Charles tendit la main à cette beauté en robe blanche qui était sa femme désormais. Il l'installa sur le siège, se serra contre elle au risque de froisser le taffetas. La portière claqua, puis le fouet et la langue du cocher.

— Hôtel Bergère ! cria le mari. Cité Bergère[12].

Charles Vacquerie devait rallier Le Havre et reprendre le travail qu'il avait fait valoir pour emporter l'accord de Hugo. Le 20 février, après quatre jours et cinq nuits d'intimité à l'hôtel Bergère (à deux pas de l'hôtel Guéménée !), les époux prirent donc la diligence du Havre. Sans repasser place Royale. Car Léopoldine, connaissant la sensibilité à fleur de peau de ses parents, pressentait les épanchements que son passage y susciterait. Elle ne se trompait pas. « Le bonheur des mariés, dira Mme Hugo, avait pour revers la douleur de ceux qu'ils laissaient. M. et Mme Hugo dataient leurs plus doux souvenirs de la naissance de Léopoldine. Ils l'avaient bercée, soignée, veillée, idolâtrée en commun. Elle n'avait jamais quitté la maison paternelle. Il leur semblait que n'y trouvant plus leur fille, le foyer était vide. Dès que Léopoldine fut partie, la mère s'enferma et pleura[13]. » Juliette Drouet était trop entière pour accepter de rédiger des souvenirs sous la dictée de Hugo, mais elle lui écrivait beaucoup, parfois plusieurs lettres dans la journée. « J'espère, mon pauvre ange, lui confie-t-elle dans les jours qui suivent le mariage, que tu vas avoir plus de courage maintenant et que le bonheur de ton enfant adorée ne te sera plus un sujet de larmes et de désespoir[14]. »

NOTES

1. **William Regnault (1804-1848).**

Né à Paris en 1804 (il a l'âge de Victor Hugo, à deux années près), d'une famille aisée, il s'installe au Havre en 1834 ou 1835. *L'Almanach du Havre* le mentionne en 1835, la liste électorale en 1836, la chronique des ventes sur saisie l'année suivante, pour une affaire d'impôts impayés. En 1838, il épouse Françoise L. C. Duroselle, fille d'un négociant havrais. Elle mourra l'année suivante en lui laissant un fils. Associé à Nicolas Lefèvre depuis 1838, William Regnault se retrouve seul à bord à son décès en 1842, et notamment seul employeur de Charles Vacquerie. Marie-Arsène Vacquerie, veuve Lefèvre, hérite des parts de son mari et reste majoritaire dans l'entreprise, mais pour la gestion elle s'en remet entièrement à son associé. Léopoldine à sa mère : « Il a 300 000 francs dans les affaires, et il est à la tête d'une des plus grandes maisons du Havre. » Oui, sauf que la maison ne lui appartient pas, du moins jusqu'au retrait de Marie-Arsène en 1846. Pour plus d'informations sur ce sujet, voir par exemple le *Recueil* n° 43 de 1986 de l'Association des Amis du vieux Havre.

2. A1H, *Souvenirs de Mme Victor Hugo sur sa fille Léopoldine. Éd. chrono.*, 6-1347. Rappelons que ces *Souvenirs* sont écrits sous le contrôle d'Hugo ; ils reflètent les sentiments du père au moins autant que ceux de la mère. Ce point éclaire le rapprochement, dans le texte, entre mariée et communiante.

3. JD à VH, 4.2.1843. *Éd. chrono.*, 6-1275.

4. JD à VH, 15.2.1843. *Lettres de Juliette Drouet à Victor Hugo*, Fayard, p. 56.

5. **La toilette de mariée.**

La tenue de noces de Léopoldine est conservée au musée Victor-Hugo de Villequier. On a pu constater, en voyant la robe montée sur un mannequin de douze ans à l'exposition de 1967, combien Léopoldine était petite et menue.

Le Mas de Fourques à Lunel dans l'Hérault (propriété des héritiers de Jean Hugo, arrière-petit-fils de Victor) et la Maison de Victor-Hugo à Paris se disputent l'honneur de posséder la véritable couronne de mariée de Léopoldine. La première porte un bristol décrivant l'objet de la main de Julie Foucher, la petite tante de la mariée. Un gage d'authenticité, semble-t-il, mais que je n'ai pas pu vérifier, le Mas de Fourques étant pratiquement inaccessible aux chercheurs.

6. VH, *Carnet*, 16 ou 26.2.1843. *PG* 322.

7. VH à JD, 17.2.1843. *Éd. chrono.*, 6-1289. Livre anniversaire.

8. FVH au fils Carlin, 2.2.1843. *PG* 322.

9. FVH au fils Carlin, 2.3.1843. *PG* 322.

10. **Un mariage dans la plus stricte intimité.**

Les faire-part (la MVH en conserve un exemplaire) ne seront envoyés qu'après la cérémonie, officiellement pour préserver l'intimité de la journée. On sait par le billet réclamant son argenterie que Robelin était au repas du soir. Théodore Pavie, pourtant très proche de la famille, n'en était pas et en témoignera : « Un soir que nous allions rendre visite, nous entendîmes un grand bruit dans la salle à manger. — Qu'y a-t-il donc ? demandai-je à la servante qui nous introduisait. — Mademoiselle s'est mariée aujourd'hui ! [...] nous nous retirâmes, un peu surpris de la discrétion qui avait présidé à ces noces » (Théodore Pavie, *Victor Pavie*, Angers, 1887, p. 244).

Théodore Pavie, imprimeur, poète, orientaliste, était un familier de la rue Royale. C'était le frère de Victor Pavie, le cousin dont le mariage avait servi de paravent aux retrouvailles de Mme Hugo et de Sainte-Beuve en 1835, en présence de Léopoldine.

11. VH à LH, 16.2.1843. In *Les Contemplations*, 4-2. « 15 février 1843 ». Ce texte sera publié, une fois n'est pas coutume, avec indication correcte de la date et du lieu : « Dans l'église, 15 février 1843. » Il semble que Victor Hugo en ait donné lecture le jour même, et probablement au cours du repas de noce. Toujours soucieux de son image (et de ses revenus), il en donne copie « entre nous » quelques jours plus tard au fils Carlin et autorise sa publication dans *La Revue de Paris* du 10 septembre par Alfred Asseline, dans *Les Débats* par Jules Janin le 11, un peu plus tard dans l'*Histoire de la littérature dramatique.*

12. **L'hôtel Bergère.**

L'hôtel et la Cité Bergère étaient presque neufs en 1843. Vingt ans plus tôt, il n'y avait encore à leur emplacement (comme dans tout le quartier compris entre le faubourg Montmartre et la rue du Faubourg-Poissonnière) que des hôtels particuliers entourés de vastes jardins. La Cité a l'âge de Léopoldine, juridiquement : la création de la société en participation par les deux propriétaires du sol date du 21 avril 1825. Le cahier des charges et l'acte de partage du 20 septembre 1827 prévoient un programme mixte, d'habitations et de commerces. La vocation hôtelière viendra d'elle-même. Boutiques au rez-de-chaussée, hôtels garnis aux étages : cette occupation prévaut déjà en 1843. La Cité est inscrite à l'inventaire supplémentaire des monuments historiques par arrêté du 9.10.1990. Sont protégés : les deux passages, les façades, les toitures.

L'hôtel Bergère avait des hôtes illustres. La future Clara Schumann y séjourne deux mois avec son père, le terrible Frédéric Wieck, en 1832 ; elle y rencontre Chopin, Liszt, Mendelssohn, le pianiste Ferdinand Hiller, et se souviendra de parties de saute-mouton en compagnie de ces messieurs.

Difficile de déterminer aujourd'hui lequel, de l'ex-hôtel Bergère (transformé en appartements), des hôtels qui le jouxtent, de l'hôtel Royal-Bergère au 8, rue Geoffroy-Marie, de l'hôtel Opéra-Bergère au 34, rue Bergère… est celui où descendirent Charles et Léopoldine le soir du 15 février 1843. Tout le monde s'y perd, même les historiens et les archivistes du 9e arrondissement.

13. AIH, *Souvenirs de Mme Victor Hugo sur sa fille Léopoldine*. *Éd. chrono.*, 6-1347.

14. JD à VH, 2.1843. In *PG*, *Léopoldine, une jeune fille romantique*, p. 42.

Je suis heureuse, entends-tu, maman ?

Février 1843

LÉOPOLDINE FUT LA PREMIÈRE à identifier la robe et la voilette noires de Mme Marie-Arsène Vacquerie, veuve Lefèvre, dans l'attroupement qui s'était formé devant le bureau des messageries. Elle prit le bras de Charles, lui indiqua sa sœur d'un geste de la tête et s'avança vers elle. Elle ne l'avait pas revue depuis l'été de leur rencontre, quatre ans plus tôt. Quatre années d'espoir et finalement de réussite pour elle, Mme Charles Vacquerie désormais, quatre années de deuil pour cette femme, privée de son mari et de deux de ses trois enfants. La mort frappait régulièrement dans l'entourage de Léopoldine : elle avait perdu ses deux grand-mères, son grand-père paternel, son oncle Eugène, sa maîtresse d'école quelques années plus tôt ; rien de comparable toutefois au vide qui s'était creusé, en quelques mois, dans la vie de sa belle-sœur.

Celle-ci était émue. Son visage était livide, elle avait les traits tirés, mais elle trouva la force de sourire à cette jeune femme que son frère avait choisie, voulue, gagnée. Elle prit entre les siennes la main de Léopoldine, soutint un moment son regard, puis elle désigna une voiture qui attendait. Les confidences viendraient plus tard. Pour l'instant, il s'agissait de rassembler les bagages, de se dégager de cette foule et de se retirer chez soi, loin des curieux.

La voiture s'arrêta à l'angle de la place Louis XVI et de la rue de la Chaussée, et Charles sauta prestement sur le pavé, tendit la main à sa sœur, puis à sa femme. Il paya le cocher, laissa à la bonne le soin de faire descendre et de ranger les malles, et rejoignit sa femme dans la maison. Il s'était enquis de ses désirs et les avait pris en compte pour aménager leur chambre, mais il n'était pas sûr que le résultat lui plaise. Elle était si exigeante, si pointilleuse ! Il la connaissait si mal surtout ! Il la précéda dans l'escalier, poussa la porte et s'effaça devant elle.

Léopoldine s'avança de quelques pas, s'arrêta sur le seuil de son nouvel univers, le cadre et le décor de son existence pour les années à venir. Le peu de lumière qui tombait du ciel gris, à travers les rideaux de la petite fenêtre, éclairait faiblement une grande cheminée de marbre surmontée d'une glace à biseaux, un prie-dieu sur la gauche, l'alcôve du grand lit et ses tentures, ses cordons, ses oreillers brodés[1]. Cheminée, miroir, prie-dieu, alcôve… était-ce une indication de son emploi du temps désormais ? Rêver au coin du feu, se pomponner pour son mari, prier pour lui, se donner à lui… Elle reconnut les portraits de Charles et d'Auguste au-dessus du miroir sur le mur de droite, de sa maman à hauteur des yeux devant le prie-dieu, sur le mur de gauche ceux de sa sœur et de son cher papa. Son regard s'attarda sur chacun de ces visages, et enfin sur l'image d'elle-même que le miroir lui renvoyait. Était-ce bien elle, cette jeune femme dans son manteau de voyage ? Où était-elle ? Pourquoi sa mère, sa sœur n'étaient-elles pas à son côté ? Quand les reverrait-elle ? Si seulement elle avait pu se réfugier dans les bras de Charles ! Mais la bonne montait avec les malles, la cuisinière s'impatientait.

Ils déjeunèrent en famille et Léopoldine consacra toute l'après-midi à sa belle-sœur. Elle lui parla de son idée d'accueillir sa famille au Havre au printemps, dans une maison qu'elle et Charles loueraient dans les environs. Mme Lefèvre y verrait-elle une objection ? Mais non, pas le moins du monde, Mme Lefèvre approuvait au contraire, elle voulait oublier les frictions qui avaient marqué le séjour de Mme Hugo quatre ans plus tôt et favoriser les projets des jeunes mariés.

Léopoldine n'avait pas fermé l'œil de la nuit et maintenant, son esprit la ramenait sans cesse à la place Royale. Elle s'excusa quand le jour commença de décliner, se retira dans son petit palais et écrivit à sa maman. « Ma bonne mère chérie, sois gaie, sois heureuse, sois calme. Je t'assure que ma vie [me] semble bien privilégiée et que je jouirais sans restriction de mon bonheur si longtemps attendu, si je ne voyais pas toujours tes beaux yeux pleins de larmes, et ton visage abattu. Mme Lefèvre est beaucoup plus gaie que je ne le pensais. [Nous avons ri] et causé au déjeûner. On a parlé de vous tous avec bien de l'affection[2]. »

Les jours suivants furent plus calmes. Trop calmes. Charles partait pour son travail de bon matin et Léopoldine restait à l'attendre en causant avec sa belle-sœur et sa belle-mère, que la santé de son mari retenait provisoirement au Havre. De quoi parlaient-elles ? Eh bien, mais des ouvrages d'aiguille de Mme Lefèvre (qui lui offre un petit dé en or), d'une tapisserie aux armes de Victor Hugo que sa fille compte lui offrir pour la Saint-Victor (une surprise), de la femme du notaire (ne pourrait-on lui obtenir des billets pour la prochaine pièce de Victor Hugo ?), de

M. Regnault, gérant de la maison Lefèvre (n'y a-t-il pas, dans les relations des Hugo, une fille à marier qui lui conviendrait ?). Quand la conversation languissait, quand la nostalgie de Paris la serrait d'un peu trop près, Léopoldine montait dans sa chambre et là, dans l'écrin de son nouveau bonheur, assise sur le lit ou abandonnée dans un fauteuil, elle pensait à ses parents, à son mari, aux enfants qu'elle lui donnerait bientôt. Elle écrivait aussi. À sa mère surtout, à son père aussi, à ses frères également. Elle écrivait à Louise Bertin, à ses amies d'enfance et de jeunesse. Elle écrivait beaucoup, plus que jamais[3]. Une manière pour elle de tromper l'ennui et la mélancolie.

Il y avait bien quelques distractions, mais rien de très joyeux : prières sur les tombes de Mme Lefèvre le surlendemain de l'arrivée, concert au profit des pauvres le 11 mars, incendie du théâtre voisin dans la nuit du 29 au 30 avril[4]. Léopoldine relate minutieusement ces événements, sur le même ton que ses hésitations vestimentaires quand elle sort en ville au bras de son mari. Si on lui dit que tout se porte, les toilettes de bal et les toilettes de ville, elle choisit le compromis : une robe noire décolletée, mais à manches longues, un fichu de dentelles, un petit bonnet, une parure offerte par M. Regnault, le patron de Charles. « Mon mari était content de moi », conclut-elle et on sent que ce succès, que ces petites diversions ne compensent pas tout à fait la monotonie de sa nouvelle existence.

En somme, les semaines qui suivent le mariage sont un temps d'incertitude et de profond désarroi dans la vie de Léopoldine. Elle se félicite d'avoir brisé le carcan familial, mais elle regrette ses amies, l'animation de Paris, l'effervescence de l'hôtel Guéménée. Elle se réjouit d'accomplir sa destinée de femme et d'épouse, mais elle s'ennuie un peu auprès de Charles et beaucoup en l'attendant. Elle se glorifie d'avoir quitté son père, mais elle déplore la banalité de l'existence loin de lui. Elle découvre sa nouvelle famille et constate à quel point la sienne lui manque. Elle ne l'avoue pas ouvertement. Elle affirme même que tout va bien, mais avec une insistance qui éveille tous les soupçons : « Ma bonne petite maman, je veux que tu sois gaie et heureuse parce que je suis moi-même bien gaie et bien heureuse. Tu me dis que mon bonheur te consolera bien vite de mon absence, crois-le, vois-tu, je jouis bien complètement et bien profondément de ma réunion avec Charles. Je suis heureuse, entends-tu, maman, bien heureuse[5]. » Le mot « bonheur », le mot « heureuse » reviennent souvent dans les lettres de la jeune mariée. Trop souvent pour qu'on y croie vraiment. Le 25 février : « Je suis heureuse, entends-tu, maman, bien heureuse[6]. » Le 18 mars : « Je me sens aimée et je suis heureuse[7]. » Le 20 mars : « Je suis ici depuis un mois, mais si heureuse et si doucement entourée de tout ce qui fait le bonheur que, de temps en temps, je me surprends à avoir peur de mon bonheur même[8]. » Le vendredi 5 mai : « Je suis aussi heureuse qu'on peut l'être[9]. »

Elle aime Charles « plus que jamais ». Elle veut qu'il trouve dans son amour et dans son dévouement un adoucissement pour les plus grands malheurs. « Ainsi avons-nous mis tout en commun, les inquiétudes et les espérances[10] », affirme-t-elle, mais elle le voit moins souvent que Mmes Lefèvre et Vacquerie, femmes de caractère, d'autant mieux placées pour la régenter qu'elles sont chez elles et Léopoldine simple invitée. De reine du logis, elle se retrouve dépendante, contrainte de se plier à la discipline austère que Mme Lefèvre fait régner sur sa maison. Pas de piano à la rue de la Chaussée, pas de Balzac, pas d'Alexandre Dumas. Pas de grandes fenêtres donnant sur la plus belle place de Paris. Elle n'a pour compagnie que cette veuve éplorée et les dames du Havre qui viennent en visite, pour paysage qu'une rue grise et les murs d'un cimetière.

Il y avait une lumière au bout de ce tunnel : le voyage à Paris pour la première des *Burgraves*. C'était pour le 7 mars. Or, voilà que les parents de Charles, à quelques heures du départ, décident de regagner Villequier et prient leur fils de les accompagner. « N'y pensez pas ! s'exclama d'abord la belle-fille. Mon père, Paris, *Les Burgraves*... » Mais Charles prit fait et cause pour ses parents et il fallut qu'elle s'incline.

Le renoncement aux *Burgraves* est une épreuve douloureuse pour Léopoldine Hugo[11]. D'autant plus douloureuse qu'elle suit depuis son plus jeune âge la genèse des œuvres de son père. Elle copie ses manuscrits, rencontre ses éditeurs dans le salon de la place Royale, assiste à ses premières depuis *Angelo*. Elle est née, elle a grandi dans le bain de la littérature. Lamartine et Paul Meurice ont déposé des vers dans son album. Elle connaît les grands auteurs du temps. Elle mesure assez exactement, en professionnelle pourrait-on dire, les défis que *Les Burgraves* tentent de relever et leur apport à l'art dramatique. Elle mesure surtout ce que son père attend de sa pièce et l'impact d'un échec sur la suite de sa carrière.

Envisage-t-elle de se rendre à Paris sans son mari ? Non, elle n'y pense pas. Tente-t-elle d'infléchir la décision de Charles ? Oui, elle analyse avec lui heure par heure le calendrier de son déplacement à Villequier, s'informe des horaires, compare les durées de parcours en bateau et en voiture... Enfin elle ne se rend qu'à l'évidence, après avoir envisagé tous les possibles. Elle n'abdique qu'à contre-cœur et le mot d'excuse qu'elle envoie à l'auteur de la pièce aura compté davantage, pour lui, que la manne des encouragements habituels :

> Samedi 11 Mars.
> [...] Maman t'aura dit, mon bon père, pourquoi nous avons renoncé à ce bienheureux voyage à Paris. J'ai voulu, en faisant ce sacrifice, te donner bonne opinion de notre sagesse et de notre raison. Tu n'en douteras plus, n'est-ce pas, mon bon père ? Pour nous récompenser et nous faire oublier ce chagrin, il faudra que tu viennes nous voir ce printemps. Je te prierai tant et si instamment que tu ne pourras pas résister à mes supplications. D'ailleurs, tu trouveras un beau pays, la mer, que tu aimes tant, et puis surtout tes deux enfants qui t'aiment et te désirent si ardemment[12].

Elle ignore encore, au moment de poster sa lettre, que Charles vient de perdre son père : M. Vacquerie est mort le matin même à Villequier. Il était âgé, malade, mais cette disparition, s'ajoutant à celles des fils et du mari de Mme Lefèvre, assombrit encore l'atmosphère qui règne autour des jeunes mariés. Quatre décès en moins de quatre ans ! Léopoldine l'annonce le lendemain à sa mère dans un billet d'une concision sinistre et y revient deux jours plus tard en décrivant l'inhumation. La voilà en grand deuil à son tour. Elle soutient son mari, sa belle-mère, puis, le 23, elle revient au Havre et reprend le fil de ses occupations, entre les deux veuves (Mme Vacquerie et sa fille, Mme Lefèvre) et le seul enfant survivant de la famille. Auguste n'étant pas marié, c'est sur elle que repose désormais l'espoir de donner des cousins au petit Ernest et une nouvelle chance de survie à la lignée. Et la fatalité qui semble peser sur cette famille ouvre une angoissante question : qu'adviendrait-il des enfants qu'elle donnerait à Charles ? Elle avait accepté la stricte intimité le jour du mariage, le grand deuil de Mme Lefèvre, les visites funèbres au cimetière du Havre. Elle avait fait toutes les concessions possibles sans réussir à calmer la grande faucheuse. Elle se demandait désormais si l'hécatombe s'arrêterait un jour, si la mort n'allait pas frapper de nouveau, et qui serait la prochaine victime.

Quand le printemps s'annonce, la jeune mariée, toujours très affairée auprès de sa belle-sœur et de son neveu, s'emploie également à trouver un logement pour sa maman, sa sœur et ses frères, en prévision de leur séjour au Havre. Une manière d'échapper aux tristes réalités. Ses lettres (les réponses de Mme Hugo ne sont pas conservées) sont pleines de ces heureuses perspectives. Comment entends-tu te loger ? De quel budget disposeras-tu ? Faut-il prévoir une chambre pour grand-papa, une autre pour Julie ? Il serait plus opportun de les héberger séparément et papa s'accommoderait d'un divan pour quelques nuits, n'est-ce pas ? Pas de confidence dans ces missives. Des pages entières de détails ménagers, de commandes de tissus et de détails de confection, entrecoupées ici et là de déclarations de bonheur qui semblent trop appuyées pour être tout à fait vraies.

Du reste, les priorités de Mme Charles Vacquerie ressemblent à s'y méprendre à celles de Mlle Léopoldine Hugo. Les foulards et les colifichets prennent encore le pas sur la philosophie et le progrès social. À Louise Bertin : « Tu as raison, chère Louise, c'est un bonheur immense que de se soumettre à un être aimé. Je ne comprends pas du tout les femmes qui veulent dominer, il me semble qu'elles laissent échapper ainsi [les] plus douces, les plus vraies et les meilleures joies de ce monde[13]. » Ce qui ne manque pas de surprendre, en 1843[14].

Fidèle à elle-même et à son destin, Léopoldine cherche toujours, désespérément, à concilier l'inconciliable. À faire le bonheur de Victor Hugo et celui de Charles Vacquerie, à satisfaire famille et belle-famille, à coudre pour tout le monde et à répondre à toutes les lettres. Elle était comme cela. Elle voulait être parfaite et que personne, jamais, n'ait rien à lui reprocher. C'est ce que son père attendait d'elle depuis toujours et pour rien au monde elle n'aurait voulu le décevoir. Elle était loin de lui maintenant, mais elle voulait que les nouvelles qu'il recevait du Havre lui donnent une haute image de sa fille. Il souffrait tant par ailleurs, il avait tant d'ennemis, tant de rivaux, tant de loups guettant ses faux pas et attachés à sa perte ! Il fallait qu'il eût quelque part, pour se consoler de ces méchancetés, un sujet de fierté et de satisfaction. Ce sujet, ce baume sur ses blessures, c'était elle, Léopoldine. Elle l'avait toujours été. En 1843, elle avait une raison supplémentaire de se montrer parfaite : elle voulait se faire pardonner une faute grave dont elle s'était rendue coupable, une faute que son père persistait à lui reprocher, plus ou moins ouvertement : son mariage avec Charles Vacquerie.

NOTES

1. Le mobilier de la chambre conjugale.

Charles, dans sa bonté un peu naïve, avait choisi de reconstituer, pour la chambre de la jeune mariée, le décor familier de la jeune fille. C'est assez dire l'admiration un peu béate qu'il vouait à cette famille dont la notoriété, les goûts éclectiques, la réputation de « modernité » l'impressionnaient beaucoup. L'appartement de la place Royale étant meublé dans le style néogothique cher au chef de famille, Charles courut les ébénistes et les antiquaires du Havre et sans doute de Paris et passa commande d'un mobilier néogothique. Ne pouvant déplacer en Normandie les êtres auxquels sa femme était attachée, il se procura leurs portraits et en orna non seulement la chambre, mais, précise Mme Hugo, « le lit conjugal ». Le croquis qu'elle fera à son arrivée au Havre en mai et le dessin de Boulanger d'octobre 1843 permettent d'identifier, autour de l'alcôve, les portraits d'Auguste et Charles Vacquerie par Châtillon, le peintre presque officiel de la famille, et les portraits par Louis Boulanger de la mère, du père et de la sœur de Léopoldine.

Le prie-dieu et son étagère, tels qu'ils apparaissent sur les dessins de Mme Hugo et de Louis Boulanger, sont les seuls éléments d'inspiration réellement gothique, mais le décor de la place Royale, pour ce qu'on en sait, n'était pas franchement gothique lui non plus. À défaut de représentation (l'ornementation actuelle de la Maison de Victor Hugo est une simple évocation), on peut s'en faire une idée à partir des relevés d'achats de meubles ou de peintures, des factures de peintres et de tapissiers dans les carnets de compte de Victor Hugo. Le décor, conservé presque intégralement, de la maison des Hugo à Guernesey (Hauteville-House, aujourd'hui musée Victor-Hugo, propriété de la ville de Paris), évoque assez bien celui de la place Royale, les goûts éclectiques du chef de famille n'ayant pas trop évolué dans les quelque vingt années qui séparent ces deux aménagements. En somme, les thèmes à Paris, au Havre, à Guernesey se suivent et se ressemblent : assemblage un peu désordonné de thèmes néogothiques, rococo et Louis-Philippe, amoncellements de bibelots sur les meubles et les cheminées, tableaux et accessoires divers couvrant presque entièrement les murs, tapis et rideaux partout ailleurs, coussins et colifichets à profusion.

Outre ces deux dessins, la chambre est connue par les descriptions succinctes qu'en donne Léopoldine dans ses lettres à sa mère des 21 et 25 février et celle qu'en donnera cette dernière, quelque vingt ans plus tard : « Mme Hugo allait quelquefois chercher sa fille le matin au Havre. Elle la trouvait dans sa chambre à coucher, un vrai bijou d'artiste. Le mobilier, du choix de Charles, était gothique, d'une conservation et d'une harmonie parfaites, élégant et sévère à la fois. Charles avait voulu offrir à sa femme l'ameublement qui lui rappelait celui de la maison paternelle. Il ne pouvait lui rendre les chers êtres qu'elle avait quittés pour lui et s'était procuré leurs portraits dont il avait orné le lit conjugal, et Léopoldine était toujours en famille » (A1H, 4.9.1865, *Souvenirs de Mme Victor Hugo sur sa fille Léopoldine. Éd. chrono.*, 6-1348).

2. LH à A1H, 21.2.1843. *PG* 323.

3. **La correspondance de Mme Charles Vacquerie.**

Arrivée au Havre le 20 février, Léopoldine adresse aussitôt à ses parents la lettre d'excuse dont elle aura médité la teneur au cours de la longue nuit de voyage. Elle reprend la plume le lendemain pour relater à sa mère les détails de son installation. Nouvelle lettre à maman, la plus longue qu'elle ait jamais écrite dans sa carrière d'épistolière, quatre jours plus tard, le 25 février, puis le 4 mars, le 8 mars, à son « bon père chéri » le 11. Entre son installation le 20 février et l'arrivée de sa mère début mai, elle enverra à celle-ci au moins quinze lettres (mes relevés ne prennent en compte que la correspondance publiée par Pierre Georgel), soit une lettre tous les quatre jours environ, couvrant au total soixante-trois pages dans le recueil de Pierre Georgel, cent cinquante pages environ de texte original (en comptant quelques lettres non publiées), s'ajoutant aux cinq lettres, moins longues, à Victor Hugo. L'arrivée de Mme Hugo réduit évidemment la production et pourtant, le décompte donne une moyenne de six lettres par mois entre février et juillet 1843. On comparera ce chiffre à ceux de l'ensemble de la correspondance (environ une lettre envoyée par mois, moyenne sur treize ans) et de l'adolescence (1,5 lettre par mois de 1837 à 1843). Ainsi, le mariage multiplie par quatre la fréquence du courrier départ, son volume par dix. On est donc fondé à parler d'une frénésie subite d'écriture.

4. Un feu spectaculaire, qui réduisit en cendres le théâtre du Havre et menaça les maisons voisines, dont celle de Mme Lefèvre (où habitait Léopoldine), contiguë du magasin où étaient entreposés les costumes et les décors.

5. LH à A1H, 25.2.[1843]. *PG* 325.

6. LH à A1H, 25.2.[1843]. *PG* 325.

7. LH à VH, 18.3.1843. *PG* 358.

8. LH à A1H, vers 20.3.1843. Citée par André Maurois, *Olympio ou la vie de Victor Hugo*, p. 307.

9. LH à JF, 5.5.1843. *PG* 410-2.

10. LH à LB, 10.4.1843. *PG* 380.

11. Les lettres de Léopoldine à sa mère, à son père, à Louise Bertin ne laissent pas de doute sur ce point.

12. LH à VH, 11.3.1843. *PG* 347-348.

13. LH à LB, 10.4.1843. *PG* 380.

14. **Léopoldine, épouse soumise.**

En 1843, Marie d'Agoult, mère de cinq enfants, tient salon à Paris et travaille à son premier roman ; Delphine de Girardin, renommée pour ses *Essais poétiques* et ses romans, poursuit la publication dans *La Presse* de ses célèbres *Lettres parisiennes* ; George Sand vit avec Chopin, tantôt à Paris tantôt à Nohant, et compose *Consuelo* ; Clara Schumann, mère de deux enfants, donne des concerts avec ou sans Robert ; Flora Tristan, déjà auteur de *Méphis* et des *Pérégrinations d'une paria*, publie l'*Union ouvrière* et dénonce la misère dans les fabriques. Elles se privaient des « meilleures joies de ce monde » sans doute, mais elles cherchaient (elles trouvaient parfois) le bonheur en dehors de la soumission.

Ta lettre m'a touchée

Mars 1843

COMMENT HUGO RÉAGIT-IL en apprenant que sa Didine ne verra pas sa pièce ? La déception est-elle aussi vive à Paris qu'au Havre ? On peut penser que oui. Car Victor Hugo, trop ébranlé par le départ de son aînée pour réussir à en parler, ni avec elle et ni avec qui que ce soit, a mis sa douleur en scène. Ce qu'il ne pouvait dire, ce que l'amour-propre le retenait de coucher sur du papier à lettres, il l'a gravé dans le drame qu'il créait au moment des fiançailles et du mariage. Il a imaginé cette histoire de burgraves, composé ces vers, porté cette pièce à bout de bras au travers d'obstacles innombrables… pour parler à sa fille du désarroi où son départ le plonge.

Quand sa fille Régina s'éloigne au bras de son jeune époux, le vieux Job s'incline devant l'inéluctable, mais il crie son désespoir :

> Il faut me dire
> Un dernier mot d'amour dans un dernier sourire.
> Que deviendrai-je, hélas ! quand vous serez partis,
> Quand mon passé, mes maux, toujours appesantis,
> Vont retomber sur moi ?

Car, vois-tu, ma colombe,
Je soulève un instant ce poids, puis il retombe[1] !

Très bien, mais Léopoldine n'est pas à Paris[2] pour entendre ces vers qui lui sont destinés. Son absence aux représentations coupe l'herbe sous le pied de l'auteur. Le voilà contraint de rompre le silence, d'écrire à son ange déchu, et sans intermédiaire : « Quand tu recevras *Les Burgraves*, tu liras, pages 96 et 97, des vers que je ne pouvais plus entendre aux répétitions dans les jours qui ont suivi ton départ. Je m'en allais pleurer dans un coin comme une bête et comme un père que je suis. Je t'aime bien, va, ma pauvre petite Didine[3]. »

La colombe n'a pas son exemplaire du texte quand elle reçoit ces aveux. Elle ignore, pour quelques jours encore, le tour que son père a donné à l'expression de sa douleur. Elle sait seulement qu'il a souffert dans les jours qui ont précédé et suivi son départ de la place Royale. Car elle le sent, le comprend, le devine. Car elle pressent les tressaillements que les convenances ou la pudeur lui commandent de taire. Car elle le fréquente et l'observe presque journellement depuis bientôt dix-neuf ans. Car elle a lu et souvent copié ses œuvres. « Je trouverai sans chercher la page, les vers dont tu me parles », répond-elle. Et elle précise : « Ton cœur retentira dans le mien[4]. »

Le 18 mars 1843 est un grand jour dans la vie de Léopoldine Hugo. Le 18 mars 1843, elle apprend, par un mot de la main de son bon petit père, que celui-ci renonce enfin à son ressentiment. Il admet le mariage de sa fille. Il accepte son éloignement au Havre et renoue avec la tendresse de jadis et de naguère. Terminées les dissimulations. Oubliés le mensonge et la machination. Révolus les stratagèmes. La vieille et douce confiance retrouve la place qu'elle n'aurait pas dû perdre. Libérée de ce poids qui pesait sur son bonheur, la jeune mariée va pouvoir s'envoler vers la félicité, donner à son mari toute la satisfaction et, avec l'aide de Dieu, tous les enfants qu'il attend d'elle.

Hugo a écrit et posté sa lettre à Paris le 16 mars, un mois après le mariage de sa fille. Celle-ci la reçoit le 18, probablement dans la matinée. Elle l'ouvre, la lit, y répond immédiatement. Sans brouillon, sans préparatif, en laissant parler son cœur :

> Mon bon père bien-aimé, ta bonne et belle lettre m'a touchée aux larmes. Je ne l'attendais pas encore, je te savais très-occupé et tout absorbé par tes affaires. Aussi ai-je été charmée et surprise lorsque mon mari m'a apporté ces pages si tendres, si douces, si affectueuses. J'ai été bien heureuse, et cependant, mon père chéri, il me manquait une chose pour que mon bonheur soit complet. C'[était] la promesse formelle de venir me voir ce printemps. Viens, mon bon père, viens dans ce beau pays te reposer de toutes ces fatigantes préoccupations ; laisse-là pour quelques semaines ces bruits de Paris, ce tourbillon dont tu te plains. J'ai loué pour maman un petit pavillon. C'est la Provence en petit. Le plein midi, et une côte derrière soi qui abrite du vent de mer. C'est à vingt minutes de chez nous, à vingt-cinq minutes de la jetée. Toto y sera là mieux qu'à St Prix. J'ai choisi exprès ce petit endroit admirablement situé pour les personnes délicates, sans attendre l'autorisation de Mr Louis. Je suis sûre de ce qu'il dira. Je t'attends, mon père bien aimé, avec tout mon monde. N'est-ce pas que tu viendras ?
>
> Tu as bien raison de remercier mon mari, il est si bon et si affectueux ! Ma belle-sœur aussi me gâte et me soigne. Je me sens aimée et je suis heureuse. Je n'ai vu que ton triomphe, mon bon et cher père ; et j'ai oublié tout ce qui accompagne le plus brillant

succès. Ta belle lettre chérie m'a rappelé que tout n'était pas gloire et triomphe et qu'il y avait autour de toi de petits ennuis invisibles d'ici. J'ai reçu des félicitations sans nombre à propos des Burgraves. J'ai bien envie d'avoir le livre, mon bon père ; je [trouverai] sans chercher la page, les vers dont tu me parles. Ton cœur retentira dans le mien.
Embrasse ma bonne mère chérie, dis-lui qu'elle aura une longue, longue lettre Jeudi, et que je regarde la sienne de ce matin comme ne comptant pas. Elle est courte et je la veux par dessus le marché. Soigne bien la santé de ma bonne mère, cher papa. Je ne veux pas qu'elle soit malade.
Adieu, mon bon père bien-aimé, laisse moi embrasser ton front et tes cheveux et laisse-moi te dire que je suis ton enfant bien tendre, bien pleine d'amour et de respect.
L.
Samedi 18 Mars[5]

Victor Hugo mène une vie de fou. C'est à peine s'il arrive à dormir une heure par-ci par là, mais il s'arrache à ses obligations, se retire dans son cabinet (à moins que ce ne soit dans un coin du théâtre, entre deux répétitions) et il répond à sa fille : « J'ai souvent avec toi à ton insu de longs et doux entretiens, je t'envoie d'ici, la nuit, dans le silence, des bénédictions qui te parviennent, j'en suis bien sûr. » Il avait quelque mérite à ouvrir ainsi son cœur, et déjà à en trouver le temps. Car il était pris dans la tourmente des *Burgraves*. Il était la cible des comédiens, des avocats, des critiques et il devait mener sa barque sous ce tir groupé, ciblé sur sa personne plus que sur sa pièce. Il reprenait son texte la nuit, rencontrait les critiques et les hommes de loi le matin, dirigeait les acteurs l'après-midi et trouvait le moyen néanmoins de s'informer de ses enfants, de lire ou de se faire lire les lettres de sa fille. Il prenait le temps de lui écrire, en dépit de ses yeux malades, et de lui dire combien elle lui manquait : « Je te sais heureuse, j'en jouis de loin et avec une triste douceur, et ton beau ciel bleu me console de ma nuée[6]. »

Il pensait à sa fille « tous les quarts d'heure », avait avec elle à distance « de longs et doux entretiens », lui envoyait « à chaque instant » des lettres télépathiques, la bénissait « la nuit, dans le silence ». Si elle lui reprochait de l'oublier, de ne pas lui écrire assez souvent, de ne pas fixer la date de sa visite au Havre, il se fâchait : « Surtout ne dis pas, ne dis jamais que ton père t'oublie[7]. »

Il tentait, au grand dam de Léopoldine, de retarder le départ pour la Normandie de sa femme et de ses cadets, et semblait redouter la solitude qui suivrait la transhumance annuelle : « Dans peu de temps, le mois prochain, ta mère, Dédé et Toto iront vous rejoindre là-bas. Moi, je resterai seul à Paris où bien des travaux, bien des affaires, bien des ennuis me retiennent encore. Songez donc tous un peu à moi, ainsi qu'à ce pauvre et bon Charles, exilé comme moi[8]. » Il était très entouré à Paris ; il avait Juliette et Claire, les familles Hugo et Foucher, les artistes et écrivains, les chroniqueurs et les hommes de théâtre, les danseuses et les actrices... Au départ de sa femme, il parla cependant de « solitude profonde » et de douleur de la séparation, dans des lettres qu'il concluait ainsi : « Je t'embrasse et je t'aime, mon enfant. Quelle joie le jour où je te reverrai ! Pense à moi, écris-moi. Tu as toujours, songes-y bien, la même place dans mon cœur et dans ma vie. Je t'embrasse encore[9]. » Il errait dans l'appartement désert, passant de pièce en pièce comme un somnambule, s'arrêtant devant le lit où sa Didine avait dormi, jusqu'à ce mariage qui avait tout gâché.

Il méditait devant le lit de sa fille, et elle s'endormait en contemplant son portrait, disposé en bonne place dans la chambre conjugale. Elle voulait d'abord un buste. Elle l'avait commandé à David d'Angers, le sculpteur le plus renommé de Paris[10], et avait fait tout ce qu'elle pouvait pour accélérer la livraison. Fin mars, ne voyant rien venir, elle n'avait pas hésité à solliciter l'intervention d'un académicien, et pas n'importe lequel : il passait pour le plus grand poète et le plus grand dramaturge de son temps (de tous les temps, disait-on, dit-on encore ici et là) : « Mon père bien-aimé, j'attends impatiemment ton buste. Je n'ai rien de toi ici. Quand tu verras Mr David, rappelle-lui [sa] promesse[11]. » Quand le convoyeur s'était présenté rue de la Chaussée, elle était si impatiente de revoir les traits de son père qu'elle avait accepté le colis sans prendre le temps de le vérifier. Erreur ! « Il vient de nous arriver une histoire bien ennuyeuse à propos du buste de papa. Avant-hier on apporte une caisse de roulage. Avec un papier indiquant le contenu de la caisse, le prix du port, etc. Nous descendons afin de parler au porteur et de faire monter l'objet en question. On décharge une caisse qui pouvait contenir le buste de papa, sur laquelle il y avait le chiffre de mon mari C.V., le n° comme sur le papier, et enfin qui portait une indication toujours comme le papier "Une caisse Plâtre". Mon adresse était bien sur la feuille de roulage qu'on m'avait remise ; mais elle n'était plus sur la caisse. Une carte clouée portait le nom et l'adresse d'un curé de Cherbourg. [...] Ma belle sœur penchait à refuser la caisse. [Pour moi] c'était le buste bien sûr et je voulais l'avoir de suite. Aussi me suisje décidée à payer les 5f de port et à ouvrir l'objet. C'étaient de petits cadres de première communion et de petits bonshommes de plâtre. » Il fallut que

Charles se déplace chez le transporteur, se renseigne à Paris, écrive au curé de Cherbourg. Conclusion : « Je veux mon buste à toute force, je vais remuer ciel et terre pour retrouver ma caisse[12]. » Le buste finit par arriver, mais il était si grand qu'il n'entrait pas dans la petite chambre. Qu'importe : Léopoldine saisit sa plume et réclama aussitôt qu'on lui envoie une réduction, une toile, n'importe quoi, du moment que cela représente papa et que cela ne tarde pas. Elle reçut, probablement par sa mère, un portrait de la main de Louis Boulanger. Réponse par retour : « Merci, merci, cher Monsieur Boulanger, du chef-d'œuvre que vous m'avez envoyé. Vous m'avez donné une des plus grandes joies qui me restaient à éprouver ; [vous m']avez réuni à un absent bien cher et bien aimé, c'est lui qui est contenu dans ce cadre, lui et tout-à-fait lui. Je ne pourrai jamais vous dire quelle impression m'a faite la vue de [ce portrait] si réussi, si vivant, si complet. Il ne me quittera pas et il aura mon premier regard tous les jours[13]. » Elle sentait le corps de Charles allongé contre le sien, le matin en s'éveillant, mais sa première pensée, son premier regard étaient pour Victor.

Il y avait pourtant comme une tension dans leurs rapports. Léopoldine à son « bon père chéri » le 11 mars : « Tu ne douteras plus de notre sagesse et de notre raison, n'est-ce pas, mon bon père[14] ? » À sa « bonne mère chérie » le 27 avril : « Malgré moi, j'ai un peu de ressentiment contre papa. Il vous tient bien cruellement, et il ne pense pas au chagrin qu'il me cause[15]. » À son « bon père » le même jour : « Maman m'écrit que tu veux la garder [...] Mon bon père, cette résistance de ta part, ce reproche que tu fais à ma pauvre mère, est le premier chagrin que j'ai éprouvé depuis deux mois[16]. » Victor, le 21 avril : « Ne dis jamais, même en plaisantant, ma fille bien-aimée, que je t'oublie[17]. » Ce n'était pas nouveau. Ce langage à la fois ferme et caressant qui avait tant d'effet sur lui, elle l'avait forgé dans les années 1830 pour lui reprocher, sans se départir du respect qu'elle lui devait, de faire pleurer sa mère et de délaisser ses enfants au profit de vieux monuments ruinés. Les mots étaient restés, l'effet aussi : quand il eut lu sa lettre, Hugo autorisa le départ de sa femme et de ses enfants. Alors, le ton était peut-être un peu plus sec, les négociations du mariage étaient passées par là, mais la tendresse, l'attachement étaient intacts. En somme, ils étaient comme deux vieux amants dans la vingtième année de leur idylle.

NOTES

1. VH, *Les Burgraves*, acte 2, scène 4.

2. **La première des *Burgraves*.**

Léopoldine est-elle à cette première ? La lecture des romantiques pourrait le laisser croire.

Eugène Woestyn dans *Le Journal du dimanche* du 4 octobre 1846 : « La seconde fois [que je vis Léopoldine], c'était au Théâtre-Français, le jour de l'inauguration des *Burgraves*. Mlle Léopoldine, à côté de sa sœur et de sa noble mère, occupait une des loges qui ouvrent sur la scène ; à vingt reprises [...], je levai les yeux vers la petite loge où rayonnaient de joie et d'orgueil trois femmes chères au poète, je contemplais le front de la jeune fille resplendissant d'extase. »

Philoxène Boyer, *Études politiques et littéraires sur* Le Rhin *et* Les Burgraves, Paris, 1849, p. 175 : « La mère, à ce grand jour du 7 mars, pouvait montrer encore à ce public chercheur d'émotions puissantes ces quatre blondes têtes où la Providence avait pris soin de mêler ses grandeurs avec ses grâces, pour donner une fois au moins, dans cette admirable famille, ce rare spectacle de la beauté qui devient une hérédité, du génie qui devient un patrimoine. »

Sauf ces deux perles (que je tire de l'indispensable Pierre Georgel, *PG* p. 356), tous les témoignages à la fois de la presse et de la correspondance familiale situent Léopoldine en Normandie le 7 mars 1843, jour de la première. Je retiens l'avis majoritaire.

3. VH à LH, 16.3.1843. *Éd. chrono.*, 6-1227.

4. LH à VH, 18.3.1843. *PG* 358.

5. LH à VH, 18.3.1843. *PG* 358. Texte intégral, dans la transcription de Pierre Georgel. Une pièce d'anthologie !

6. VH à LH, 16.3.1843. *Éd. chrono.*, 6-1227.

7. VH à LH, 21.4.1843. *Éd. chrono.*, 6-1228.

8. VH à LH, 21.4.1843. *Éd. chrono.*, 6-1228.

9. VH à LH, 22.5.1843. *Éd. chrono.*, 6-1230.

10. David d'Angers était un ami de longue date de la famille. Victor Hugo lui a consacré un poème des *Feuilles d'automne*, rédigé en 1828 (8. « À M. David, statuaire ») et que Léopoldine devait connaître :

Que n'ai-je un de ces fronts sublimes,
David ! mon corps, fait pour souffrir,
Du moins sous tes mains magnanimes
Renaîtrait pour ne plus mourir !

11. LH à VH, 29.3.1843. *PG* 368-9.

12. LH à AlH, 1.4.1843. *PG* 370-376. Une longue, une très longue lettre de Didine à sa maman. David d'Angers, familier de la famille Hugo, a donné trois bustes et un portrait en médaillon de Victor Hugo, en 1837, 1838, 1842. Le buste envoyé à Léopoldine est une copie en plâtre, conservée au musée de Villequier. Une pièce énorme, beaucoup trop grande pour la petite chambre que les jeunes mariés occupaient chez Mme Vacquerie, veuve Lefèvre.

13. LH à Louis Boulanger, 12.5.1843. *PG* 412. Le dessin de Boulanger est conservé aujourd'hui au musée de Villequier. Pierre Georgel en a donné une copie dans le catalogue de l'exposition de 1967 consacrée à Léopoldine (*PG* 1967, pl. 9).

14. LH à VH, 11.3.1843. *PG* 347.

15. LH à AlH, 27.4.1843. *PG* 399.

16. LH à VH, 27.4.1843. *PG* 402. Léopoldine n'admet pas que son père veuille retarder le départ de sa femme pour Le Havre.

17. VH à LH, 21.4.1843. *Éd. chrono.*, 6-1228.

Je voudrais ne jamais te quitter

9 juillet 1843

DANS LES PREMIERS JOURS DE MAI[1], Léopoldine accueille enfin sa mère, sa sœur, son frère cadet dans une maison qu'elle a louée et meublée à leur intention à Graville, dans la banlieue du Havre. Un bonheur ne venant jamais seul, son père lui écrit. Il écrit le 22 mai, le 26, le 19 juin. Il avait promis de venir et il vint en effet, après plusieurs reports. Il arriva le 9 juillet… et repartit le 10 au petit jour[2].

Elle le cueillit à l'embarcadère, en compagnie de son mari bien sûr, et l'emmena aussitôt à Graville. Sauf Charlot, retenu à Paris par ses études, la famille était enfin réunie. C'était la première fois depuis le mariage de l'aînée, la première fois depuis la réconciliation de Didine et de papa. Un événement ! Un événement et un moment de grand bonheur[3]. Ils déjeunèrent en famille dans le jardin de la maisonnette, se promenèrent bras dessus bras dessous sur les quais et la jetée, puis Hugo emmena son petit monde chez son ami Alphonse Karr, installé à Sainte-Adresse, dans une maison qu'il avait achetée à Nicolas Lefèvre en 1839, à peu près au moment où Léopoldine faisait la connaissance de Charles Vacquerie. A-t-il trouvé le temps de parler en aparté avec sa fille ? De l'entretenir de ses inquiétudes et de ses espérances ? De l'écouter ? Sans doute. Il était venu pour cela, elle attendait cette occasion depuis l'été d'avant. Il se sera assis à côté d'elle à table, lui aura donné le bras à la promenade comme il avait toujours fait, et Charles se sera éloigné de quelques pas, les autres auront pris les devants pour les laisser seule à seul[4]. Mais les choses avaient changé entre eux, il y avait cette trahison que, dans le fond, il ne lui pardonnait pas, et il semblait pressé de reprendre le bateau, de la laisser à cette existence où il n'avait pas de place.

Il devait partir quelques jours plus tard pour l'Espagne et les Pyrénées. Léopoldine, sans vraiment se l'expliquer, insistait pour qu'il change ses plans et passe l'été en Normandie. Il hésita un moment, puis il pensa à Juliette, à ses retrouvailles avec l'Espagne, aux bains réparateurs à Cauterets et à Saint-Jean-de-Luz. Il pensa à l'Académie et à la Commission des monuments. Il pensa qu'il voulait être le premier en tout et laisser sa marque dans l'histoire. Alors il se détourna, embrassa ses enfants et demanda seulement que François-Victor l'accompagnât à l'embarquement du *Normandie*, le lendemain à l'aube.

Il était comme cela. À l'escale de Rouen, sur le trajet qui le menait vers Léopoldine, il avait demandé une plume, du papier, et écrit à Juliette :

> Quand tu recevras cette lettre, ma bien-aimée, dis-toi : il va arriver. J'espère en effet que je la suivrai de près.
>
> Au reste, mon ange, je suis toujours là. Je ne t'ai pas quittée un instant. En ce moment-ci même si tu me crois absent, mon œil est ouvert sur toi et il te voit dans ta chambre rouge et or, entourée de beaux

paons brodés sur la tapisserie, cultivant tes fleurs, jasant avec ton joli petit oiseau vert, et pensant à moi[5].

Dix jours plus tard, au moment de prendre la malle-poste de Bordeaux, cette fois avec Juliette, il attrapait une feuille et y jetait en hâte quelques mots pour Léopoldine :

Si tu savais, ma fille, comme je suis enfant quand je songe à toi. Mes yeux sont pleins de larmes, je voudrais ne jamais te quitter. Le spectacle de ton bonheur m'a charmé l'autre jour. Ton mari est bon, doux, tendre, aimable, spirituel. Aime-le bien. Moi je t'aime aussi.
Cette journée passée au Havre est un rayon dans ma pensée ; je ne l'oublierai de ma vie. Qu'il m'en a coûté de vous résister à tous. Mais c'était nécessaire. Je suis parti avec un serrement de cœur, et le matin, en passant près du bassin, j'ai regardé les fenêtres de ma pauvre chère Didine endormie. Je t'ai bénie et j'ai appelé Dieu sur toi du plus profond de mon cœur. Sois heureuse, ma fille, toujours heureuse, et je serai heureux. Dans deux mois je t'embrasserai. En attendant, écris-moi, ta mère te dira où. Je t'embrasse encore et encore[6].
V.

… et pour Adèle Foucher :

J'ai été si heureux dans cette journée que j'ai passée au Havre ! si parfaitement et si pleinement heureux ! Je vous voyais tous pleins de beauté, de vie, de joie, et de santé. Je me sentais aimé dans ce milieu rayonnant. Tu étais, toi, parfaitement belle et tu as été bonne, douce et charmante pour moi. Je t'en remercie du fond du cœur.

> J'ai vu Charlot presque tous les jours cette semaine. [...] Nous avons passé dimanche la journée ensemble chez Mme de Villeneuve qui a été charmante et m'a parlé de toi dans les termes les plus affectueux et les plus sentis. C'était la fête de Maisons. Charles s'est fort amusé. Moi, au milieu de toute cette joie, j'étais triste. Je ne pouvais m'empêcher de comparer ce dimanche-là au précédent, et de me dire que l'autre était bien doux, bien heureux et bien complet. Dans un mois Charlot sera près de toi ; dans deux mois je serai avec vous. Je voudrais que ces deux mois fussent déjà écoulés. J'ai besoin de ce voyage pourtant. Adieu, mon Adèle chérie. Je t'écrirai bientôt où il faudra m'écrire[7].

... sans oublier pour autant une beauté blonde dont tout Paris parlait depuis son retour du Grand Nord trois ans plus tôt, et qui est peut-être le véritable motif de son départ précipité du Havre. Hugo avait rencontré Léonie Biard chez une amie commune[8]. Elle était mariée, elle était mère, elle avait l'âge de sa fille à quelques années près, mais il en fallait plus pour arrêter le faune. Il lui envoyait ses œuvres, lui adressait des lettres et des poèmes d'une sensualité brûlante et la rencontrait en aparté, probablement dans son cabinet de la place Royale, tout au bout du long couloir, en haut de l'escalier dérobé. Étaient-ils amants en 1843 ? Rien ne permet de l'affirmer, mais ils se voyaient, ils s'aimaient, et Hugo, s'il voulait voir Léonie avant de quitter Paris avec Juliette, n'avait pas de meilleure solution que d'écourter son séjour au Havre avec sa femme et ses enfants, et de la rencontrer, quelque part sur la route du retour[9]. Simples soupçons ? Oui, sauf qu'à partir du 10 juillet, Adèle le croit à Paris et Juliette le croit au Havre : « Je prévois que le bonheur d'être réuni à ta fille va te retenir bien des jours encore loin de moi[10]. » Sauf qu'avec l'âge et la célébrité, il résiste de moins en moins aux charmes des très jeunes femmes qui passent à sa portée[11].

Il finit par partir, mais il écrivait à sa fille à chaque étape ou presque : le 18 juillet de Paris, le 26 de Biarritz, le 31 de San-Sebastian en Espagne, le 9 août de Tolosa toujours en Espagne, le 17 de Pierrefitte près de Cauterets dans les Pyrénées, le 25 et le 28 de Luz près de Cauterets également[12]. Il écrivait plus, beaucoup plus qu'à aucune de ses absences précédentes, et toujours pour déplorer son absence à son côté :

> Biarritz, 26 juillet.
> je vois d'ici la mer comme au Havre, mais je la vois sans toi, ma fille bien-aimée. Je me promène sur des grèves, j'admire de magnifiques rochers, mais je me promène sans toi, j'admire sans toi. Je ne sens pas ton bras doucement posé sur le mien. La nature est toujours bien belle, mon enfant, mais elle est vide quand ceux qu'on aime sont absents. [...] Je passerais ici ma vie si je vous avais tous, ... Mais vous n'y êtes pas et tout me manque. Je travaille beaucoup. Cela occupe la pensée, sinon le cœur[13].

Léopoldine avait une vue plus simple du bonheur. Son mari travaillait au Havre ? Eh bien, elle quittait Paris et s'installait avec lui à deux pas de son bureau. Sa mère, sa sœur lui manquaient ? Elle louait une maison pas trop chère, pas trop loin de chez elle, les invitait pour la belle saison et s'occupait des rideaux qu'elle mettrait aux fenêtres. Ce n'était pas plus difficile que cela ! Il y avait bien une ombre à ce joli tableau, l'absence de papa, mais cela faisait dix ans que papa disparaissait l'été sans vraiment donner d'adresse. Elle lui répond le 27 juillet et ce sont les derniers mots qu'elle lui adressera :

> Mon père bien-aimé, merci mille fois pour tes deux bonnes lettres. [...]
> J'étais triste, mon bon père adoré, de ne pouvoir pas t'écrire le jour de ta fête. Je pensais que j'aurais bien des baisers à te donner, bien des choses à te dire. Il m'a fallu garder en moi toutes les tendresses dont mon cœur était plein et attendre jusqu'aujourd'hui[14].

NOTES

1. Avant le 10 mai. La date exacte de l'arrivée de Mme Hugo n'est pas connue.

2. **L'emploi du temps de Victor Hugo.**

Victor Hugo, monstre d'énergie, a depuis toujours un emploi du temps de ministre. Hector Berlioz à son ami Shutter, en 1833 : « J'ai vu Hugo qui vous prie de l'excuser s'il n'a pas encore répondu à votre lettre ; [...] il reçoit tant de lettres qu'il a à peine le temps de les lire. » En juillet 1843, il dirige l'Académie française, affronte la critique des *Burgraves*, relance ses éditeurs, médite son retour au roman et à la poésie, s'intéresse très activement au spiritisme (il assiste à des séances). Il n'est encore ni député ni pair de France ; il est déjà père de famille (il s'occupe de son fils Charles, dont la conduite laisse à désirer) et, pour reprendre l'expression de Jean Genet, « paire de couilles ». Ses amours l'occupent beaucoup en effet ; il écrit à sa femme, prépare son voyage annuel avec Juliette et retrouve souvent, pour des rencontres très intimes, une jeune femme blonde dont on reparlera. Le 1er avril 1843 : « Nous errions dans la ville immense, / Tous deux, sans bruit, / À l'heure où le repos commence / Avec la nuit ! » (VH, *Dernière gerbe*). Un peu plus tard : « Je regarde autour de moi toutes les admirables traces de ton passage, le lit défait, la chambre en désordre, le tabouret où ton pied s'est appuyé, l'oreiller où ta ravissante tête a laissé son empreinte. [...] D'ici à demain, je ne veux rien déranger de ce dérangement. » (VH à Léonie Biard, lettre non datée).

3. **Le bonheur de Léopoldine.**

L'assurance d'un gros tirage a conduit sur les traces de Victor Hugo des biographes pressés ou peu soucieux d'exactitude. On voit de tout à propos de Hugo et de sa famille. On voit neuf pénétrations au cours de la nuit de noces en 1822, la naissance d'Adèle le 28 juillet 1830 (elle est née le 24 août), la rédaction des *Misérables* dans les lieux les plus improbables. On voit aussi, sans mention de source, Léopoldine enceinte de trois mois en juillet 1843 et heureuse de l'annoncer à sa famille.

Hypothèse séduisante : une grossesse détruirait le mythe de l'innocence qu'elle incarne aux yeux de Hugo. Hypothèse plausible : elle laisse deux mois pour la conception à compter du mariage. Hypothèse gratuite : je n'ai pas trouvé d'indication décisive à ce sujet, ni dans la correspondance, ni dans les témoignages, ni dans l'acte de décès (LH aurait été enceinte de cinq mois en septembre 1843). Le contraire m'eût étonné : le XIXe siècle est d'une pudeur donc d'une discrétion extrême pour tout ce qui touche à la reproduction.

De toute manière, tout indique que Léopoldine trouve ses plus grands bonheurs dans la compagnie de son père. Or, le 9 juillet, elle le revoit après une séparation de près de cinq mois, la plus longue de toute son existence. Pour elle, le bonheur de la journée est là, dans la présence de son papa.

4. Me montrant l'eau sombre.

Victor Hugo a donné, pour conclure le premier tome et le livre 3, « Autrefois », des *Contemplations*, juste avant les points de suspension sur la page blanche du 4 septembre 1843, un long poème (de 813 vers ; *La Bouche d'ombre* en compte 786 et *Les Mages*, 710) sous forme d'un dialogue en tête à tête avec sa fille sur un rivage de Normandie. Un dialogue imaginaire, composé en 1846 et daté (fictivement, comme presque toutes les pièces des *Contemplations*) de 1839.

J'avais à mes côtés ma fille bien-aimée.
La nuit se répandait ainsi qu'une fumée. (...)
Soudain l'enfant bénie, ange au regard de femme,
Dont je tenais la main et qui tenait mon âme,
Me parla, douce voix,
Et, me montrant l'eau sombre et la rive âpre et brune,
Et deux points lumineux qui tremblaient sur la dune :
— Père, dit-elle, vois.

Ces deux lumières, dit alors le père à l'enfant, sont les deux mondes qui régissent la vie, le feu du pâtre et l'étoile du ciel, l'Ici-Bas et l'Au-Delà. Et il engage sa fille, « forçant l'ombre où Dieu seul entre », à « Aller voir de près dans leur antre / Ces énormités de la nuit » (VH, *Les Contemplations*, 3-30. « Magnitudo Parvi »). Huit cent treize vers, vingt-sept pages d'invitation dans l'Au-delà (l'eau-de-là ?). Or, l'analyse des emplois du temps de Hugo et de sa fille (ils sont connus jour par jour et souvent heure par heure) ne laisse qu'une solution pour une rencontre en bord de mer : le 9 juillet 1843, jour de la visite de Hugo au Havre avant son départ pour l'Espagne.

Ce n'est pas la première fois qu'il invite sa fille à l'accompagner dans ses voyages au pays des ténèbres, des abîmes, des

« masques noirs ou vermeils », des « éthers inaccessibles » et autres sépulcres, tombeaux, volcans... Elle a résisté jusque-là à ces invitations morbides, mais n'est-elle pas plus faible que d'habitude, le 9 juillet 1843 ? Elle n'a pas vu son père depuis son départ précipité du jour des noces cinq mois plus tôt, elle se reproche encore cet abandon, et elle est toujours très dépendante, affectivement et psychiquement.

Hugo est, son œuvre et son existence le prouvent, un redoutable analyste des âmes ; il évalue donc assez précisément l'influence qu'il exerce sur celle de sa fille et il connaît le danger des évocations du Ciel : à la mère de l'enfant mort (Mme Lefèvre au décès de son fils), il explique que le défunt a voulu suivre au pied de la lettre les instructions de ses parents : « Oh ! vous avez trop dit au pauvre petit ange / Qu'il est d'autres anges là-haut, / Que rien ne souffre au ciel, que jamais rien n'y change, / Qu'il est doux d'y rentrer bientôt » (VH, *Contemplations*. 3-14. « À la mère de l'enfant mort »). Il mesure tout le risque qu'il peut y avoir à parler de l'Au-delà, au bord de l'eau, à une enfant fragile. Mais il est homme, pauvre pécheur, et les forces du Mal, en lui, l'emportent parfois sur celles du Bien.

5. VH à JD, 8.7.1843, in *Lettres de Victor Hugo à Juliette Drouet*, Fayard, p. 89.

6. VH à LH et CV, 18.7.1843. *Éd. chrono.*, 6-1234.

7. VH à A1H, 18.7.1843. *Éd. chrono.*, 6-1234.

8. **Léonie Biard.**

Léonie d'Aunet a l'âge de Léopoldine, à quelques années près (elle est née en 1820, Léopoldine en 1824). Elle est entrée au service du peintre Auguste Biard fin 1837 ou dans les premiers jours de 1838, comme modèle, comme maîtresse de maison et bientôt comme maîtresse tout court. L'année suivante, elle obtint de l'accompagner dans une expédition au Spitzberg dont il était le peintre officiel. Une femme exploratrice, c'était étrange, mais le plus extraordinaire fut qu'elle en revînt. Son succès tenait à cet exploit et à une forme de beauté naïve que Hugo appréciait entre toutes. Ils se rencontrèrent à la campagne, dans la maison d'une Mme Hamelin, coquette sur le retour et grande amie de Léonie, au cours de l'été 1841, un peu plus de un an après le retour du Grand Nord. Entretemps elle était devenue Mme Biard et elle avait accouché d'une petite fille, mais Hugo, intransigeant sur la « pureté » de sa femme et de ses filles, ne s'arrêtait pas pour lui-même à ces menus détails : « J'avais trente-neuf ans quand je vis cette femme (c'était donc bien en 1841) / De son regard plein d'ombre il sortit une flamme / Et je l'aimai... »

Quand sont-ils devenus amants ? On l'ignore. Les lettres conservées (torrides) ne sont pas datées et Hugo déguise en matériau pour un futur roman les passages (brûlants) des lettres de Léonie qu'il recopie avant de les détruire. On sait seulement que la police, sur dénonciation du mari, les prend en flagrant délit d'adultère, le 5 juillet 1845 à l'aube, dans une chambre du passage Saint-Roch. Connaissant les ardeurs de Hugo, on peut penser qu'il l'aura eue moins de deux ans après l'avoir connue, donc avant ou peut-être au moment de leur rencontre secrète, en juillet 1843.

L'affaire du flagrant délit était fâcheuse pour la carrière du poète Hugo, chantre de la famille et de l'amour platonique. Il invoqua l'immunité des pairs de France et pria le roi d'intervenir auprès de M. Biard pour qu'il retirât sa plainte, moyennant quelques commandes publiques bien entendu. Ainsi fut fait. Pour Léonie, ce fut un peu moins simple. On l'enferma deux mois à la prison Saint-Lazare, six mois de plus au couvent des Augustines. Après quoi, son mari obtint la séparation de corps et de biens, et lui abandonna la garde et la charge des enfants. Elle se distinguera encore quelques années plus tard en envoyant à Juliette Drouet, assemblées sous un joli ruban, les lettres d'amour que Hugo lui adressait. Une manière, un peu expéditive peut-être, d'obliger son amant à choisir entre ses deux maîtresses « officielles ». Car il y en avait d'autres.

9. Victor Hugo avait une notion très personnelle de ce qu'il appelait « la loyauté ». « Je sais, écrivait-il en 1841, que c'est une vieille recette des amours vulgaires qu'il faut cacher à l'être aimé la moitié de ce qu'on éprouve. Je pense précisément le contraire et je fais comme je pense. L'amour est une loyauté et ne doit rien cacher. » (VH, *Tas de pierres*, 1841) En 1841, c'était peut-être à peu près vrai, il ne cachait pas grand-chose à Juliette. Puis vint Léonie et sa conception de la loyauté évolua.

10. JD à VH, 10.7.1843. Bibliothèque nationale, NAF, 16352. cotée 107.

11. **Victor Hugo et les nymphettes.**

Léonie était déjà mère en 1843, mais elle n'avait que vingt-trois ans et en paraissait moins. Les autres liaisons de Victor Hugo sont moins connues, mais il aura jusqu'à la fin de sa vie un faible pour les tendrons. Au départ pour l'exil en 1852, Mme Hugo, chargée de vendre le mobilier en l'absence de son mari, mettra la main sur des lettres brûlantes et notamment sur des billets de la main d'une Claire, décrivant des rencontres dans des voitures en 1850 et 1851. Il avait quarante-huit ans, elle en avait dix-sept. Les agendas de Jersey et Guernesey gardent par ailleurs la trace de contributions spéciales aux petites servantes qu'il importait de Normandie. Dans les années 1870, autour de soixante-dix ans, il aura des liaisons avec les femmes de chambre et les blanchisseuses de Juliette Drouet.

12. **Les lettres de Victor Hugo à Léopoldine.**

Hugo, quand il est séparé de ses enfants par ses travaux ou ses voyages d'été avec Juliette Drouet (souvent plusieurs semaines, deux mois entiers en 1839), leur écrit très peu. Il s'adresse un peu plus souvent à l'aînée, mais cet « un peu plus » est encore très peu : une lettre en 1834 (le 22.8), une en 1835 (le 6.8), deux en 1837 (les 5 et 27.8), une en 1839 (le 25.6). La perspective du mariage et le mariage lui-même changent complètement le rythme : il lui écrit cinq lettres après le consentement de 1842 (les 28.8, 31.8, 7.9, 11.9, 30.9), neuf entre son mariage le 15.2.1843 et sa mort à Villequier le 4.9.1843 (les 16.3, 21.4, 22.5, 19.6, 18.7, 26.7, 31.7, 9.8, 17.8, 25.8). Pour lui comme pour elle, la séparation déclenche une débauche d'écriture sans précédent.

13. VH à LH, 26.7.1843. *Éd. chrono.*, 6-1235.

14. LH à VH, 17.8.1843. *Éd. chrono.*, 6-1239.

Le temps était superbe

4 septembre 1843

Le dimanche 27 août 1843, la vicomtesse Hugo et sa fille suivent à la cathédrale du Havre une messe solennelle en compagnie de la princesse de Joinville et de la duchesse de Nemours. Elles assistent aux régates dans l'après-midi, toujours en présence de la famille royale. La semaine se passe en visites mutuelles au Havre et à Graville et le samedi, les jeunes mariés descendent au port et s'embarquent pour Villequier.

La mère de Charles les y attend avec son beau-frère Pierre Vacquerie, ancien capitaine de navire, et Arthus, onze ans, le fils de Pierre. Pierre et Charles ont une passion commune, la voile. Pierre a fait construire sur ses propres plans un canot de course que Charles a barré aux régates de Honfleur. Une coque légère, deux grandes voiles auriques…

Le canot était à quai à Villequier. On alla le voir en famille le dimanche et Charles proposa de l'essayer sur la Seine le lendemain. Il devait prendre son notaire le matin à Caudebec, l'occasion était toute trouvée. Pierre et le petit Arthus l'accompagneraient, bien entendu. Et Léopoldine ? Léopoldine ne savait pas où était son devoir : devait-elle suivre son mari ou tenir compagnie à sa belle-mère ? Cette barque est beaucoup trop légère, dit alors Mme Vacquerie, et elle insista pour que Léopoldine reste à terre.

Les brumes qui montaient de la Seine le lundi matin annonçaient une journée magnifique. L'air était doux, le fleuve parfaitement calme. Les deux hommes et l'enfant sautèrent dans la barque, hissèrent une première voile, s'écartèrent lentement du rivage. Conçu pour affronter la mer, le canot dansait dangereusement sur les eaux immobiles. Ils revinrent à quai, chargèrent deux grosses pierres en guise de lest. Léopoldine les avait accompagnés jusqu'à l'eau et les observait de la rive. Elle se souvint des mises en garde de Mme Vacquerie : cette barque est trop légère, cette excursion s'annonce mal. Alors, quand elle eut mesuré tout le danger de cette folle équipée, elle demanda d'en être. Pouvait-on l'attendre quelques minutes, le temps de passer une robe ?

Charles accepta pour les autres. Il était inconscient de nature. En visitant l'abbaye de Jumièges quelques années plus tôt, il s'était distingué en emmenant Didine et son frère sur une tour en ruine, au péril de leurs vies. Léopoldine sait tout cela. Elle connaît l'étrange attirance de Charles Vacquerie pour le danger sous toutes ses formes, sa fascination pour le risque, sa propension à se jeter dans des situations périlleuses. Elle mesure à présent le danger de cette simple promenade, elle sait qu'elle ne survivra pas si le canot chavire... et elle court vers la maison, grimpe l'escalier quatre à quatre, enfile la robe de mousseline à carreaux rouges et blancs qui lui va si bien, et revient, le cœur battant, se serrer contre Charles dans la barque.

Le voyage aller fut une partie de plaisir. Une petite brise s'était levée et gonflait doucement la voile, Charles était au gouvernail et dirigeait la manœuvre. Assise tout contre lui sur le banc du barreur, Léopoldine se laissait bercer par la musique du vent sur la toile, de l'eau contre la coque. C'était son baptême de la voile. Une occasion de découvrir une passion de son mari.

Maître Bazire, qu'on devait ramener à Villequier pour le déjeuner, était un marin averti. Il ouvrit des yeux ronds en apercevant la petite barque et son formidable gréement. Charles et l'oncle Pierre, pour le mettre en confiance, y chargèrent des boulets de canon et quelques blocs de grès entreposés sur le quai. Le notaire finit par embarquer[1] et largua lui-même l'amarre. Mais le canot dansait dangereusement. Il dansait tellement que le nouveau passager se fâcha et exigea d'être débarqué. Il préférait faire la route en voiture et insistait pour que les autres l'accompagnent, au moins Léopoldine et le petit Arthus, qui ne savaient pas nager. Libre à Charles et à Pierre Vacquerie de se prêter à des jeux dangereux, mais de quel droit les imposaient-ils à deux innocents ? Rassurée un moment par la bonne marche du voyage aller, Léopoldine s'alarmait de nouveau. Charles riait, l'oncle Pierre se portait garant de la conception de son bateau, mais le fait est que cette barque gîtait à faire peur à la moindre saute de vent.

— Venez, disait le notaire, n'écoutez pas ces fous.

Elle regardait alternativement son mari et ce bon bourgeois qui semblait s'y connaître et ne lui voulait certainement que du bien. D'un côté la folie, l'inconscience de la jeunesse, de l'autre le bon sens du père de famille. Le notaire était sur la berge et lui tendait la main. Elle regarda son mari comme pour lui demander ce qu'il pensait de tout cela, s'il ne serait pas plus raisonnable d'arrimer là cette barque et de rentrer tous par la route. Charles se taisait. Il soutint un moment le regard de sa femme, puis il se détourna. Alors elle se rapprocha de lui. Ce fut sa réponse à la main tendue de maître Bazire.

L'oncle hissa la voile de nouveau et l'embarcation repartit vers le large. Le vent était maintenant capricieux, la toile tantôt se gonflait tantôt retombait, la barque prenait de la gîte, se redressait brusquement, s'inclinait encore... Le petit Arthus chantonnait à l'avant, Pierre notait les réactions de son coursier et pensait aux prochaines régates. Charles abandonna la barre un instant et alla bloquer les écoutes. Vit-il venir la risée qui courait vers eux sur le miroir de l'eau ? C'est probable. Quand le coup de vent frappa la voile, le bateau s'inclina davantage. Les pierres jusque-là immobiles au fond de la coque basculèrent, roulèrent sur le plat-bord et aggravèrent la gîte. Le roulement du lest épaulait la poussée de la brise. Les écoutes, tournées sur les amarres, retenaient la voile. Le canot bascula.

Ce fut l'affaire d'un instant. Les deux hommes, l'enfant, la jeune femme que le pilote de *la Petite Emma*, un vapeur de la ligne du Havre, avait aperçus à midi trois quarts, louvoyant paisiblement sous faible brise de nord-ouest, étaient quelques minutes plus tard des êtres en perdition que rien ne pouvait sauver[2].

En redressant l'embarcation, plus tard dans l'après-midi, on trouva en fond de coque un boulet et une pierre, sur le bord le cadavre de Pierre Vacquerie. Les trois autres passagers avaient disparu. On amena une seine pour draguer le banc de sable qui se trouvait là. Le premier coup de filet remonta le corps inerte de Léopoldine. Ceux de Charles et d'Arthus vinrent ensuite, presque aussitôt. Déposés d'abord chez Mme Vacquerie, les corps de Charles et de Léopoldine furent inhumés le surlendemain dans le petit cimetière de Villequier, en l'absence des Hugo[3].

NOTES

1. Lui ou son clerc, ami de Charles. Les versions diffèrent sur ce point de détail.

2. **Légende et vérité sur la noyade dans la Seine.**

On peut reconstituer les faits en puisant à quatre sources :

– le récit d'Alphonse Karr dans le feuilleton du *Siècle* du dimanche 10 septembre, développé dans son journal, *Les Guêpes*, à la date du 11 ;

– l'article d'Alfred Asseline, un cousin des Hugo, dans *La Revue de Paris* du 10 ;

– l'article de Jules Janin, encore un proche, dans le *Journal des débats* du 11 ;

– le récit de Gustave Simon, un des premiers hugoliens, au chapitre 4 de sa biographie d'Adèle Foucher, *La Vie d'une femme.*

Alphonse Karr, qui résidait au Havre (le lecteur se souviendra que les Hugo lui avaient rendu visite dans sa maison de Sainte-Adresse en juillet), était le mieux placé pour enquêter. Enquêta-t-il ? Un peu. Il se soucia surtout d'enchaîner des phrases poignantes à partir des quelques informations que la rumeur lui rapporta. Ensuite, les autres le recopièrent plus ou moins fidèlement en ajoutant des renseignements glanés dans la famille. J'ai tenté de faire la part du sentiment et de m'en tenir aux faits. Une gageure ! Faits et sentiments sont toujours tellement imbriqués dans les récits des romantiques ! Alphonse Karr, le rapporteur principal, n'a pas cité ses témoins et il était trop proche des familles pour résister tout à fait à la tentation de l'hagiographie. Il avait acheté sa maison à Nicolas Lefèvre, connu Auguste Vacquerie comme confrère en écriture, rencontré Victor Hugo comme chroniqueur et critique littéraire, précédé ce dernier dans le lit de Juliette Drouet, dans les années 1831 et 1832. Les conditions de l'impartialité ne sont donc pas réunies.

La légende s'est emparée de l'événement. Elle veut, sur foi de récits romanesques publiés dans les journaux locaux, que Charles Vacquerie ait tenté à plusieurs reprises de sauver sa femme de la noyade. Version d'Alphonse Karr, reproduite dans son journal, *Les Guêpes* : « Des paysans, sur la rive opposée, ont vu Charles Vacquerie – reparaître sur l'eau – et crier, puis plonger et reparaître, – puis plonger et disparaître, – puis monter et crier encore, – et replonger et disparaître... six fois ! Ils ont cru qu'il *s'amusait* ! il plongeait et tentait d'arracher sa femme, qui sous l'eau se tenait au canot renversé, mais qui se tenait comme se tiennent les noyés ; – ses pauvres petites mains étaient plus fortes que des crampons de fer. Les efforts de Charles, – ses efforts désespérés, – ont été sans succès. Alors il a plongé une dernière fois et il est resté avec elle. » Alfred Asseline donne quelques détails à l'appui de cette thèse (les ongles brisés et le bras lacéré de Léopoldine, la réputation de bon nageur de son mari...), mais d'où les tient-il ? N'a-t-il pas succombé lui aussi à la tentation du récit édifiant ?

Victor Hugo, réconcilié *post mortem* avec le ravisseur de sa fille, donnera à cette version un écho retentissant :

...
Leurs âmes se parlaient sous les vagues rumeurs.
– Que fais-tu ? disait-elle. – Et lui, disait : Tu meurs ;
Il faut bien aussi que je meure ! –
Et, les bras enlacés, doux couple frissonnant,
Ils se sont en allés dans l'ombre ; et, maintenant,
On entend le fleuve qui pleure.
[...]
Vivez ! Aimez ! ayez les bonheurs infinis,
Oh ! les anges pensifs, bénissant et bénis,
Savent seuls, sous les sacrés voiles,
Ce qu'il entre d'extase, et d'ombre, et de ciel bleu,
Dans l'éternel baiser de deux âmes que Dieu
Tout à coup change en deux étoiles !

(VH, *Les Contemplations*, 4-17. « Charles Vacquerie ». Composé à Jersey, le 4 septembre 1852.)

C'était poignant, ce n'était pas invraisemblable, mais en vérité « les paysans, sur la rive opposée », seuls témoins de l'acte d'héroïsme, n'existaient que dans l'imagination d'Alphonse Karr. En vérité, les bévues techniques de Charles, navigateur expérimenté, sont trop flagrantes pour ne pas être intentionnelles. Utiliser dans l'estuaire une barque et un gréement conçus pour une régate en mer, jeter des poids mobiles en fond de coque, amarrer les écoutes... autant d'infractions aux règles les plus élémentaires.

3. L'enterrement de Léopoldine.

Victor Hugo avait consenti, après deux ans d'interruption, à reprendre la tradition des voyages d'été avec Juliette

Drouet. Il fixa la destination – l'Espagne et les Pyrénées – et le moment du départ – la mi-juillet. Il partit comme prévu. Sur le chemin du retour, en passant au village de Soubise en Vendée, il entra avec Juliette dans un café, commanda une bière et, attrapant sur une table un vieux journal qui traînait, se mit à le feuilleter. Ce geste allait changer sa vie : un instant plus tard, il se penchait vers Juliette, les lèvres blanches, la main serrée sur sa poitrine. Ce journal lui apprenait la mort de sa fille.

Les jeunes mariés avaient promis de repasser par Graville dans la soirée du 4 septembre. Mme Hugo les attendait avec sa fille Adèle. Vers 22 heures, ne les voyant pas venir, elles avaient pensé qu'ils avaient eu un contretemps et s'étaient couchées le cœur léger : le temps était beau, la mer tranquille... Puis il y avait eu ce coup de sonnette dans la nuit, la voix d'Auguste Vacquerie dans l'escalier : « Charles est mort ! — Et ma fille ? — Morte aussi. »

Décédés le 4 septembre, Charles et Léopoldine sont inhumés le 6, dans un seul et même cercueil, au cimetière de Villequier. Les Hugo, ce jour-là, brillent par leur absence. Ils délèguent leur ami Alphonse Karr et se terrent à Paris. Aucun membre, aucun proche de la famille Hugo ne reconnaît le corps avant la mise en bière, ne voit le cercueil, n'assiste au service dans la petite église ni à l'enterrement dans le cimetière en bord de Seine. La mère de Léopoldine, en apprenant le drame, est restée un moment stupéfaite, puis, très rapidement, elle a fait ses valises et pris avec ses enfants la route de Paris. Son père, informé le 10 en Vendée, est remonté sur Saumur et, de là, a filé non vers Le Havre, mais sur Paris. L'idée de se recueillir sur la tombe de sa fille ne lui viendra qu'en 1847, quatre ans plus tard.

Ils pouvaient exprimer leur émotion, sacrifier aux rites du décès et de l'inhumation. Ils choisissent de se murer dans leur douleur. Place Royale où Victor revient le 15, après un voyage sans sommeil et presque sans nourriture, ils s'enfoncent dans une prostration qui semble définitive. « Hugo tient embrassés ses enfants assis sur ses genoux », observe un témoin (David d'Angers à Victor Pavie, 18.9.1843. *Éd. chrono.*, 7-301). Mme Hugo serre convulsivement contre sa poitrine, de jour comme de nuit, une mèche des cheveux de la noyée. Dix ans plus tard, elle en sera toujours à se recueillir dans un « sanctuaire » à la mémoire de la défunte (A1H, *Souvenirs de Mme Victor Hugo sur sa fille Léopoldine*, 4.9.1865. *Éd. chrono.*, 6-1346 : « Ce tableau [Léopoldine en communiante par Auguste de Châtillon] a été transporté dans la maison que M. Victor Hugo occupe à Guernesey et fait partie du sanctuaire de Mme Hugo. »).

Épilogue

Es-tu heureuse ?

LÉOPOLDINE EST MORTE le 4 septembre 1843. Dix ans plus tard, en septembre 1853, Victor Hugo reçoit à *Marine Terrace*, sa maison hantée de l'île de Jersey, sa vieille amie Delphine Gay, épouse Girardin, adepte de la « fluidomanie ». Les tables ne tournent pas seulement, explique-t-elle, elles parlent. On convient avec elles que les coups qu'elles frapperont seront les lettres de l'alphabet et qu'on écrira la lettre à laquelle elles s'arrêteront ; on obtient ainsi, lettre à lettre, mot à mot, des phrases et des pages entières de messages. Delphine est arrivée le mardi 6 septembre. Le mercredi, elle tente de faire parler une table dans la salle à manger – sans résultat. Le jeudi, elle essaie de nouveau avec une petite table ronde à trois pieds achetée à Saint-Hélier dans un magasin de jouets – en vain. Nouvelles tentatives le vendredi et le samedi – sans plus de succès. Le dimanche 11 septembre, Delphine, Victor Hugo, sa femme et ses trois enfants prennent place, avec deux invités, autour de la même petite table ronde et cette fois, au bout de quelques minutes, la table tressaille[1].

— Qui es-tu ? demande Delphine.

La table lève un pied, demande quelques adaptations à la mise en scène, puis :

— Je suis fille, morte, sœur, répond-elle quand on l'interroge sur son identité.

« Tout le monde pense à la fille que Victor Hugo a perdue, note le rapporteur. [...] Nous sentons tous la présence de la morte. Tout le monde pleure. »

— Es-tu heureuse ? demande Victor Hugo.

— Oui.

— Où es-tu ?

— Lumière.

— Que faut-il faire pour aller à toi ?

— Aimer.

« À partir de ce moment où on est ému, la table, comme se sentant comprise, n'hésite plus. Dès qu'on l'interroge elle répond immédiatement. Quand on tarde à lui faire une question, elle s'agite, va à droite et à gauche. »

— Qui t'envoie ? demande à son tour Delphine de Girardin.

— Bon Dieu.

— Parle toi-même. As-tu quelque chose à nous dire ?

— Oui.

— Quoi ?

— Souffrez pour l'autre monde.

— Vois-tu la souffrance de ceux qui t'aiment ? demande Victor Hugo.

— Oui.

— Souffriront-ils longtemps ? demande Delphine.

— Non.

— Rentreront-ils bientôt en France ?

La table ne répond pas. Victor Hugo reprend la parole.

— Es-tu contente quand ils mêlent ton nom à leurs prières ?

— Oui.

— Es-tu toujours auprès d'eux ? Veilles-tu sur eux ?

— Oui.

— Dépend-il d'eux de te faire revenir ?

— Non.

— Mais reviendras-tu ?

— Oui.

— Bientôt ?

— Oui.

« Clos à une heure et demie du matin », conclut le rapporteur.

À quelque temps de là, Adèle, l'autre fille de Victor Hugo, exaspérée par l'inspiration manifestement hugolienne des esprits du grand salon, installe sa propre table, dans un coin de sa chambre. Et quelle est l'âme qui se manifeste dès la première séance et s'impose ensuite le plus souvent ? L'âme de Léopoldine. Si Adèle lui demande conseil sur son projet d'éloigner Auguste Vacquerie, dont son père lui impose la présence et les assiduités, Didine répond :

— Beauté, esprit, talent font sa douleur. Beauté belle, malheur, génie, bonne satisfaction qui donneront à Auguste mortelle douleur. Battre, voler, forcer, blesser, tuer, jalousie, sort, surnage, mort règne. Ta beauté battue fait la beauté malheureuse. Toi, maîtresse battue, rassure-toi, modifie bonté, arrange joie, domine malheur. Rassure, fais battre beauté, adieu.

— Pourquoi t'en vas-tu ?

— Mort.

— Qu'entends-tu par mort ?

— Faire davantage que durer.

— Devant une telle situation veux-tu continuer la phrase ?

— Difficile, Adèle. […]

Pendant vingt et un mois, de la visite de Delphine de Girardin aux premières crises de folie de Jules Allix, un assidu de la table du rez-de-chaussée, Léopoldine reprit sa place parmi les siens. Elle n'était pas la seule à transmettre aux vivants les messages du royaume des morts. Molière, Shakespeare, Anacréon intervenaient eux aussi, et Dante, Racine, Marat, Mahomet, Isaïe, Jésus-Christ… Mais elle venait souvent et était une des plus loquaces. Elle retrouvait, après dix ans d'interruption, le rôle de messagère de l'Au-delà qu'elle avait si bien joué de son vivant, du moins auprès de son père.

« Tout grand esprit fait dans sa vie deux œuvres, déclare-t-elle un soir par le truchement de la table, son œuvre de vivant et son œuvre de fantôme. Dans l'œuvre du vivant, il jette l'autre monde terrestre ; dans l'œuvre du fantôme, il verse l'autre monde céleste. Tandis que le vivant parle à son siècle la langue qu'il comprend […], le fantôme pensif, la nuit, pendant le silence universel, s'éveille dans le vivant, ô terreur[2] ! » C'était en 1854, l'année où Victor Hugo mettait la dernière main aux *Contemplations*, l'œuvre où il décrivait enfin, après dix ans de silence douloureux, l'essence de sa relation avec sa fille. Les livres 3 (*Autrefois*) et 4 (*Aujourd'hui*) lui sont consacrés presque entièrement, avec en interface, charnière entre cet hier et ce demain, un titre, « 4 septembre 1843 », et une ligne de points de suspension[3]. L'auteur suit scrupuleusement les conseils de la table. Il décrit longuement, avec le lyrisme naturaliste qui éclaire ses plus beaux poèmes, les aspects édifiants de sa relation avec sa fille (son œuvre de vivant) et dissimule sa dimension hermétique (son œuvre de fantôme). Et qui se charge de recueillir le volet occulte du message hugolien, celui que les esprits interdisent de divulguer ? Léopoldine, bien entendu.

« Regardez, écoutez, tremblez. Il est nuit dans le cimetière, la tombe est là, humble, oubliée, profonde [...] Tout à coup, la pierre se soulève, l'épitaphe s'émeut, et quelqu'un sort du sépulcre. C'est le fantôme. Que vient-il faire ? Il vient vivre, il vient parler, il vient lutter, il vient remplacer le vivant[4]. »

Ce fantôme ressuscitant d'entre les morts par la volonté de Hugo, c'était Léopoldine. Elle lui avait sacrifié son existence terrestre, il fallait encore qu'elle quittât la tombe où elle reposait avec son mari pour recevoir, entre ses mains d'éternelle immaculée, le message de l'ombre qu'Ego-Hugo, messager des puissances telluriques, voulait livrer au monde.

NOTES

1. **Les tables tournantes de Jersey.**

L'épisode des tables tournantes est connu au travers du *Livre des tables*, recueil de comptes rendus établis par un rapporteur que les participants nomment au début de chaque séance et qui est le plus souvent Auguste Vacquerie, amoureux éconduit et ensuite beau-frère de Léopoldine. Les originaux des quatre cahiers constituant le *Livre*, interdit de publication du vivant de Victor Hugo, ont été aperçus pour la dernière fois, semble-t-il, au cours d'une exposition confidentielle à la Maison de Victor Hugo en 1933. Un seul a fait surface depuis, il est conservé à la Bibliothèque nationale de France depuis 1962. Mes citations sont tirées de la compilation réalisée par Jean Gaudon pour l'*Édition chronologique des œuvres complètes de Victor Hugo*, à partir de ce seul cahier original (couvrant une centaine de séances, le quart du total) et de sources diverses : manuscrits autographes de Victor Hugo, Adèle Hugo, Auguste Vacquerie, copies de la main de Juliette Drouet, copies modernes, sélection probablement tendancieuse de Gustave Simon (Gustave Simon, *Les Tables tournantes de Jersey*, 1923), dans l'ordre de fiabilité décroissante.

Pour le dialogue du 11.9.1853 avec la table de Victor Hugo, je reprends le texte d'Auguste Vacquerie, rapporteur « officiel », tel qu'il apparaît dans l'*Édition chronologique*. Pour le dialogue du 30.8.1853 entre Léopoldine et sa sœur, je donne le texte proposé par cette dernière dans Adèle Hugo, *Journal de l'exil*, transcription de Frances Vernor Guille, 3-20 (pages intimes).

2. AV, *Le Livre des tables*, séance du 19.9.1854. In *Éd. chrono.*, 9-1432.

3. Ce titre et ces points sont placés entre les pièces 2 et 3 du livre 4, entre février 1843 et novembre 1846.

4. AV, *Le Livre des tables*, séance du 19.9.1854. In *Éd. chrono.*, 9-1434.

Annexes

Chronologie

En italique : les événements du contexte culturel, politique…

1802	
26 février	Naissance de Victor-Marie Hugo, fils de Léopold-Sigisbert Hugo et de Sophie-Françoise Trébuchet.
1803	Naissance d'Adèle-Julie-Victorine-Marie Foucher, fille de Pierre Foucher et de Anne-Victoire Asseline.
1822	
12 octobre	Mariage d'Adèle Foucher et de Victor Hugo.
	Publication des *Odes et poésies diverses*.
1823	
16 juillet	Naissance de Léopold Hugo, premier enfant d'Adèle et de Victor.
10 octobre	Le bébé meurt à Blois, chez son grand-père paternel, où il est en nourrice.
	Naissance de Maurice Dupin, fils de George Sand.
1824	
9 janvier	Mme Hugo est enceinte, la grossesse est difficile.

Avril	Victor et Adèle quittent leur mansarde aux Conseils de guerre et emménagent rue de Vaugirard.
28 août	Naissance de Léopoldine Hugo.
16 septembre	Baptême à Saint-Sulpice.
	Mort de Louis XVIII.
	9e et dernière symphonie de Beethoven.
1825	
23 avril	Les Hugo se rendent à Blois, chez le général Léopold Hugo, pour lui présenter sa petite-fille.
10 mai	Séjour à La Miltière, propriété du général en Sologne.
19 mai	L'enfant et sa mère poursuivent leur séjour à Blois. Le père repart pour Paris et, de là, pour Reims pour le sacre de Charles X, très contesté. Les relations s'enveniment entre la jeune mère et sa belle-mère.
21 mai	Première dent de Léopoldine (à 9 mois), émoi des parents.
30 mai	Mme Hugo, ne pouvant supporter plus longtemps les méchancetés de Catherine Thomas, quitte Blois avec son enfant sans attendre le retour de son mari. Sa mère, Mme Foucher, l'accueille à Paris.
2 août	Les Hugo partent pour les Alpes avec leur bonne et leur fille, le poète Charles Nodier et sa femme, le peintre Julien-Michel Gué. Une expédition. Ils s'arrêtent chez Lamartine le 10, arrivent à Genève le 13.
5 septembre	Retour à Paris.
6 octobre	Séjour chez Saint-Valry à Montfort-l'Amaury. Le bébé prononce ses premiers mots.

1826	
Février	Didine n'a que six dents. Les parents s'inquiètent, le général préconise des frictions de guimauve.
Mai-juin	Nouveau séjour à Montfort-l'Amaury.
2 novembre	Naissance de Charles Hugo, premier frère de Léopoldine.
1827	
Janvier	Sainte-Beuve entre dans le cercle familial.
Avril	Déménagement 11, rue Notre-Dame-des-Champs, au premier étage, chez la veuve Bertholle.
Juin	Léopold Hugo s'installe à Paris.
20 décembre	Mariage d'Abel Hugo et de Julie Duvidal de Montferrier.
	Marie de Flavigny épouse le comte Charles d'Agoult.
	Mort de Beethoven à Vienne.
1828	
29 janvier	Mort de Léopold Hugo.
21 octobre	Naissance de Victor Hugo, frère cadet de Léopoldine, dit François-Victor.
5 novembre	Baptême de François-Victor Hugo. Léopoldine, marraine, ne peut signer le registre « pour cause d'âge ».
	Édition définitive des *Odes et ballades*.
	Naissance de Solange, second enfant de Sand.
	Premier concert de Chopin à Paris.
1830	
25 février	Bataille d'*Hernani*, victoire des romantiques.

7 mai	Les Hugo s'installent au 9, rue Jean-Goujon.
Mai	Mme Hugo ferme sa chambre à son mari, montée de la tension.
27 juillet	Gustave Planche emmène Léopoldine au Palais royal, renonce face à l'émeute.
Août	Vacances à Montfort-l'Amaury, chez l'épicier.
24 août	Naissance d'Adèle Hugo, sœur de Léopoldine.
Décembre	Sainte-Beuve renonce à un poste de professeur à Strasbourg et avoue à Victor Hugo son amour pour sa femme.
	Lamartine à l'Académie.
	Sand devient la maîtresse de Jules Sandeau. Crise conjugale entre Aurore et Casimir.
	Journées de Juillet ; avènement de Louis-Philippe ; prise d'Alger.
	Berlioz : Symphonie fantastique.
1831	
1er janvier	Premier écrit de Léopoldine : des vœux à son papa pour le nouvel an.
Juin-juillet	Vacances aux Roches, chez les Bertin (deux ou trois semaines, de fin juin à la mi-juillet).
	Publication de *Notre-Dame de Paris*, *Les Feuilles d'automne*, première de *Marion Delorme*.
	Sand s'installe avec Sandeau quai Saint-Michel. Ils écrivent ensemble un roman, Rose et Blanche.

	Premières campagnes de pétitions féministes, pour le droit de vote notamment.
1832	
Janvier	Sainte-Beuve déclare son amour à Mme Hugo. Début de leur liaison.
Janvier (?)	Léopoldine fréquente un externat de jeunes demoiselles, au faubourg Saint-Honoré.
20 juillet	Saint-Victor. Léopoldine et Liszt jouent à quatre mains.
Août-octobre	Vacances aux Roches (deux mois, du 24 août au 17 octobre).
20 octobre	Les Hugo emménagent au 6, place Royale.
Novembre	Léopoldine entre à l'école de Mlle Briant (avant le 8 novembre).
22 novembre	Première du *Roi s'amuse*, en présence de Léopoldine probablement.
	Victor Hugo triomphe avec *Lucrèce Borgia*, drame de l'amour incestueux. Le dernier acte est un chef-d'œuvre de construction poétique et de violence hallucinatoire.
	Lamartine part pour l'Orient avec sa femme et sa fille Julia ; mort de Julia, désespoir.
	Marie d'Agoult rencontre Franz Liszt : passion.
	Guizot organise l'enseignement primaire.
9 décembre	*Concert de Berlioz en présence de Hugo, Dumas, Sue, Heine, Paganini, Harriet, que Berlioz ne connaît pas encore et qui deviendra sa femme.*
1833	
2 janvier	Victor Hugo rencontre Juliette Drouet à une répétition de *Lucrèce Borgia*.

17 février	Victor Hugo passe la nuit chez Juliette Drouet. Début de leur liaison.
1er juillet	Julie Foucher, « sœur » de Léopoldine, entre à la Maison royale de la Légion d'honneur à Saint-Denis.
Avril-juillet	Maladie de François-Victor.
	Léopoldine malade : pleurésie et ophtalmie (en septembre).
	Sand publie Lélia, *rencontre Musset, voyage avec lui en Italie.*
	Fiançailles puis mariage de Berlioz et Harriet en août ; leur fils Louis naîtra neuf mois plus tard.
Juillet	Léopoldine malade : fièvre de croissance.
15 août	Léopoldine rend visite à Julie Foucher à Saint-Denis. Décès de sa maîtresse d'école.
19 août	Les vacances, enfin !
Sept.-oct.	Les vraies vacances : deux à trois semaines aux Roches, chez Louise Bertin.
1834	
Avril	Émeutes à Paris ; vive émotion des enfants Hugo.
	Victor Hugo rompt avec Sainte-Beuve et lui interdit sa porte.
	Julie Foucher en visite à la place Royale pour les fêtes de Pâques.
Sept.-oct.	Vacances aux Roches, presque deux mois. Papa s'échappe souvent vers Paris ou vers Jouy, un village tout proche où Juliette Drouet est installée avec sa fille, Claire.
27 novembre	Léopoldine et sa sœur sont au bal des élèves de Mlle de Vaugrigneuse.

	Fin de la relation entre Sand et Musset, désarroi.
1835	
28 avril	Léopoldine assiste à la première d'*Angelo.*
Avril	Julie Foucher passe quelques jours place Royale pour les fêtes de Pâques, comme l'année précédente.
20 juillet	Léopoldine joue du piano et récite des vers pour la Saint-Victor. Une tradition s'installe.
25 juillet	Léopoldine, sa maman, son grand-père Pierre Foucher sont de noces à Angers. Sainte-Beuve s'y trouve également. Victor Hugo voyage en Normandie avec Juliette Drouet.
30 juillet	Escapade à Nantes, par la Loire, en compagnie de Sainte-Beuve. Les voyageurs sont interrogés par la gendarmerie pour une question de passeport irrégulier. Ils passent la nuit à Nantes, à l'hôtel de France.
10 août	Retour à Paris.
Sept.-oct.	Un mois de vacances aux Roches, du 10 septembre au 12 octobre. Juliette Drouet retrouve sa petite maison de Jouy du 9 septembre au 13 octobre.
5 octobre	Rentrée des classes, hélas !
10 octobre	Didine reçoit un cadeau de Victor Hugo pour la Saint-Léopold.
	Publication de *Les Chants du crépuscule.*
	George Sand se sépare de son mari et rencontre Michel de Bourges.

1836

Mai — Léopoldine s'installe avec sa mère, sa sœur et son grand-père à Fourqueux, près de Saint-Germain-en-Laye. Les filles resteront cinq mois à Fourqueux. François-Victor les rejoint vers le 15 juin, Charles vers le 15 juillet.

28 juin — Loi facultative recommandant aux communes d'ouvrir des écoles de filles.

8 septembre — Première communion de Léopoldine en présence de sa famille et de quelques amis. Le peintre Châtillon, am de la famille, immortalise la scène

Octobre — Retour à l'école de Mlle Briant, cette fois avec Adèle.

Au terme d'une année de procédures, George Sand et son ex-époux trouvent un accord : il va vivre en Aquitaine, elle à Nohant.

Inauguration de la ligne de chemin de fer Paris-Saint-Germain. Fiançailles de Jenny Marx.

Marie d'Agoult rejoint Liszt en Suisse ; naissance de Blandine.

Théophile Gautier : Mademoiselle de Maupin.

Balzac, Le Lys dans la vallée.

Émile de Girardin crée La Presse, *premier journal à bon marché (premier numéro le 1*[er] *juillet). Duel avec Carrel le 22 juillet.*

Inauguration de l'Arc de triomphe et de l'obélisque.

1837

20 février — Mort d'Eugène, frère de Victor Hugo, oncle de Léopoldine, à l'asile de Cha-

	renton. Victor devient vicomte Hugo, Adèle vicomtesse.
7 avril	Léopoldine à l'opéra. Représentations de *La Esmeralda* et du *Diable boiteux*.
Avril	Julie Foucher en visite pour quelques jours autour de Pâques.
30 juillet	Visite en famille au château de Versailles, ouvert au public en juin.
10 août	Mme Hugo s'installe avec ses filles dans une villégiature d'Auteuil. Victor voyage avec Juliette. Les garçons viennent en visite avec leur répétiteur, M. Morin, les 12 et 13 août. Pierre Foucher arrive le 18, Julie le 19 ou le 20, Charles et François-Victor le 29.
14 septembre	Journée en famille (sauf papa) chez Ulric Guttinger, ami et confident de Sainte-Beuve.
15 octobre	Une semaine aux Roches avec maman et la petite Adèle.
28 octobre	Léopoldine se rend dans une pension avec sa mère, mais n'y reste pas.
5 décembre	Requiem *de Berlioz aux Invalides.*

1838

7 janvier	Soirée chez Mme Bernard.
12 janvier	Bal. Léopoldine s'y rend avec sa mère, Auguste Vacquerie, le peintre Louis Boulanger.
20 janvier	Léopoldine à la reprise d'*Hernani* au Théâtre-Français.
Février	Victoire : Léopoldine obtient de ses parents, d'être retirée de la demi-

	pension qu'elle fréquentait contre son gré. Dorénavant, elle étudiera à domicile.
26 février	Bal masqué. Léopoldine s'y rend avec sa petite sœur.
16 mai	Journée d'aventures. La famille prend le chemin de fer de Saint-Germain pour rendre visite à Ulric Guttinger, comme en septembre de l'année précédente. Frayeurs.
19 mai	Grande soirée chez M. Jauffrey, le maître de pension de Charles et de François-Victor.
20 mai	Bal pour la clôture de l'année scolaire.
Juin	Lamartine, ami de Victor Hugo, inaugure l'album de jeune fille de Léopoldine. Anthony Touret y laisse quelques jours plus tard des vers dépités.
17 août	Mme Hugo et ses enfants s'installent pour l'été à Boulogne, 1, Grand- Rue. Pierre et Julie Foucher les rejoignent quelques jours plus tard. Victor Hugo s'évade en Champagne avec Juliette Drouet, puis il se terre à Paris, dans l'appartement désert.
8 novembre	Première de *Ruy Blas* au Théâtre de la Renaissance. Léopoldine s'y rend avec sa mère. Elle y rencontre le duc d'Orléans.
	George Sand : liaison avec Chopin, séjour à Majorque en hiver. Ensuite (1839-1846), vie avec Chopin et activité littéraire intense, engagement politique républicain,

publiciste (journaliste et éditrice de journaux).
Hiver : la Seine gèle à Paris.

1839

3-6 janvier — Julie passe quelques jours place Royale.

9 janvier — Léopoldine visite le Salon, exposition et concours annuels de peinture et de sculpture, avec sa mère. Elle tombe en admiration devant le portrait de cette dernière par le peintre Louis Boulanger, ami de la famille. Rencontre avec Sainte-Beuve.

31 mars — Nouveau séjour de Julie place Royale.

Mai — *Léonie Biard accompagne une expédition scientifique au Spitzberg, elle devient la femme la plus nordique et « la plus froide du monde ».*

21-27 juin — Léopoldine à Saint-Prix, à quelques kilomètres de Paris, à l'invitation de son amie Eudora Chaley. Elle travaille (des vers de papa à recopier) et prend du bon temps.

25 août — Mme Hugo emmène sa nichée en Normandie, chez les Vacquerie avec Thérèse, la bonne, sans Pierre et Julie Foucher. Charles et Auguste Vacquerie les attendent à Rouen et leur concoctent un programme de visites, de soirées, de bains de mer. La petite troupe se fixe d'abord chez les parents Vacquerie dans leur grande maison de Villequier (l'actuel musée

	Victor-Hugo), puis au Havre chez leur fille, Mme Lefèvre.
24 septembre	*Lucrèce Borgia* de Victor Hugo au Théâtre du Havre, avec la célèbre actrice Mlle Georges, une amie de Victor Hugo. Ce dernier est absent.
6 novembre	Décès du petit Charles-Émile Lefèvre, neveu de Charles et Auguste Vacquerie, fils de leur sœur Marie-Arsène et de Nicolas-François Lefèvre.
24 novembre	*Berlioz,* Roméo et Juliette, *composé grâce au don de Paganini (vingt mille francs de l'époque, cinquante mille euros d'aujourd'hui).*
	Marie d'Agoult : rupture avec Liszt, retour à Paris, désillusion.
1840	
Janvier	Séjour traditionnel de Julie chez ses « frères et sœurs » (en réalité ses neveux et nièces) de la place Royale.
12 janvier	Bal chez les Nodier, amis des Hugo.
28 janvier	Bal chez Mme Collin.
2 février	Bal chez Mme Fabre.
6 février	Bal chez les Chaley.
11 mai	Retour à la tradition des vacances en Île-de-France. Mme Hugo s'installe au château de la Terrasse à Saint-Prix avec son père, ses filles, sa bonne. La maison est grande, entourée d'un parc magnifique. Les garçons les rejoignent le 2 août, Julie en septembre. Victor Hugo fait quelques apparitions. Visites et parfois séjours de la femme d'Abel Hugo avec son fils Jules, et du général Louis Hugo, cou-

	sin de Victor Hugo, avec son fils Léopold. Mme Hugo les reçoit en l'absence de son mari.
17 août	Aller-retour à Paris pour la distribution des prix du Concours général à la Sorbonne (Charles a décroché le prix de thème latin) et du collège Charlemagne (où Charles obtient d'autres récompenses).
17 octobre	Retour à Paris. Les travaux dans l'appartement n'étant pas terminés, on campe quelques jours chez Pierre Foucher, à l'hôtel des Conseils de guerre (où Victor et Adèle habitaient au début de leur mariage).
1er novembre	Retour de Victor Hugo. Il a passé deux mois en Allemagne avec Juliette Drouet.
1841	
Janvier	Séjour de Julie place Royale, comme chaque année.
19 janvier	Julie Foucher, qui n'était plus boursière de Saint-Denis, y est admise comme « postulante ». Une carrière d'enseignante s'ouvre à elle.
21 mars	*Loi sur le travail des enfants : la durée de travail est limitée à huit heures par jour.*
3 juin	Victor Hugo est reçu à l'Académie française. Léopoldine y est, sur le banc réservé à la famille du récipiendaire.
19 juin	(ou un peu plus tard). Mme Hugo et ses filles s'installent comme l'année précédente à Saint-Prix, cette fois

	dans un appartement meublé. Les garçons les rejoignent de la fin août au 7 octobre. Victor Hugo fait quelques apparitions.
14 octobre	Retour à Paris.
	George Sand fonde L'Éclaireur de l'Indre *avec Pierre Leroux et Louis Viardot.*
1842	
Févier-juillet	Longue et grave maladie de François-Victor.
10 mai	Victor Hennequin, qui avait laissé paraître son penchant pour Léopoldine, demande officiellement sa main. Pas de réponse.
19 mai	Décès du petit Paul-Léon Lefèvre, neveu de Charles et d'Auguste Vacquerie, le second jumeau de leur sœur et de Nicolas Lefèvre.
Mai	Auguste Vacquerie et Mme Hugo favorisent secrètement la candidature de Charles Vacquerie comme mari de Léopoldine. Hugo ignore le complot.
15 juin	Charles Vacquerie est de passage à Paris. Il rencontre Léopoldine et Victor Hugo. Celui-ci s'oppose au mariage.
14 juillet	M. Lefèvre engage Charles Vacquerie dans sa société de commerce du Havre. Victor Hugo à court d'arguments.
21 juillet	Auguste Vacquerie remet à Victor Hugo la demande officielle, signée de M. Vacquerie, le père du prétendant. Victor Hugo accepte, mais élude la question de la date.

14 août	Charles Vacquerie à Paris pour quelques jours. Il fait sa cour et tente d'arracher une décision sur la date.
	Visite de Nicolas Lefèvre à Paris ; il rencontre Victor Hugo.
25 août	Vacances à Saint-Prix. Auguste Vacquerie vient en visite, pas Charles Vacquerie.
10 octobre	Décès de Nicolas Lefèvre, beau-frère et patron de Charles.
18 octobre	Retour à Paris.
	Composition de « *Mes deux filles* », poème des *Contemplations*.
1843	
22 janvier	Publication des bans.
14 février	Mariage civil à la mairie.
15 février	Mariage religieux à l'église Saint-Paul-Saint-Louis, chapelle du Catéchisme, dans l'intimité. Dîner place Royale. Nuit de noces à l'hôtel Bergère, cité Bergère.
20 février	Les époux prennent la diligence du Havre, sans repasser place Royale.
21 février	Ils s'installent chez Mme Lefèvre, 1, rue de la Chaussée.
23 février	Léopoldine accompagne Mme Lefèvre sur les tombes de son mari et de ses enfants.
6 mars	Charles accompagne ses parents à Villequier. Léopoldine renonce à se rendre à Paris pour la première des *Burgraves*. Restée seule avec sa belle-sœur, elle est triste, désemparée.
7 mars	Première des *Burgraves*.
11 mars	Au retour de Charles, les jeunes mariés assistent à un concert à la salle

	de bal du Havre. Mouvements de curiosité dans le public : la fille de Victor Hugo au Havre !
12 mars	Déjeuner chez une Mme Leclerc, notable havraise.
13 mars	Après-midi chez une Mme Pinguet, avec Mme Lefèvre.
18 mars	Décès de M. Vacquerie père.
20 mars	Inhumation de M. Vacquerie. Léopoldine prend le grand deuil.
23 mars	Retour au Havre. Le jeune ménage vit chez Mme Lefèvre avec les deux veuves et le seul enfant survivant.
29 avril	Un incendie détruit le théâtre du Havre et menace la maison de Mme Lefèvre. Émotions.
10 mai	(au plus tard) Léopoldine accueille sa mère, sa sœur Adèle, son frère cadet François-Victor dans une maison qu'elle a louée et meublée pour eux à Graville, dans la banlieue du Havre.
9 juillet	Victor Hugo arrive de Paris. Il passe la journée au Havre et repart le lendemain par le bateau de 6 h 25.
21 août	Arrivée au Havre de Charles Hugo et Julie Foucher. Pierre Foucher les rejoint un peu plus tard.
28 août	Arrivée d'une lettre de Victor Hugo datée de Luz en Pays basque. Séjour à Villequier.
27 août	Régates du Havre. Léopoldine y assiste avec sa mère.
1er septembre	(ou un jour ou deux plus tard) Charles et Léopoldine se rendent à Villequier. Les Hugo restent à Graville.
4 septembre	Léopoldine, son mari, un oncle, un neveu naviguent sur la Seine, vers

	Caudebec. Au retour, la barque chavire. Les quatre passagers se noient. Les cadavres sont ramenés chez Mme Vacquerie dans sa maison de Villequier.
6 septembre	Léopoldine et Charles Vacquerie sont inhumés au cimetière de Villequier, dans le même cercueil.

Sources historiques

Les Hugo étaient une famille d'écrivains. Victor était le plus prolixe, mais sa femme tint toute sa vie une abondante correspondance et rédigea une biographie détaillée de son mari, en partie sous sa dictée ou du moins son inspiration. Pierre Georgel a identifié et publié plusieurs centaines de lettres de et à Léopoldine. Adèle (l'*Adèle H* de François Truffaut) laissera un *Journal de l'exil* en trois mille feuillets (trois mille feuillets connus sur un total probablement beaucoup plus important) et un journal intime (crypté, car ses parents fouillaient dans ses tiroirs). Charles et François-Victor ont écrit de nombreuses lettres et des livres de souvenirs. Léopold Hugo, le grand-père paternel de Léopoldine, publiait des romans, des ouvrages techniques et il correspondait beaucoup, notamment avec son fils et sa belle-fille. Pierre Foucher, le grand-père maternel, a laissé plusieurs dizaines de lettres à sa fille, à sa sœur, à ses amis, et un volume de souvenirs où il est beaucoup question de ses enfants et petits-enfants. Ajoutez que Victor Hugo conservait tout et incitait les siens à en faire autant, qu'il était entouré d'écrivains et d'écrivaillons, que tout ce monde archivait précieusement tout ce qui le concernait de près ou de loin… et vous aurez beaucoup d'écrits. Quinze volumes (sans compter les volumes de dessins) d'un millier de pages chacun dans l'*Édition chronologique* de Jean Massin (qui reprend également les œuvres de Victor Hugo à leur date de publication, et quelques analyses), mille cinq cent vingt pages de *Correspondance familiale et écrits intimes* dans l'édition de Jean Gaudon pourtant arrêtée à l'année 1839. L'emploi du temps de Léopoldine est donc assez bien documenté.

La prudence est de mise cependant, l'exactitude n'étant pas le fort des romantiques. Le cas du *Victor Hugo raconté* illustre cette difficulté. Mme Victor Hugo a publié en 1865, pendant l'exil dans les îles Anglo-Normandes, sous le titre *Victor Hugo raconté par un témoin de sa vie* (abrégé ici en *VHR*), une biographie de son mari inspirée entièrement et dictée en partie par ce dernier, corrigée notamment par son fils Charles et par Auguste Vacquerie. Une nouvelle version, expurgée des apports des assistants (les écritures sont reconnaissables sur le manuscrit, conservé à la Maison de Victor Hugo de Paris) est parue chez Plon en 1985, dans un texte établi par une brochette des meilleurs hugoliens de l'époque, sous la direction de Guy Rosa et Annie Ubersfeld, sous le titre *Victor Hugo raconté par Adèle Hugo*.

La correspondance de Léopoldine, éditée par Pierre Georgel, est une pièce essentielle de la connaissance du personnage. Je l'ai complétée par quelques lettres qui n'y figurent pas.

Bibliographie

Sur Léopoldine Hugo

CONSTANS Charles, *Léopoldine Hugo*, Rodriguez, Béziers, 1931.

GEORGEL Pierre, *Léopoldine Hugo, une jeune fille romantique*, Paris, MVH, 1967.

—, *L'Album de Léopoldine Hugo*, musée Victor-Hugo de Villequier, 1967.

—, *Léopoldine Hugo, correspondance*, Klincksieck-Bibliothèque du XIXe siècle, 1976.

Sur la famille Hugo

HOUSSAYE Arsène, *Les Confessions, souvenirs d'un demi-siècle*, 6 vol., Paris, 1885.

ASSELINE Alfred, *Victor Hugo intime*, Flammarion, 1885.

BARBIER Louis, *Le Général de La Horie*, Dujarric et Cie, Paris, 1904.

BENOIT-LÉVY Edmond, *Sainte-Beuve et Madame Victor Hugo*, PUF, 1926.

BARTHOU Louis, *Le Général Hugo, 1773-1828. Lettres et documents inédits*, Hachette, 1926.

BAUDOUIN Charles, *Psychanalyse de Victor Hugo*, Mont-Blanc, Genève, 1943 ; Armand Colin, 1972.

CLARETIE Jules, *Victor Hugo, souvenirs intimes*, Paris, Molière, 1902.

CLÉMENT-JANIN P., *Victor Hugo en exil, d'après sa correspondance avec Jules Janin*, éd. du Monde nouveau, 1922.

DECAUX Alain, *Victor Hugo*, Perrin, 1984.

DEFFOUX Léon, *Les Lettres de madame Hugo à Sainte-Beuve*, Mercure de France, 1937.

DEGOUT Bernard, *Le Sablier retourné*, Champion, 1998.

ESCHOLIER Raymond, *Victor Hugo cet inconnu*, Plon, 1951.

FONTANEY Antoine, *Journal intime*, Presses françaises (éd. René Jasinski), 1925.

FOUCHER Pierre, *Mes souvenirs, 1772-1845*, Plon, 1929.

GUILLE Frances Vernor, *François-Victor Hugo et son œuvre*, Nizet, 1950.

GUILLEMIN Henri, *L'Humour de Victor Hugo*, La Baconnière, 1950.

HOVASSE Jean-Marc, *Victor Hugo*, tome 1, *Avant l'exil*, Fayard, 1999.

JANIN Jules, *Histoire de la littérature dramatique*, Paris, 1855.

—, *735 lettres à sa femme*, Mergier-Bourdex, Klincksieck, 1973.

JUIN Hubert, *Victor Hugo*, tomes 1 à 3, Flammarion, 1980-1986.

KARR Alphonse, *Les Guêpes*, 1840 ; rééd. Victor Lecou et Blanchard, 1853.

MAUROIS André, *Olympio ou la vie de Victor Hugo*, Hachette, 1954.

MERCIÉ Jean-Luc, *Victor Hugo et Julie Chenay*, Minard, 1967.

ROBB Graham, *Victor Hugo*, Picador (McMillan Publication Ltd), New York, 1997.

Sur l'œuvre de Victor Hugo

GAILLARD Pol, Les Contemplations *de Victor Hugo*, Hatier-Profil d'une œuvre, 1981.

GOHIN Yves, *Présentation des* Travailleurs de la mer, « La Pléiade », Gallimard, 1975.

Sur la condition féminine au XIXe siècle

ABENSOUR Léon, *Histoire générale du féminisme*, 1921 ; rééd. Slatkine, 1979.

ADAM Mme, née Juliette LAMBER, *Le Roman de mon enfance et de ma jeunesse*, Paris, 1902.

ALBISTUR Maïté et ALMOGATHE Daniel, *Histoire du féminisme français*, éd. des Femmes, Paris, 1977.

BALZAC Honoré DE, *Physiologie du mariage*, Paris, 1829.

—, *Une double famille*, Paris, 1830 (*La Comédie humaine*).

—, *Mémoires de deux jeunes mariées*, Paris, 1842 (*La Comédie humaine*).

—, *La Cousine Bette*, Paris, 1846.

BORDEAUX Henry, *Portraits de femmes et d'enfants*, Paris, 1913.

BOUTERON Marcel, *Les Muses romantiques*, Paris, 1926.

BRICARD Isabelle, *Saintes ou pouliches*, Albin Michel, 1985.

BROMBERT Victor, *La Prison romantique*, Corti, 1975.

DIGNE Danielle, *Rosa Bonheur ou l'insolence*, Denoël, 1980.

DUBY Georges et PERROT Michèle, *Histoire des femmes – le XIXe siècle*, Plon, 1991.

DUPÂQUIER Jacques, KESLER Denis et *alii*, *La Société française au XIXe siècle*, Fayard, 1992.

SAND George, *Histoire de ma vie*, Stock, 1945.

Sur l'éducation des filles au XIXe siècle

ADHÉMAR Mme D', *La Jeune et Parfaite Demoiselle*, Paris, 1836.

ANONYME, *De l'éducation des jeunes filles sous l'influence de la foi*, Paris, 1862.

BALME-FRÉZOL, abbé, *Réflexions et conseils pratiques sur l'éducation pour servir de guide aux mères et aux institutrices*, Paris, 1858.

BRASIER L., *Histoire des maisons d'éducation de la Légion d'honneur*, Paris, 1886.

CELNARD Mme, *Nouveau Manuel complet de la bonne compagnie*, Paris, 1838.

CHAMPAGNAC J.-B., *La Civilité des jeunes personnes*, Paris, 1843.

CAPPELLE Marie, *Mémoires*, Paris, 1842.

DASH, comtesse, *Mémoire des autres*, Paris, 1897.

DAX Camille, comtesse DE, *Conseils aux enfants de Marie*, Paris, 1864.

DUPANLOUP, Mgr, *Femmes savantes et Femmes studieuses*, Paris, 1867.

FLAUBERT Gustave, *Lettres à sa nièce Caroline, 1873-1880*, éd. Fasquelle, 1914.

FONSSAGRIVES, Dr, *L'Éducation physique des jeunes filles*, Paris, 1869.

GAUTIER Judith, *Le Collier des jours*, Paris, 1902.

—, *Le Second Rang du collier*, Paris, 1903.

GIRARDIN Mme É. DE, *Lettres parisiennes*, Paris, 1843.

GYP, *Mémoires d'une petite fille*, Paris, 1927.

KARR Alphonse, *Les Femmes*, Paris, 1853.

LEGOUVÉ Ernest, *Le Père et les enfants au XIXe siècle*, Paris, 1887.

LÉON H., *Les Indiscrétions de Jean Bomoloque à l'endroit des maîtresses de pension*, Paris, 1855.

MAISTRE Joseph DE, *Lettres et opuscules inédits*, Paris, 1851.

MAYEUR Françoise, *L'Éducation des filles en France au XIXe siècle*, L'Hermès, 1979.

RONDELET Antonin, *L'Éducation de la XXe année : lettres à ma cousine Nathalie*, Paris, 1873.

SAND George, *Histoire de ma vie*, Paris, 1855.

SÉGUR, comtesse DE, *Les Malheurs de Sophie*, Paris, 1859.

STENDHAL, *De l'amour*, Paris, 1882.

TAINE, *Vie et Opinions de Thomas Graindorge*, Paris, 1867.

THÉRY M.-A., *Conseils aux mères*, Paris, 1837.

Sur l'enfance au XIXe siècle

ARIÈS Philippe, *L'Enfant et la vie familiale sous l'Ancien Régime*, Plon, 1960 ; Seuil, 1973.

FAY-SALLOIS Fanny, *Les Nourrices à Paris au XIXe*, Payot, 1980.
BADINTER Élisabeth, *L'Amour en plus*, Flammarion, 1980.
DUBY Georges (dir.), *L'Histoire de la vie privée*, Plon, 1985.

Sur le mariage et la sexualité

VENETTE Nicolas, *Tableau de l'amour conjugal*, Duprat-Duverger, 1810.
ROSTAND Jean, *La Formation de l'être*, Hachette, 1930.

Sur l'ésotérisme de Victor Hugo

GRILLET Claudius, *Victor Hugo spirite*, Librairie Emmanuel Vitte, 1920.
LEJEUNE Philippe, *L'Ombre et la lumière dans* Les Contemplations, Arch. hugoliennes 7 (n° 96), Paris, décembre 1968.
LEVAILLANT Maurice, *La Crise mystique de Victor Hugo*, J. Corti, 1954.
PRUNER Francis, *Le Sens caché des* Contemplations *de Victor Hugo*, Trédaniel, 1986.
—, *Les Contemplations, « pyramide-temple »*, Lettres modernes Minard, coll. « Archives des lettres modernes » (n° 43), Paris, 1962.
RICHER Jean, *Aspects ésotériques de l'œuvre littéraire*, Dervy-Livres, 1980.
SAURAT Denis, *La Religion de Victor Hugo*, Hachette, 1929.
—, *Victor Hugo et les dieux du peuple*, La Colombe, 1948.
SCHWAB R., *La Renaissance orientale*, Payot, 1950.
SERVIER Jean, *Dictionnaire critique d'ésotérisme*, PUF, 1998.
VIATTE, *Victor Hugo et les illuminés de son temps*, L'Arbre, Montréal, 1945.

LA FAMILLE HUGO

Joseph Léopold Sigisbert Hugo
(1773-1828)
ép. (en 2es noces, 1821)
Cécile Marie Catherine Thomas

(enfants du 1er mariage,
avec Sophie Trebuchet)

- Abel (1798-1855) ép. ulie Duvidal e Montferrier
  - opold
  - Jules
- Eugène (1800-1837)
- **Victor** (1802-1885) ép. **Adèle** (1803-1868)
  - Léopold (1823-1823)
  - **Léopoldine** (1824-1843)
  - Charles (1826-1871)
  - Victor (1828-1873)
  - Adèle (1830-1915)

Pierre Foucher
(1772-1845)
ép.
Anne Victoire Asseline
(1779-1827)

- **Adèle** (1803-1868)
- Victor (né en 1802)
- Paul (né en 1810)
- **Julie** (née en 1822)

LA FAMILLE VACQUERIE

Charles Amable Isidore Vacquerie (1779-1843) ép. 1809 Jeanne Arsène Chauveau (née en 1790)

- Marie-Arsène (1811-1882) ép. Nicolas Lefèvre († 1842)
  - Charles-Emile (1835-1839)
  - Paul-Léon (1835-1842)
  - Ernest (1833-1889) ép. Marie-Armande Lecadre (1839-1899)
    - Pierre Lefèvre-Vacquerie (1862-1933) ép. Béatrice Minghetti (1872-1956)
      - Marguerite ép. André Gaveau
        - Pierre Gaveau
      - Jean ép. Adrienne Barbanson
- **Charles Urbain** (1817-1843) ép. Léopoldine Hugo (1824-1843)
- Auguste (1819-1895)

Index

Remerciements

Merci à Yvon Girard pour le regard du psy, aux libraires et bibliothécaires de Tarbes et de Montpellier pour leurs recherches, à Mme Fourni-Dargère du musée Victor-Hugo de Villequier pour ses encouragements, aux conservateurs de la Maison de Victor Hugo de Paris pour leur patience, aux lecteurs de ma biographie d'Adèle pour leurs commentaires, aux travailleurs de l'ombre des Presses de la Renaissance pour leur application et la qualité de leur travail. Merci surtout à Michel Jeury, infatigable ambassadeur de la littérature, pour son soutien et ses conseils depuis dix ans maintenant.

Table des matières

Composé par Nord Compo
à Villeneuve-d'Ascq

Achevé d'imprimer sur les presses de

BUSSIÈRE

GROUPE CPI

à Saint-Amand-Montrond (Cher)
en septembre 2007

N° d'édition : 281. — N° d'impression : 072953/1.
Dépôt légal : septembre 2007.

Imprimé en France